中国法学会 2010 年课题“司法鉴定救助制度研究”项目成果（项目编号：CLS-D1025）
2013 年度中央财政支持地方高校发展专项资金建设项目“公安学及公安技术学科创新团队”成果
重庆高校物证技术工程中心课题项目成果（项目编号：LCFS140914）
重庆高校物证技术创新团队项目成果（合同号：KJTD201301）

西南政法大学刑事侦查学院公安学学术文库

司法鉴定救助制度研究

陈如超 著

群众出版社
·北 京·

图书在版编目（CIP）数据

司法鉴定救助制度研究：西南政法大学刑事侦查学院公安学学术文库/陈如超著．—北京：群众出版社，2015.5

ISBN 978-7-5014-5348-1

Ⅰ.①司…　Ⅱ.①陈…　Ⅲ.①司法鉴定—法律援助—司法制度—研究—中国　Ⅳ.①D918.9②D926

中国版本图书馆 CIP 数据核字（2015）第 096542 号

司法鉴定救助制度研究

陈如超　著

出版发行：群众出版社
地　　址：北京市西城区木樨地南里
邮政编码：100038
经　　销：新华书店
印　　刷：北京兴华昌盛印刷有限公司

版　　次：2015 年 5 月第 1 版
印　　次：2015 年 5 月第 1 次
印　　张：12.75
开　　本：787 毫米×1092 毫米　1/16
字　　数：213 千字

书　　号：ISBN 978-7-5014-5348-1
定　　价：45.00 元

网　　址：www.qzcbs.com
电子邮箱：qzcbs@sohu.com

营销中心电话：010-83903254
读者服务部电话（门市）：010-83903257
警官读者俱乐部电话（网购、邮购）：010-83903253
公安综合分社电话：010-83901870

献给平凡勤劳
而质朴无华的母亲

题　　记

“理论在一个国家实现的程度，总是决定于理论满足这个国家需要的程度。”①

——［德］卡尔·马克思

“法律不是强大的独立势力，而是对外界压力作出反应，从而反映施加压力的社会势力的愿望和力量。”②

——［美］劳伦斯·M.弗里德曼

①《马克思恩格斯选集》（第1卷），人民出版社1995年版，第11页。

②［美］劳伦斯·M.弗里德曼：《法律制度——从社会科学角度观察》，李琼英、林欣译，中国政法大学出版社2004年版，第4页。

序

司法鉴定救助制度是法律援助制度的一个方面，是在法律援助制度兴起以后逐步建立起来的，它将随着法律援助制度的完善与发展日益成熟。我国司法鉴定救助制度的雏形，形成于2006年全国人大常委会颁行《关于司法鉴定管理问题的决定》之后。在此之前，虽然针对司法鉴定中的个别鉴定事项实施了一定救助，但不是按法律规定的救助条件进行的。近十年来，在社会主义法治建设热潮的推动下，我国司法鉴定管理和鉴定理论工作者以及研究司法鉴定救助制度理论和实践问题的人日益增多，发表了很多论文，制定了不少“办法”和“规定”。据了解，全国有十多个省、直辖市和二十余个市、州出台了关于司法鉴定救助的规范性文件。由于各自研究的目的与重点不同，这些文件对于该领域的一些难点问题较少涉及或者有所回避。在一些规范性文件中，受地域性限制，多半以解决本地区具体问题为终极目标，与构成一种国家司法鉴定救助制度或者一部法律著作，尚有一定距离。这就是该书作者历经五年精心研究本课题和撰写该书的原因所在。

一项研究成果或者一部著作，其成功和可读之处，大多体现在解决现实疑难问题的理论深度和可行性办法方面。该书作者立足于构建我国司法鉴定救助制度的全局和长远发展，对其中几个基本理论问题和较疑难的实践问题进行了深入分析与总结，并提出了基本可行的主张。

在建立统一的司法鉴定救助制度的基本理论问题上，作者主张坚持四个原则，要解决好四对基本矛盾；在构建司法鉴定救助制度的宏观思路上，提出必须明确鉴定救助的目的、救助责任主体、救助对象、救助的鉴定业务范围（鉴定类型）、救助方式、救助的管理与监督等基本问题，为构建统一的司法鉴定救助制度的基本理论与实践框架奠定了基础。

在建立统一的司法鉴定救助制度的实施程序方面，作者设计了鉴定救助的申请、鉴定救助的受理与审查、鉴定救助实施机构的指派、鉴定活动的实施、鉴定救助经费的补贴五项程序，每项实施程序都具有较大的可行性。

在涉及司法鉴定救助实施活动等几个难点问题上，作者对几个相关主体的权责、义务作了较为明确的界定。主张诉讼活动中的司法鉴定救助，当事人是鉴定救助的申请主体，人民法院是鉴定决定和鉴定救助的提请审查主体。当事人申请鉴定和申请鉴定救助应当同时进行，如果人民法院认为当事人申请的鉴定事项不需要鉴定或通过鉴定不能解决诉讼争议涉及的问题，就不存在鉴定救助的必要；法律援助部门是审查与批准鉴定救助的主体，鉴定管理部门是指派鉴定机构和鉴定人受理与实施救助鉴定的主体，各个主体均有不同的权责和义务。鉴定救助的控制，主要由人民法院和法律援助部门进行。诉前鉴定救助与诉中鉴定救助，在立法、立规方面应有明显区别，总体上应从严审查、严格控制。刑事自诉案件中的诉前鉴定救助可适当从宽。民事、行政诉讼中的诉前鉴定救助确属可能（有鉴定可能）与必要的，应由当事人直接向法律援助部门申请；法律援助部门经严格审查，认为确有可能（可能实现鉴定要求）和必要的，可准予鉴定救助。非法的诉外鉴定，一律不实施救助。

该书是我国第一部系统研究司法鉴定救助制度的专著，内容丰富、资料翔实、立意高远、论证深刻，理论与实践并重，对几个疑难问题的分析以及提出的解决措施合法合理，既具有理论指导意义，又有较好的实践价值，是有关立法、法律援助、法律服务、鉴定管理、鉴定实务和鉴定教学与研究工作的一本不可或缺的好书。

西南政法大学

邹明理

2014 年 11 月 17 日

内容提要

本书共有六章。第一章介绍了司法鉴定救助的概念、类型与功能。司法鉴定救助，是指司法鉴定机构与鉴定人，运用专业技术和设备，为经济困难群体或有其他特殊原因的申请人给予减、免、缓收鉴定费的司法鉴定救助服务。司法鉴定救助是法律援助的一种典型形式，在一些地区被人们认为与法律援助共同构成了我国“大法援格局”。司法鉴定救助的目的，是使因经济条件受限或因其他特殊原因而无法支付鉴定费的弱势群体，能够获得鉴定意见以满足起诉条件，或在诉讼中维护自己的合法权益。就目前来看，司法鉴定救助分为诉前鉴定救助与诉中鉴定救助，之所以将诉前鉴定救助称作司法鉴定救助，盖因诉前鉴定救助发生的概率高，且诉前鉴定救助的最终目的是提起诉讼、维护受援人的正当利益。若不将诉前鉴定救助纳入司法鉴定救助的范围，诉前鉴定救助将难以受到法律的合理规制，不利于保护弱势群体的合法权益。

第二章详细分析了我国目前运作司法鉴定救助制度的理由。首先，司法鉴定救助的建立是为了满足社会现实的迫切需求。当前社会弱势群体数量持续增加，且因社会流动性的加强、日常纠纷尤其是人身伤害等案件的高发，导致他们的涉案量持续上升；同时，司法鉴定收费标准因司法鉴定体制改革而一再攀升，加之司法鉴定机构故意拆分鉴定项目，使需要通过救助维护自己合法权益的群体大量涌现。为合理满足社会需求，国家应该建立司法鉴定救助制度。其次，国家早在 2002 年的相关文件中就对法院系统的鉴定救助作出了明确指示，但在全国人大常委会 2005 年颁布《关于司法鉴定管理问题的决定》（以下简称《决定》）后，法院系统不再设立鉴定机构，于是其一贯实践的鉴定救助就此寿终正寝。而同时，全国部分省、市、县却根据社会现状，如雨后春笋般地颁布了规范司法鉴定救助的规则。由此可见，国家或政府早就认识到建立司法鉴定救助制度对于实现司法公正、社会正义与和谐的迫切性与重要性，故在国家层面建立统一性的司法鉴定救助制度并无太大障碍。最后，我们收集的案例显示，一些社会鉴定机构很早以前就主动为弱势群体提供鉴定救助了，有的鉴定机构甚至提供上门服务。司法鉴定机构积极提供鉴定救助，显示了其对公益性责任的担当，当然亦是一种宣传鉴定机构品牌、信誉的行为。

第三章探讨了司法鉴定救助的责任担当主体。就理论而言，司法鉴定救助存在国家福利性与社会主导性两种模式，但目前我国社会捐助过少，一些地区甚至呈持续下降趋势；而对于社会鉴定机构与鉴定人来说，虽然媒体披露了他们的行业奉献业绩，但从社会司法鉴定机构的现状（如地区分布不均、许多鉴定机构业务不饱和）来看，免费承担鉴定救助之责毕竟无法成为一种常规。因此，我国目前必须采取以国家救助为主的模式。国家救助，意味着国家筹集司法鉴定救助的专项资金，同时设立相应的机构，对司法鉴定救助申请进行审查，并指派承担救助义务的鉴定机构，同时对其鉴定服务进行合理的补偿。当然，司法鉴定机构与鉴定人也应承担司法鉴定救助之责，只不过其与国家救助责任存在区别，他们只提供鉴定救助的义务，而非承担免费鉴定救助的责任。因为司法鉴定救助作为一种专业技术活动，具有垄断性与不可替代性，只能由他们提供救助，因而司法鉴定机构提供救助时可以获得国家适当的补偿。目前，国家资金投入虽持续增长，但仍无法满足社会需求，因此可以通过各种措施鼓励社会捐助。

第四章对我国部分省、市、县的司法鉴定救助规则进了文本分析。自四川省司法厅于 2006 年 7 月 21 日实施《四川省司法鉴定援助暂行办法》以来，福建、安徽、黑龙江、山东、湖北、浙江、湖南、甘肃、重庆、云南、河南、辽宁等省、市的部分地区，陆续颁布了关于司法鉴定救助的相关规定或下发了专项通知。它们较为系统地规定了司法鉴定救助的对象范围和条件，厘定了鉴定救助的运作程序，明确了鉴定机构的权责和相关机构的指导与监督职责。然而，这些规则各行其是、繁简不一，且无论是司法鉴定救助的对象范围、司法鉴定救助程序，还是司法鉴定机构与鉴定人的权责规定，都存在诸多问题，有进一步改革的必要。特别是在法律援助机构、司法鉴定管理部门与公检法机关在司法鉴定救助中的衔接关系，申请人与对方当事人对承担鉴定救助的社会鉴定机构的选择等方面，问题尤为突出。

第五章对司法鉴定救助制度的实践运作进行了分析。为进一步研究司法鉴定救助制度，我们收集了一些实证案例，通过分析这些案例发现：当前司法鉴定救助主要发生在2005年《决定》公布之后；同时，司法鉴定救助发生的领域基本在民事诉讼中（较少在刑事自诉与刑事附带民事诉讼中），且诉前鉴定占一定的比例；而就司法鉴定救助的鉴定领域而言，主要集中在法医类鉴定，其次是物证（车辆痕迹）、价格鉴定，也存在一些医疗纠纷、资产评估鉴定；司法鉴定救助发生的事由，大多体现为由交通事故、工伤等引起的伤残等级鉴定；从司法鉴定救助的对象来看，申请者主要是农民或农民工以及未成年人、妇女等弱势群体。可见，司法鉴定救助的实践运作，确实反映了社会弱势（贫困）群体对鉴定救助的强烈需求。然而，实践运作也体现出一些严重不足，如救助范围窄、救助对象少、诉讼类型过于集中、操作程序烦琐等。

第六章分析了建立统一性司法鉴定救助法律的思路。第一，指出了建立司法鉴定救助制度需要确立“国家责任原则”、“就近原则”、“高效原则”、“公平科学原则”等。第二，指出了建立司法鉴定救助制度需要面临与解决的几对矛盾，即当事人对司法鉴定救助的需要与司法鉴定决定权之间的矛盾，社会对司法鉴定救助的迫切需要与国家救助经费的矛盾，提供司法鉴定救助的社会鉴定机构运作的市场化与责任公益化的矛盾，司法鉴定救助程序的行政化与当事人双方无法充分参与的矛盾。第三，提出了建立司法鉴定救助制度的宏观思路。一是指出司法鉴定救助的责任主体主要是国家，政府应逐步加大鉴定救助资金的筹集，同时鼓励社会捐助；承担救助之责的是社会司法鉴定机构，至于侦查机关的鉴定机构，因其不接受社会委托，当前不宜成为鉴定救助的提供者。二是规范了司法鉴定救助的对象，包括经济困难的弱势群体、刑事诉讼的特殊主体、外国人与无国籍人以及符合特定条件的企事业单位。三是规定了司法鉴定人协会、司法行政机关对司法鉴定救助的监管之责。第四，对司法鉴定救助程序进行了合理的规范。规定了申请人提交鉴定救助时需要提交的材料；规范了司法鉴定救助申请的受理、审查与指派机构——法律援助部门；同时，对司法鉴定机构鉴定救助的过程进行了规范；就司法鉴定救助程序与公安司法机关、法律援助机关的衔接进行了规范。在进一步的展望中，笔者提出将来或许可以建立由司法行政机关主管的由国家资助的公益性司法鉴定机构，其使命就是为弱势群体提供司法鉴定救助服务。

目　录

导论：问题、研究材料与研究方法 …………………………（1）

第一章　司法鉴定救助概述 ……………………………………（9）

一、法律援助与司法鉴定救助 ……………………………………（9）

二、司法鉴定救助的概念与特点 …………………………………（11）

三、司法鉴定救助的类型划分 ……………………………………（15）

四、司法鉴定救助的价值与功能 …………………………………（23）

第二章　司法鉴定救助的可行性分析 ……………………………（26）

一、社会需求 ………………………………………………………（26）

二、国家态度 ………………………………………………………（31）

三、鉴定机构回应 …………………………………………………（36）

第三章　司法鉴定救助的责任主体研究 …………………………（42）

一、司法鉴定救助责任的两种理想分配模式 ……………………（43）

二、我国司法鉴定救助的社会捐助与行业奉献的现状 ……（44）

三、司法鉴定救助的国家主导模式 ………………………………（47）

四、司法鉴定救助制度的适当平衡 ………………………………（50）

第四章　司法鉴定救助制度的规范性评析 ………………………（51）

一、部分省、市、县司法鉴定救助规范的出台背景与发展趋势 ……………………………………………………………（51）

二、我国部分地区司法鉴定救助规范的宏观研究 ………………（59）

三、相关省、市、县司法鉴定救助规则的文本分析 ……………（62）

四、既有司法鉴定救助规则的理性评析 …………………………（83）

第五章　我国司法鉴定救助的实证研究 …………………………（102）

一、司法鉴定救助制度实证研究的材料与方法 …………………（102）

二、司法鉴定救助实践运作分析 …………………………………（106）

三、司法鉴定救助运作机制的初步阐释 ……………………（117）
四、司法鉴定救助制度实证研究所反映出的部分问题 ……（123）
第六章　建立全国统一的司法鉴定救助制度 ……………………（126）
一、国家建立司法鉴定救助制度的原则 ……………………（127）
二、统一司法鉴定救助制度的实体性规定 …………………（128）
三、统一司法鉴定救助制度的程序性规定 …………………（133）
四、认真对待司法鉴定救助 ………………………………（138）
附录1：关注困难群体：国家应建立统一的司法鉴定援助制度 …（140）
附录2：司法鉴定救助　应建立统一制度 ……………………（144）
附录3：我国部分省、市、县的司法鉴定救助办法或规则 ………（146）
参考文献 ……………………………………………………（179）

导论：问题、研究材料与研究方法

随着2005年司法鉴定制度的改革以及鉴定意见在诉讼中的作用日益彰显，大量贫困的当事人因为无法支付鉴定费聘请鉴定人提供鉴定意见，而导致其无法进入诉讼程序，或在诉讼中无法保护自己的合法权益。可以说，下面的众多案例凸显了这一问题。

【案例1】一位患者因医患纠纷，在法律援助中心提供的法律援助下，向法院提起诉讼。由于长期住院负债累累，再加上夫妻双双下岗，无法承担并不昂贵的鉴定费用，使该案诉讼处于停顿状态。不久，终日期盼有个“说法”的患者，带着永远的遗憾离开了人世。①

【案例2】一位83岁的老太太因其楼上住户的过错，致使其住房屋顶大面积渗水，家中无法居住，苦不堪言。经有关方面多次交涉、多方调解仍无法解决，万般无奈中得到了法律援助中心的援助。在准备提起诉讼时，遇到了需要对其住房结构损坏程度进行鉴定评估的问题。老人因付不起并不是很多的鉴定费用，诉讼的愿望付之东流。②

【案例3】法制网披露，2006年6月至9月，何某一直为包工头梁某打工，辗转在成都都江堰、青白江等地搞装修。虽然梁某一直承诺只要装修结束就给他们结算工钱，但到了9月中旬也一直没有动静。眼看钱已经用完了，16日晚9时许，何某来到梁某位于洞子口的家中，讨要几个月来拖欠的500元工钱。谁料却遭到梁某的拒绝，双方发生口角。梁某抄起两个啤酒瓶对着何某的头部、手部砸过去，还用脚猛踹何某的下身，约持续2分钟后，何某头部鲜血直往外冒，梁某才骂骂咧咧地停了手。随后，围观群众拨打了110及120，何某被送往成都市铁路医院接受治疗。19日，何某出院后想起诉梁某。然而，当他得知在医

---

①②徐思：《试论司法鉴定法律援助的紧迫性和必要性》，载《中国司法鉴定》2003年第2期，第50页。

院做司法伤情鉴定需要六七百元的费用时，却踌躇不前了：“我就是没钱才去讨工资的，住院又借了1200元，哪里还有那几百块钱做什么鉴定啊！”①

【案例4】《成都日报》2006年1月8日报道：无钱做司法鉴定，不能拿出足够证据来索赔，一条残腿只得到法院4410.65元赔偿的判决，扣除4000元的案件受理费，实际上一条残腿只获得了410.65元赔偿费。郫县花园镇29岁村民朱庆从成都某区法院法官手中接过判决书，欲哭无泪，身为家中顶梁柱的小伙子顿时瘫倒在地。②

【案例5】《工人日报》2006年8月18日亦报道：在厦门一家装修公司打工的农民工陈某，躺在床上苦等救命钱已经一年了。在2005年的一次台风即将来临时，她在工作时摔伤导致腰部骨折。医院要求做手术，费用大约为4万元，陈某所在的公司只付了4700元的医疗费。陈某将所在公司起诉到法院。法院受理了，可区区数百元的伤残鉴定费却难坏了陈某一家，索赔官司一度难以进行下去。③

【案例6】《黑龙江日报》2014年2月24日报道：哈尔滨市的韩某今年80岁，老伴侯某72岁。2013年8月23日早上8时许，老两口出门办事，一辆飞驰而来的出租车把侯某撞倒在地，老人立刻感觉胸闷头晕，头上鼓起了拳头大的血包，出租车司机把老人送到了医院后却“变了卦”，不同意支付医疗费，沟通无果的老两口只好自己支付了住院押金。侯某没有工作，老两口只靠韩某的退休金生活，每天近千元的住院费让老两口无法承担，侯某只好提前出院。为了讨回公道，2013年12月末，老两口把肇事司机起诉到了哈尔滨市南岗区法院。进入司法程序后，因为涉及伤情鉴定，难倒了“一辈子没打过官司”的老两口。④

【案例7】《厦门晚报》2006年7月27日报道：李某，一名外来打工者，2005年秋天在海沧一建筑工地干活时，从脚手架上掉下来，当场昏迷。送医院救治后，建筑单位负担了他的医疗费后就撒手不管了。

---

①张晓东：《讨薪被打，伤情鉴定费政府埋单》，载《法制日报》2006年9月28日第5版。

②朱光泽：《援助官司败诉，鉴定费援助机构买单》，载《成都日报》2006年1月8日，http://news.sina.com.cn/o/2006-01-08/08087923681s.shtml。

③程世嵘：《厦门将司法鉴定纳入法律援助范畴》，载《工人日报》2006年8月18日第1版。

④杨晔：《法律援助为弱势群体撑腰》，载《黑龙江日报》2014年2月24日第5版。

在援助律师的帮助下，李某向法院递交了诉状，但因为他交不起伤残鉴定费，诉讼无法进行下去。冲动之下，李某爬上建筑单位的16楼，宣称要跳下去。①

【案例8】岳西网披露：2013年11月4日，杨某为他人干活时不慎摔伤，救治9月余，至今未苏醒，几近植物人状态，其家庭为治疗事宜已负债累累。2014年7月中旬，杨某近亲属向法院申请确认杨某为无民事行为能力人，但囿于家庭困境无力支付高额的鉴定费用，② 导致其诉讼请求难以得到法院认可，其合法权益也无法维护。

……

上述事件是现实中发生的部分弱势（困难）群体因经济困难而无法聘请鉴定机构的鉴定人进行鉴定，从而不能提供鉴定意见维护自己合法权益的部分真实案例。它们共同诉说了现代诉讼虽然是解决严重社会纠纷的最佳方式之一与最终渠道，但却可能因当事人自己的经济条件或其他原因，而导致其无法进入诉讼程序（诉前），或在诉讼中无力维护自己的正当权益（诉中）。这种境况令人担忧，可能造成当事人对国家与社会的不满，进而引发私力救济，产生暴力行为，或出现当事人自伤、自残、自杀等过激行为。因此，司法现实让我们不得不承认，“每位公民行使诉权时，无不受自身客观条件的影响和左右”。③ 若无国家、社会适当的救助，他们或许将如奥地利著名作家卡夫卡在其名篇《法之门前》中的乡下人，虽一直希望并努力进入法的殿堂，却终身在法之门前徘徊不已，直至最后死亡，也未跨进法之门槛。

法律制度应是对社会现实问题的回应与调适。面对司法实践中一系列弱势群体鉴定不能的尴尬处境，现实还是让我们振奋的。近年来，我国各地司法厅（局）与社会鉴定机构承担了为当事人提供减、免、缓交鉴定费用的救助责任，甚至上门服务，使一系列因为贫穷或其他原因

---

①廖桂金：《受援人司法鉴定费政府买单》，载《厦门晚报》2006年7月27日，http：//news. sohu. com/20060727/n244488909. shtml。

②刘东升、储聪：《岳西法院司法鉴定环节救助困难当事人》，http://xianzhi.ahyx.gov.cn/xianzhi/fayuan/201408/11252.html。

③严军兴：《健全法律援助制度与推进司法改革》，载《法学家》1998年第2期，第94页。

而无法给付鉴定费的当事人维护了自身权益。[①] 例如，2006 年 8 月，四川省司法厅出台了《四川省司法鉴定援助暂行办法》，其规定法律援助案件的受援人因交不起鉴定费而无法进入诉讼程序、无力维护自己的合法权益的，司法行政管理部门、面向社会服务的司法鉴定机构应当对援助案件涉及事项的鉴定费用给予减、免，并将办理司法鉴定所需费用纳入法律援助经费的开支范围。又如，厦门市司法局鉴于一些社会民众因交不起司法鉴定费而无法进入诉讼程序，即使进入诉讼但因缺乏司法鉴定意见，在诉讼中处于举证不利的窘境，从而不能充分维护自身的合法权益的现实，于 2006 年 6 月出台了《关于开展司法鉴定援助工作的意见》，规定厦门市两级法院审理的法律援助案件的受援人以及法院给予司法救助的人，如果需要委托厦门市司法鉴定机构进行司法鉴定又无力缴纳鉴定费用的，可以提出鉴定援助申请。其援助事项包括法医临床鉴定、法医病理鉴定、法医毒物鉴定、法医精神病鉴定、亲子鉴定和文书鉴定等。受援人只需持法律援助受理决定书或者法院司法救助证明，到法律援助中心去申请即可。对司法鉴定援助申请，相关机构应在 3 日内进行审核，符合条件的，向申请人出具《给予司法鉴定援助决定书》，并报司法鉴定仲裁管理处，管理处指派相关司法鉴定机构办理。

然而，虽然近几年我国部分省、市、县如雨后春笋般拉开了司法鉴定救助运动的序幕，积累了丰富的经验，但实践中的司法鉴定援助制度亦暴露出无以计数的问题。司法鉴定援助制度的立法层次较低，各省、市条文规范差异较大，司法鉴定援助的可操作性不强，对司法鉴定援助费用的规定欠缺科学性等一系列程序性与实体性问题，导致地方政府救助对象有限、救助资金难以兑现等。以厦门市为例，如前所述，自 2006 年 8 月 1 日起，厦门市司法局正式启动司法鉴定援助工作，截至 2008 年 11 月底，该市有 14 家司法鉴定机构、232 名司法鉴定人，累积办理各类司法鉴定案件 13079 件，然而，司法鉴定救助案件却只有 137 件（约 1%），[②] 平均每年援助 70 余件、每个鉴定机构年均援助 5 件左

---

①如四川在司法鉴定救助规定中，要求鉴定机构对 70 岁以上或有严重疾病、行动困难的老年人立遗嘱需进行民事行为能力鉴定的，一律指派鉴定人上门服务。参见曾燕：《我省经济困难者申请法律援助可以减免公证费》，载“四川在线”，http：//sichuan. scol. com. cn/dwzw/20070525/200752560233. htm。

②郭桂花：《公正鉴定还原案件真相　司法鉴定机构揭“神秘面纱”》，载“厦门网”，http：//news. xmnn. cn/xmxw/200811/t20081107_783767_1. htm。

右，远不如其宣称的那样功绩辉煌。

尽管如此，在2005年司法鉴定制度改革的背景下，司法鉴定救助制度作为新生事物蓬勃兴起，对社会的发展、稳定与和谐功不可没。因此，它值得学界认真对待。事实上，近年来，一些学者与司法实务者已经敏锐地注意到司法鉴定救助问题了，出现了一批研究成果，① 包括一些学术论文（见表1）与硕士论文（见表2）。

表1　有关司法鉴定救助制度研究的学术论文（2005—2013）

编号	作者	文章题目	发表期刊
1	李永清等	《我国司法鉴定救助制度之研究》	《警官文苑》2013年第1期
2	王丁磊	《中国司法鉴定救助制度初探》	《商品与质量》2012年第5期
3	江晓晓	《浅谈司法鉴定救助制度》	《法制与社会》2010年第30期
4	柯昌林等	《我国司法鉴定援助制度探微》	《湖北警官学院学报》2013年第4期
5	金岩	《司法鉴定援助制度的基本论文和程序设计》	《广州广播电视大学学报》2013年第1期
6	柯昌林等	《试论建立司法鉴定援助制度的必要性》	《中国司法鉴定》2013年第1期
7	王素芳等	《论我国司法鉴定援助制度》	《兰州学刊》2011年第11期
8	唐磊等	《论司法鉴定的法律援助制度》	《前沿》2009年第12期
9	王瑞恒等	《司法鉴定援助人的权利、义务、责任分析》	《中国司法鉴定》2009年第2期

①笔者以“鉴定救助”、“鉴定援助”为关键词，通过中国知网搜索到上述论文。由于笔者单独或与合作者发表过一些论文，因此均不收录。

续表

编号	作者	文章题目	发表期刊
10	韩炜等	《司法鉴定援助制度的问题和建议》	《中国司法鉴定》2009 年第 2 期
11	赵振民	《如何构建司法鉴定援助制度》	《中国司法鉴定》2008 年第 2 期
12	赵玉洪	《论司法鉴定援助制度的构建及服务对象》	《中国司法鉴定》2008 年第 2 期
13	拜荣静	《司法鉴定法律援助制度的模式选择与建构》	《云南大学学报（人文社会科学版）》2008 年第 2 期
14	王瑞恒等	《司法鉴定援助制度的价值分析》	《中国司法鉴定》2008 年第 6 期
15	侯立男等	《司法鉴定援助制度程序研究》	《理论界》2008 年第 11 期
16	宋永政等	《我国司法鉴定援助制度的构想》	《理论界》2008 年第 9 期
17	张涛等	《司法鉴定援助制度研究》	《中国司法鉴定》2007 年第 5 期
18	刘沛奎等	《试论如何建立司法鉴定援助制度》	《中国司法鉴定》2006 年第 3 期
19	蒋奎	《论我国司法鉴定援助制度的构建》	《中国司法鉴定》2006 年第 2 期
20	贾治辉等	《论我国司法鉴定援助制度》	《江西公安专科学校学报》2006 年第 3 期
21	李群等	《民事司法鉴定工作应加强对弱势群体关怀》	《中国司法鉴定》2005 年第 6 期
22	宁松	《应当建立司法鉴定的法律援助制度》	《中国司法鉴定》2004 年第 2 期
23	徐思	《试论司法鉴定法律援助的紧迫性和必要性》	《中国司法鉴定》2003 年第 2 期

表 2　有关司法鉴定救助制度研究的学位论文（2005—2013）

编号	作者	论文题目	学校
1	韩焱	《司法鉴定救助制度实务研究》	黑龙江大学 2012 年硕士论文
2	刘慧	《刑事司法鉴定法律援助制度研究》	湘潭大学 2011 年硕士论文
3	李翠英	《论我国司法鉴定援助制度》	西南政法大学 2011 年硕士论文
4	王保民	《司法鉴定援助制度研究》	南京师范大学 2008 年硕士论文

上述研究主要探讨了以下问题：（1）为什么需要司法鉴定救助？即司法鉴定救助的原因、价值和功能。（2）司法鉴定救助的实体性问题，包括受援对象、鉴定救助的类型、鉴定救助资金等。（3）司法鉴定救助的程序性问题，包括鉴定救助程序的启动、申请、批复、指派、实施等。（4）当前司法鉴定救助制度存在的问题与不足，提出的改革措施。应该说，目前的研究触及一些司法鉴定救助在规范层面与实践领域的问题，提出的对策有些可行，如建议建立统一的司法鉴定救助制度。

然而，既往研究仍然存在以下问题：首先，重复性研究过多，因袭陈规现象比较严重，没有拓宽研究思路，整体研究缺乏深度。其次，大多数研究既未进行规范意义上的法学分析，也没有进行实证意义上的法社会学思考，更多的是进行意识形态的争论与主观性价值判断，最多是进行个案研究，呈现出明显的脱离实践的特点。最后，对实践中的问题的洞察与分析，进而据此提出的对策，很多缺乏可操作性。

因此，笔者认为，司法鉴定救助制度具有进一步研究的重要意义与必要。而且，笔者作为西南政法大学司法鉴定中心的兼职鉴定人，常常接触一些司法鉴定救助案件，对实践有些了解。同时，笔者对部分省、市、县（区）的司法鉴定救助规范进行了规范意义上的评价，并通过百度、知网等搜集了一些司法鉴定救助方面的典型案例，结合笔者在部分司法鉴定机构与司法行政管理部门调研所得的案例，可以进行较好的实证研究。

本书写作的出发点在于：当一些论者不遗余力地疾呼国家应该就司

法鉴定救助制度进行全国性统一立法之际,① 笔者认为应该谨记“行动无思想的指引则盲”的哲人教诲，当务之急是对既有的司法鉴定救助实践进行充分研究，即详密分析部分省、市、县（区）司法行政机关公布的规制司法鉴定救助制度的规则，以及实证研究一些鉴定救助实践中发生的经典案例，从而提炼出重要的学术思想，并指导司法鉴定救助制度的进一步变革。因为法学理论应该反思诉讼实践，它需要对司法鉴定救助制度进行条分缕析的研究与入木三分的评析，这样实践者既能正确地认识自己行为的意义，也能明白它的缺陷之所在。即使他们在面对现实状况时有些无奈，也能大体保持一种理智的清醒。同时，它的理性主义乃至理想主义的光芒，可以为实践者导引前途，牵引着他们，使他们不至于走向极端。这种牵引作用，可能导致某种“相对合理”的实际结果。②

①吴学安:《统一司法鉴定救助　维护贫困人口诉讼权利》，载《中国审计报》2012 年 6 月 20 日第 7 版。

②龙宗智:《理论反对实践》，法律出版社 2003 年版，自序第 3 页。

第一章　司法鉴定救助概述

一、法律援助与司法鉴定救助

法律援助制度，是指国家在司法制度运行的各个环节和各个层次上，对因经济困难及其他因素而难以通过通常意义上的法律救济手段保障自身基本社会权利的弱者，减免费用并提供法律帮助的一项法律保障制度。法律援助现象最早起源于15世纪的英国，最初是一种民间的、自发的慈善行为，由一些私人律师、宗教团体以及慈善机构为穷人免费进行法务服务。后来逐渐演变为现代法治国家一项不可缺少的法律制度，成为法律文明与社会进步的体现。①

我国法律援助制度起步较晚。党的十一届三中全会以后，我国的法制建设才步入正轨，法律援助则一直到1994年3月以后才在北京、广州、上海、青岛等城市陆续试行。为推动全国法律援助试点工作的迅速开展，司法部于1996年12月批准成立国家法律援助中心。1996年5月26日，在北京人民大会堂隆重召开的我国法律援助基金会及司法部法律援助中心成立大会标志着我国向建立和实施法律援助制度迈出了实质性的第一步。② 然而，直到2003年9月1日，国务院颁布《法律援助条例》后，我国法律援助才正式被纳入制度化轨道。

应该说，法律援助是一项扶助贫弱、保障社会弱势群体合法权益的社会公益事业，同时也是我国实践依法治国方略、全面建设小康社会的重要举措。中共中央、国务院对法律援助工作历来十分重视，国家“十五”计划纲要将“建立法律援助体系”确定为“十五”社会发展目标；党的十六大明确提出“积极开展法律援助”；党的十八届三中全会和习近平总书记对法律援助工作都作了重要指示，要求要适应新形势下法律

---

①宫晓冰：《中国法律援助制度培训教程》，中国检察出版社2002年版，第3页。

②刘根菊：《法律援助制度的几个问题》，载《政法论坛》2001年第1期，第12页。

援助工作的需求，不断扩大法律援助范围，让更多需要法律援助的困难群众得到方便快捷的服务，以作为建设社会主义政治文明的重要内容。

法律援助的根源，在于当前社会仍然还有一批由于自然、经济、社会和文化方面的原因而难以像正常人那样化解社会问题造成的压力、陷入困境而处于不利社会地位的人群或阶层，即弱势群体。作为司法制度的重要组成部分，法律援助通过向这些缺乏能力、经济困难的当事人提供法律帮助，使他们能平等地站在法律面前，享受平等的法律保护。法律援助制度是人类法制文明和法律文化发展到一定阶段的必然产物，是国家经济、社会文明进步和法治观念增强的结果。用法律的手段帮助人民群众解决诉讼难的问题，是当前我国建设社会主义法治国家大背景下的必然选择，是促进司法公正的重要保障。①

然而，2003 年国务院颁布的《法律援助条例》仅仅规定了以下六种法律援助形式：（1）刑事辩护和刑事代理；（2）民事、行政诉讼代理；（3）非诉讼法律事务代理；（4）公证证明；（5）法律咨询、代拟法律文书；（6）其他形式的法律服务。在《法律援助条例》里，没有将司法鉴定援助明确作为法律援助的一种类型。由此看来，《法律援助条例》规定，我国的法律援助主要是由各级法律援助中心承担有限的法律援助义务，为经济困难无力支付法律服务费用或特殊案件的当事人减免相应的法律服务费用。参加法律援助的组织和人员仅限于接受法律援助机构指派办理法律援助事项的律师、公证员、基层法律服务所等，国家并未明确要求司法鉴定机构和司法鉴定人员承担法律援助的义务。

不过，在国家相关机构的一些规定或复函中，还是不断提到司法鉴定救助问题。例如，2002 年 1 月 14 日，国家计委办公厅在给最高人民法院办公厅《关于最高人民法院司法鉴定服务中心司法鉴定服务收费标准有关问题的复函》中规定："当事人交纳司法鉴定费用确有困难的，可以提出书面申请及相关证明材料，经最高人民法院司法鉴定中心审查，参照最高人民法院《关于对经济确有困难的当事人予以司法救助的规定》，给予减收或免收鉴定费用。" 2004 年 9 月 6 日，司法部、民政部、财政部等 9 个部门联合下发《关于贯彻落实〈法律援助条例〉切实解决困难群众打官司难问题的意见》，其第 6 条规定："加强法律援助机构与有关鉴定机构的沟通与协调，减免收取或缓收法律援助案件的

①百度："法律援助"词条，http：//baike. baidu. com/view/15563. htm？ fr=aladdin。

相关鉴定费用。”司法部在2009年“服务年”活动中，首次在全国层面正式提出“司法鉴定救助”这一概念。

更可圈可点的是地方层面的司法鉴定救助实践。在2005年之后，由于《全国人民代表大会常务委员会〈关于司法鉴定管理问题的决定〉》颁布实施，社会鉴定机构的过度市场化与社会化加剧了贫困群体打官司的成本。为此，将司法鉴定救助制度纳入法律援助范围成为一些地方的重要举措。福建厦门、福州、莆田，安徽马鞍山、合肥、蚌埠、徽州、铜陵、巢湖，黑龙江哈尔滨、双鸭山、牡丹江、伊春，山东潍坊、莱芜、济宁、邹平、夏津，湖北鄂州、咸丰，广东深圳、东莞，以及江苏南京、浙江湖州、湖南舞阳、甘肃、四川、重庆等省、市、县陆续颁布了关于司法鉴定救助的相关规定或下发了专项通知。伴随着司法鉴定救助需求的日益增加，一些地方的法律援助条例逐渐将司法鉴定救助作为法律援助的重要类型。例如，2010年云南省十一届人大常委会第十六次会议审议通过的《云南省法律援助条例》，明确将司法鉴定机构与律师事务所、基层法律服务所、公证处等共同纳入法律援助的法律服务机构范畴，使鉴定援助成为法律援助的一种类型。当然，一些学者或地方司法行政部门将常规的法律援助称为“小法援”，将包括鉴定救助在内的法律援助称为“大法援”。可见，司法鉴定救助在全国范围内慢慢铺开，并产生了较大的影响，得到了人们的认同。因此，有必要对其进行概念分析与理论分类。

二、司法鉴定救助的概念与特点

（一）司法鉴定救助的概念

司法鉴定救助，我国理论界与实务部门通常称之为司法鉴定援助或司法鉴定法律援助，其原因可能是司法鉴定救助往往作为法律援助的一种方式。例如，有人认为：“司法鉴定救助制度，又称司法鉴定援助、扶助制度。它是指在诉讼活动过程中，国家或政府为了保证法律赋予公民的各项权利在现实生活中切实得以实现，对需要采用司法鉴定救助手段举证以维护自己的法定权利不受非法侵犯，但又因经济困难无力支付鉴定费用的当事人提供费用减免措施以保障其合法权益得以实现，从而维护司法公正的司法救济制度。”据目前掌握的资料来看，司法鉴定救助的学术命名最先出现于 2003 年，而实践中最早出现该词则在 2000 年，① 相关国家机关的文件首次涉及该词可以追溯到 2002 年。②

古语说："名正而言顺"，但"词"与"物"的对应仅仅是人类实践中逐步发展出的一种关联指涉，它们之间并没有必然的、尽管不是恣意杜撰的联系。现代语言学告知我们，"语言与语言所指的现象的关系是专断的，其边界也是专断的，是特定社区的人们长期演化出来的，语言并不是对客观世界的描述，语言的意义在于使用，因此，抽象地说语言精确不精确是荒唐的"。③ 因此，在本课题的研究中，司法鉴定救助、司法鉴定援助与司法鉴定法律援助并无本质区别，均是指一些鉴定机构与鉴定人，根据国家相关机构的指派或委托、相关人员的直接申请以及鉴定机构与鉴定人员在日常业务中的主动发现，对特定的符合救助条件的弱势群体给予减、免、缓缴鉴定费的鉴定救助服务，其目的是为经济困难或有其他原因的弱势或贫困人群提供鉴定意见，从而避免其无法进入诉讼程序，或在诉讼程序中无法有效地保障自己的合法权益。

尽管司法鉴定救助是法律援助的一种，但当事人并非先要获得其他法律援助才能获得鉴定救助。也就是说，当事人在申请鉴定救助时，无须以事先获得减免诉讼费或律师免费帮助等法律援助为前提条件。事实上，在打官司需要提供鉴定的情况下，司法鉴定救助甚至比法律援助更急迫，尽管司法鉴定救助的费用可能在很多时候远远少于法律援助费用。这是因为，司法鉴定意见作为最具证明力的法定证据，对于民事案件的立案和审理都起着非常重要的作用。然而，通过司法鉴定获取证据是需要一定费用的，这就使得部分当事人尽管诉求合理，但由于经济困难或其他原因无力支付司法鉴定费用而导致无法获得司法鉴定意见以证明案件事实，最终因举证不能法院不予立案，或在案件审理过程中因证据不足而败诉。故而国家建立司法鉴定救助制度，主要目的就是给主动

---

①张晓东：《讨薪被打，伤情鉴定费政府埋单》，载《法制日报》2006 年 9 月 28 日第 5 版。

②2002 年 1 月 14 日国家计委办公厅在给最高法院办公厅《关于最高人民法院司法鉴定服务中心司法鉴定服务收费标准有关问题的复函》中规定：当事人交纳司法鉴定费用确有困难的，可以提出书面申请及相关证明材料，经最高人民法院司法鉴定中心审查，参照最高人民法院《关于对经济确有困难的当事人予以救助的规定》给予减收或免收鉴定费用。

③苏力：《思想的组织形式》，载［美］理查德·A. 波斯纳《正义/司法的经济学》，苏力译，中国政法大学出版社 2002 年版，第 11~12 页。

进行或被动卷入诉讼的弱势当事人提供减免鉴定费用的帮助，使他们不会因经济困难或其他原因而丧失平等对抗的地位，最终使其合法的诉讼权利得以保障，从而维护社会稳定。

当然，研究司法鉴定救助制度时，我们还必须弄清其与行政鉴定救助的区别。司法鉴定救助仅仅是指发生在诉讼领域的鉴定救助，与行政执法类的鉴定救助、仲裁案件中的鉴定救助存在本质区别。然而，目前无论是媒体披露的经典个案，还是论者私下调研获取的相关资料，都共同证明实践中一些发生在行政执法中的鉴定救助被相关部门或学者误称为司法鉴定救助。例如，实践中大量发生的确定申请人身份的亲子鉴定救助就是典型的例子（见案例9）。而司法鉴定救助，仅指发生在诉讼领域的鉴定救助，必须与行政鉴定救助区别开来。本书主要研究诉讼过程中的鉴定救助，至于行政救助，则不属于本书的研究范围。

【案例9】据《西部法制报》2012年6月28日报道：西安儿童扬扬，年仅7岁就承担起家庭的重担，靠拾荒赡养自己病重的父亲，父亲是他唯一的亲人。在当地政府和爱心人士的帮助下，西安未央幸福养护院接纳了他们，使他们的生活有了基本保障。可是，由于扬扬的父亲与扬扬的生母没有领取结婚证，孩子也没有正式的出生证明。在无法证明孩子与父亲存在血缘关系的前提下，为扬扬办理落户手续成了麻烦，这直接影响了孩子就学和享有低保。而解决这个难题的关键就是亲子鉴定，但亲子鉴定一般都需要花费3000~5000元，这对于扬扬和他的父亲是一笔无力承担的高额费用。正当事情陷入僵局时，第四军医大学法医物证司法鉴定所得知了这一情况，果断接过了社会爱心的接力棒，免费为扬扬与父亲进行亲子鉴定。用最短的时间使扬扬父子拿到了认定亲子关系的鉴定意见，为孩子办理户籍扫除了最大的障碍。①

另外，我们还必须认识到，司法鉴定救助应该包括诉前鉴定救助。诉前鉴定救助，是指特定人员为满足起诉的证据标准，在诉讼之前获得司法鉴定机构减免鉴定费用的鉴定救助。诉前鉴定制度本非司法鉴定救助，然而由于其目的是使受援人成功起诉，进而通过诉讼维护自己的合

①刘浩、周莉：《让司法鉴定走近服务对象》，载《西部法制报》2012年6月28日第2版。

法权益，且实践中发生的诉前鉴定救助案例太多（见案例10），若抛弃诉前鉴定救助，势必无法充分地研究司法鉴定救助制度。故而本书研究的司法鉴定救助应从广义上理解，诉前鉴定救助是其重要组成部分，而诉讼中的鉴定救助则是狭义层面的司法鉴定救助。[①] 基于这一理由，尽管诉前鉴定的受援人并非当事人，但为了论述的简便，在本书中，我们统一将诉前与诉中申请鉴定救助的人称为当事人，当然有时也称为申请人或受援人、受援对象。具体称谓主要根据上下文的需要而定，这一点恳请读者谅解。

【案例10】2013年3月5日，烟台市的工人石某在进行拆除板房作业时，由于准备工作欠缺，一面墙突然倒塌，砸在了他身上，导致他的眉骨、鼻骨、胳膊多处骨折，并造成内脏损伤，生命垂危。为了治病，他自己花掉了7万多元，这对本来就贫困的家庭来说犹如雪上加霜。为了能够起诉，他首先必须进行伤残鉴定。幸运的是，烟台市司法局刚刚公布了《烟台市司法鉴定法律援助实施办法（试行）》，石某向烟台市司法局提出申请后，该局当时便指派了山东省衡信司法鉴定中心为其进行司法鉴定，并减免了2000多元的鉴定费用。石某拿到鉴定意见书后，到法院顺利起诉。

（二）司法鉴定救助的特点

分析了司法鉴定救助的概念之后，我们有必要研究其特点。

1. 司法鉴定救助是国家或政府的责任

法律面前人人平等是现代国家法制的基本原则，保障这一基本原则最大限度地实现是国家应尽的职责。[②] 而这一原则的重要内容就是诉讼中的平等，国家应该为弱势或贫困群体提供帮助，使其平等地与对方当事人对抗或平等地拥有与对方对抗的诉讼武器，甚至可以说，国家提供帮助，是实现当事人平等的最低限度。何况，2003年9月1日实施的《法律援助条例》第3条明确规定："法律援助是政府的责任，县级以

①解决诉前鉴定救助问题的一种方式是法院降低起诉标准，从而使所有的鉴定都发生在诉讼领域。然而，倘若如此改革，势必导致大量案例涌入法院，使其根本无法承受如此之重。

②王国良、黄瑞、肖萍：《中外律师制度比较研究》，江西人民出版社2003年版，第164页。

上人民政府应当采取积极措施推动法律援助工作，为法律援助提供财政支持，保障法律援助事业与经济、社会协调发展。”司法鉴定救助既然是法律援助的一种，自然就是国家或政府的责任。

2. 司法鉴定救助具有社会公益性

除了国家责任外，社会也应该为弱势或穷困当事人提供援助。一方面，社会应该为司法鉴定援助捐款。另一方面，在民事诉讼中，社会鉴定机构也应该具有一定的公益性，不能只以营利为主业，必须兼顾公益性与营利性；而在刑事诉讼中，社会鉴定机构和侦查机关的职权性鉴定机构都应承担救助义务。

3. 司法鉴定救助对象特定

司法鉴定救助的对象应主要为社会上的弱势与贫困群体，而非为所有人。司法鉴定救助并非免费的诉讼活动，只能为特殊人群服务。

4. 司法鉴定救助活动具有专业性

司法鉴定救助除了救助对象、救助条件外，其他活动，特别是其中的鉴定活动与普通的鉴定活动并没有任何区别。因此，司法鉴定救助同样是鉴定人利用科学知识解决诉讼中专门问题的活动，鉴定人必须遵守科学准则、科学标准与鉴定程序，不能因为鉴定减免费用而马虎行事。

三、司法鉴定救助的类型划分

司法鉴定救助根据其启动的方式、发生的阶段、减免费用的方式、诉讼类型，可以进行以下分类。

（一）根据启动的方式进行分类

司法鉴定救助是国家与一些社会司法鉴定机构、鉴定人为相关弱势主体提供减、免、缓交鉴定费的社会福利事业，就诉讼实践来看，它的启动方式有三种：

第一，相关的国家机构（主要是法律援助部门，也包括司法机关）指派社会鉴定机构进行鉴定救助。从目前的情况来看，国家机构启动鉴定救助的主体主要有两类：一是司法行政部门的法律援助机构。从既有的公布司法鉴定援助规范的地方来看，基本上是由司法行政机关的法律援助部门（或通过同级司法鉴定管理部门）指派社会鉴定机构进行鉴定救助。例如，《四川省司法鉴定援助暂行办法》、《深圳市司法鉴定援助办法》的相关规定。二是由司法机关通过与本地区的社会司法鉴定机构协商，由后者对涉案的弱势群体进行司法鉴定救助。[①] 一般来说，司法机关启动的鉴定救助均发生在诉讼过程中，而非诉前阶段。当然，有时候在立案前，法律援助机构会与法院取得联系，启动司法鉴定救助联席机制，快速立案，并为当事人找到社会鉴定机构进行减免费用的鉴定（见案例11）。

【案例11】2013年7月，孙某在工作时被一辆电动车撞倒，医院诊断为右股骨颈骨折，治疗终结后其与工作单位以及电动车车主进行多次交涉，均未就赔偿事宜达成一致意见。2014年4月，孙某向昆山市法律援助中心申请法律援助，法律援助中心在审核相关材料后，于当天受理并指派律师。受援人已达到法定退休年龄且工作性质具有特殊性，司法鉴定程序成为必走之路。为保障最快地实现受援人的合法权益，市法律援助中心与市法院取得联系，践行法律援助联席会议机制，予以快速立案。同时通知受援人携带身份证、给予法律援助决定书等材料到法律援助中心办理司法鉴定的法律援助申请。在受援人填写完司法鉴定法律援助申请表等材料后，法律援助中心当天予以审批，同时为保证材料送达的及时性，中心的工作人员亲自将申请鉴定材料送至苏州大学司法鉴定中心昆山服务点。[②]

但是，与法律援助机构启动的鉴定救助相比，司法机关启动的鉴定救助相对较少。因为自2005年全国人大常委会出台《关于司法鉴定管理问题的决定》后，法院自身的鉴定机构就被撤销，自2002年开始实施的法院系统的鉴定救助也就终止了。[③] 于是，司法机关启动的鉴定救助只能与社会鉴定机构进行协商。

---

①2010年我们在温州调研的资料表明，司法鉴定救助一般是由法院同社会司法鉴定机构协商促成的，该地目前尚未由法律援助部门受理、指派与监管鉴定救助。

②参见法制网：《昆山办理首件司法鉴定法援案件》，http：//www.legaldaily.com.cn/locality/content/2014-06/12/content_ 5591527.htm。

③参见国家计委办公厅在给最高法院办公厅《关于最高人民法院司法鉴定服务中心司法鉴定服务收费标准有关问题的复函》的有关规定。

第二，相关人员或其律师直接向鉴定机构提出，[①]希望后者为其减免鉴定费用。这种模式在诉讼中屡有发生（见案例12）。[②]在实践中，鉴定机构审查核实后，发现申请人符合鉴定救助条件的，或者直接进行鉴定救助，或者将其诉求与材料转交法律援助部门。前者的鉴定救助责任完全由鉴定机构与鉴定人承担，而后者则需要国家对其鉴定救助耗费的成本进行适度补偿。当然，目前各地的政策，尤其是没有相关鉴定救助规范的地方的政策，一般都是鼓励鉴定机构进行无补偿的鉴定救助。例如，哈尔滨市司法厅曾经明确指出："在我市尚没有司法鉴定救助专项资金的情况下，我局要求各相关司法鉴定机构在对弱势群体进行司法鉴定救助时，要从讲政治、讲大局的高度，充分认识此项工作所具有的为政府分忧、为社会弱势群体解困、维护社会团结稳定的重大意义，依据自身的能力，尽可能地帮助符合救助条件的当事人，使其合法权利得以维护。"[③]

【案例12】2007年，洛阳市张某因车祸受伤，颅骨多处骨折，颅脑严重损伤，因家境困难，没钱进行司法鉴定。家属抱着试一试的态度到信谊法医临床司法鉴定所寻求帮助。该鉴定所了解到张某的家庭情况后，派人到张某家为其做了司法鉴定，鉴定费分文未收。[④]

但很多地方还是会在司法鉴定机构履行鉴定救助义务后，仍为其适当补偿费用，毕竟帮助弱势群体是国家的责任。然而实际上，很多鉴定机构尤其是效益较好的鉴定机构，一般是直接给予鉴定救助，很少向法

①例如，在烟台市，法律援助中心工作人员刘先生说："烟台全市一年法律援助案件达4000多件，不少案件都需要司法鉴定。在此前法律援助规则没有出台前，涉及司法鉴定的案件都是由援助律师自己协调司法鉴定机构协助办案。"参见史崇胤：《烟台将司法鉴定纳入法律援助困难人员免费做鉴定》，http://www.yantai.gov.cn/cn/html/text/zwdt/2013-07-01/611235.html。

②参见河南司法鉴定网：《洛阳信谊法医临床司法鉴定所积极开展司法鉴定法律援助工作》，http://www.hnsfjd.gov.cn/newsshow.aspx?id=612；安徽省司法厅：《怀远法援为交通事故受害人提供司法鉴定援助》，http://www.ahsft.gov.cn/chn200908251752363/article.jsp?articleId=31917。

③哈尔滨市司法局：《哈尔滨市弱势群体今年起可获法医、物证类司法鉴定救助》，http://app.hljsf.gov.cn/News/2009/6/25/2177.html。

④参见河南司法鉴定网：《洛阳信谊法医临床司法鉴定所积极开展司法鉴定法律援助工作》，http://www.hnsfjd.gov.cn/newsshow.aspx?id=612。

律援助部门备案，因为申请鉴定补偿的相关手续、程序非常烦琐。①

第三，社会鉴定机构发现符合鉴定救助条件的案件后，主动为符合条件的弱势群体减免鉴定费，甚至上门服务。就当前司法鉴定实践来看，这种模式的救助案例时有发生（见案例13）。② 鉴定机构主动为弱势群体提供鉴定救助，反映了其对社会责任的承担，兼顾了其效益性与公益性。就当前媒体披露的案例来看，社会司法鉴定机构几乎都是免费为弱势群体提供鉴定救助。

【案例13】2008年8月29日，市博爱司法鉴定所收到了罗女士专程送来的一面书有“无私援助、热情鉴定”的锦旗，以感谢该所对其女儿郑某进行全程免费的法律援助。2007年12月13日，年仅20岁的郑某在义乌一公路上行走时，不幸被汽车撞倒致重型颅脑损伤、原发性脑干伤等。虽肇事车主支付了部分费用，但和实际支出的医药费相去甚远，无奈之下，郑某只好回家疗养。获悉这一情况后，好心的村民们多次凑钱给她治病，但也只是杯水车薪。经过一年多的治疗，郑某仍无法下床活动。今后她不能工作，还必须在别人的照顾下才能正常生活。罗女士早年与丈夫离异，其夫因患有矽肺病而丧失劳动能力，原本就无力支付女儿的抚养费，更谈不上支付巨额医疗费用。长期以来，罗女士与女儿相依为命，靠打工维持母女两人的生计，且寄住在黄岩江口的亲戚家，生活极其贫困。这场突如其来的灾难，让这个原本就贫困的家庭雪上加霜。罗女士深知，她只有拿起法律武器，才能解决女儿今后的生活问题。市博爱司法鉴定所主任沈德胜得知这一情况后，当即向这个特困家庭伸出了援助之手。沈德胜主动开车到50里外罗女士居住的地方，接其女儿到市中心医院参加专家鉴定会，并免除鉴定费等一切费用，对

---

①如西南政法大学鉴定机构在当事人申请鉴定救助的情况下，就直接给予减免鉴定费的服务，不再报法律援助部门，因为申请补偿太麻烦。

②廖桂金：《司法鉴定费首次援助　两名伤残外来工受惠》，载《厦门晚报》2006年8月10日；中国路桥新闻网：《无私援助　免费鉴定》，http://luqiao. zjol. com. cn/newscenter/lqnews/120080901/1163445.shtml；徐文君：《在东莞见义勇为可获司法鉴定援助》，载《东莞日报》2010年6月30日；鹤岗市中小企业局：《鹤岗市司法局在鹤岗市司法鉴定行业中开展了司法鉴定援助活动》，2007年12月4日，http://www. smehlj. gov. cn/web/assembly/action/browsePage.do? channelID=1089013892513&contentID=1196642379715；马鞍山市司法局：《马鞍山公正司法鉴定所积极为打工老汉提供司法鉴定法律援助》，2010年3月4日，http：//www. mas. gov. cn/html/20100226cb743e0d-13db-414d-9c58-e7fd7ae03374. html。

其进行了全程免费法律援助。①

鉴定救助启动的三种模式中，国家主动启动应成为主导模式。因为根据一般法理，鉴定救助应是一种国家责任，故国家需要筹集特定的鉴定救助专项资金，对承担鉴定救助的鉴定机构与鉴定人进行补偿。当然，就当前司法实践中一些地方鉴定援助规范的明文规定来看，相关人员提起的鉴定救助申请基本上都由法律援助部门进行审查，对符合条件的救助申请，经其直接指派或通过同级司法鉴定管理机构指派鉴定机构进行鉴定救助。鉴于公安司法机关的鉴定机构不对外接受鉴定委托，故当前承担鉴定救助案件的几乎都是面向社会服务的鉴定机构。

社会性鉴定机构大多为自负盈亏的市场主体，虽然其应为诉讼提供客观真实的鉴定意见，且应兼顾公正性、效益性与市场责任，但其主要目的是营利。故由社会鉴定机构直接发起或弱势群体向其申请启动的鉴定救助，不应成为一种常规的法律制度，而应是对国家启动的鉴定救助的有益补充，只应鼓励，不宜强制。因此，将来司法鉴定救助制度的建构，主要是指国家承担尤以法律援助部门决定的鉴定救助为主，同时兼顾其他国家部门（如公安司法机关）与鉴定机构直接协商的鉴定救助。

（二）根据司法鉴定救助发生的阶段进行分类

按照诉讼的发生阶段，司法鉴定救助可以分为起诉前的鉴定救助与起诉后的鉴定救助。

《刑事诉讼法》第 205 条第 1 款和第 2 款规定，人民法院对于自诉案件进行审查后，按照下列情形分别处理：犯罪事实清楚，有足够证据的案件，应当开庭审判；缺乏罪证的自诉案件，如果自诉人提不出补充证据，应当说服自诉人撤回自诉，或者裁定驳回；《民事诉讼法》第 119 条第 3 款规定，当事人起诉应“有具体的诉讼请求和事实、理由”；《行政诉讼法》第 41 条第 3 款规定，原告欲向法院提起诉讼，不仅需要明确的诉讼请求，还需要事实根据或证据。这就说明，当事人进行起诉时必须提供必要的证据，尤其是在刑事自诉案件中，被害人必须有足够的证据，法院方才开庭。而在这些案件中，相关人员起诉前需要对请求工伤事故、交通事故、医疗事故、食品安全事故或者其他事故的人身损

①参见中国路桥新闻网：《无私援助　免费鉴定》，http：//luqiao. zjol. com. cn/newscenter/lqnews/120080901/1163445. Shtml。

害赔偿以及刑事自诉中被害人是否构成轻伤等进行专业鉴定。若没有相关鉴定意见作为起诉证据，其诉讼请求无法满足相关要件。因此，为避免一些因经济能力或其他原因而无法支付鉴定费用，但又需要鉴定意见作为证据的相关人员能够向法院成功起诉，国家或社会需要为其提供诉前鉴定救助。事实上，实践中发生的鉴定救助最初就是民事领域中的诉前鉴定救助，① 而大量媒体披露出的案例亦证明，当前的鉴定救助大量发生在诉前阶段（见案例 10）。

起诉后的司法鉴定救助，即在诉讼过程中，尤其是在法庭审判阶段，当事人为保护自己的合法权益，需要提供鉴定意见，但却因无法支付鉴定费而向国家相关机构或司法鉴定机构申请减免费用的鉴定救助。例如，在刑事审判中，被告认为控方的鉴定意见存在严重问题而申请重新鉴定，但因经济能力限制导致其无法支付鉴定费，此时其可以申请鉴定救助。起诉后的鉴定救助在行政、民事与刑事自诉案件中发生在审判阶段，而在刑事公诉中则可发生在侦查、起诉和审判阶段。当然，国家机关、法院也可在发现当事人因贫困无法进行鉴定时，主动提醒或帮助当事人联系鉴定援助事项（见案例 14）。

【案例 14】从外地来江苏省吴江市打工的老张不幸遭遇交通事故，在法院诉讼期间需要进行伤残等级的司法鉴定，却苦于没钱预交鉴定费用。所幸，该市出台的《司法鉴定费用救助办法》解除了他的后顾之忧。根据这一办法，法院将从救助基金中为其垫付鉴定费用，保障鉴定顺利进行。该办法实施以来，法院已为当事人垫付鉴定费用 9000 余元。②

（三）根据司法鉴定救助减免费用的方式进行分类

司法鉴定救助根据被救助人支付鉴定费用的情况，可以分为免费的鉴定救助、减费的鉴定救助与暂缓交费的鉴定救助。所谓免费的鉴定救助，指被救助人不承担鉴定费用；减费的鉴定救助，指根据被救助人的

---

①徐思：《试论司法鉴定法律援助的紧迫性和必要性》，载《中国司法鉴定》2003 年第 2 期，第 50 页。

②李鸣、邱通宇：《吴江法院首创司法鉴定费用救助》，载《东方卫报》2012 年 6 月 15 日第 A42 版。

具体情况，令其酌情减少交纳鉴定费；缓交鉴定费的鉴定救助，指申请人先申请鉴定，待一定时间后，申请人有经济能力（如胜诉后）再补交鉴定费用，但一般来说，申请人需要作出适当的保证。虽然鉴定机构的鉴定救助收费标准不高，但对于弱势群体而言仍是较大的负担。因此，当前实践中各地一般都是把鉴定救助费用纳入法律救助经费的范畴。然而，由于能否取得鉴定救助资格需要经过严格审查，故事实上获得鉴定救助的公民几乎都是经济极其困难的，对其采取的都是减免费用的鉴定救助。但问题是，如果司法鉴定救助采取减费的方式，那么减费比例或幅度应该如何确定？在目前实践中，操作标准各异。

我国当前法律救助经费非常紧张，而随着各种矛盾、纠纷的涌现，需要国家救助的对象却逐步增加。因此，扩展减、免费的鉴定救助范围就非常必要了。目前一些地方将司法鉴定救助纳入法律援助事项范围，并在地方性法律援助条例中明确规定法律援助是无偿的，这就意味着司法鉴定援助也是无偿的。例如，2011 年 8 月出台的《湖北省法律援助条例》第 2 条规定：本条例所称法律援助，是指县级以上人民政府在司法行政部门设立的法律援助机构，组织法律服务机构或者法律服务人员，依法为经济困难公民和其他符合法定条件的公民，无偿提供法律咨询、代理、刑事辩护等法律服务的活动。第 26 条规定的法律援助采取的方式中就有公证援助和司法鉴定援助。结合上述两条规定可以合理推断，湖北省的司法鉴定救助应该是免费的。

然而，司法鉴定救助毕竟是国家提供的公共善品，必须针对真正有需要的公民，且任何公民都不能在同一案件中反复申请鉴定救助，故适当、酌情收取鉴定费用是应当的，而且能够避免不必要的诉讼。按照波斯纳的观点，“法律应该在任何领域引导人们从事有效率的活动”。司法鉴定救助必须根据个人的情况，决定是免收还是少收鉴定费用。虽然司法鉴定救助包括减免和缓交鉴定费在内的救助内容，但在实践中突出了减与免，却忽视了缓交鉴定费的积极作用，在给予当事人救助的形式上比较单一，未能灵活运用多种救助形式解决当事人的燃眉之急。① 因此，今后更应该注重发展缓交鉴定费的鉴定救助。

---

①韩炜、董鑫伟：《司法鉴定援助制度的问题和建议》，载《中国司法鉴定》2009 年第 2 期，第 75 页。

（四）根据诉讼类型分类

根据司法鉴定救助发生的诉讼类型不同，可以将其分为民事鉴定救助、刑事鉴定救助与行政鉴定救助。三种鉴定救助方式没有本质的差别，只是涉及的诉讼类型不同。然而，就如今各地鉴定救助的实践来看，民事领域的鉴定救助居多。而在行政诉讼领域，虽然大多数地方的暂行立法规定请求国家赔偿、救济金、保障金时可申请鉴定救助，但因种种原因此类救助发生较少。

至于刑事诉讼领域，则几乎没有出现鉴定救助案件，刑事自诉与刑事附带民事案件例外（见案例15）。一方面，刑事诉讼中国家大多进行了初次鉴定或重新鉴定。另一方面，实行鉴定救助具有操作上的困难，如被告申请鉴定，其检材较难获得，同时救助的鉴定人存在着巨大的职业风险。另外，刑诉领域当事人（被告与被害人）尤其是被告人启动鉴定程序较为困难，如近年发生的陕西邱兴华案、上海杨佳案等就是例证。然而事实上，刑事鉴定救助的需要却极为迫切。因为很多杀人、抢劫、盗窃、强奸案件中的刑事被告没有经济能力聘请鉴定人进行鉴定，① 而刑事审判却往往决定一个人的生命、自由、财产等重大权益。实际上，这一现象在美国同样突出。据论者说，法医科学鉴定如此昂贵，它一般只会在严重的刑事案件中运用，这就会进一步加剧控辩双方诉讼资源的不平等。因为最严重的犯罪往往是由那些在经济上处于弱势的人所实施的，站在被告席上的富人所实施的往往是一些白领犯罪，而对这些罪行的审判往往不需要科学证言，或者只需要很少的科学证言。②

【案例15】2011年11月4日凌晨，阿成（化名）在紫马岭公园附近遭到5名男子抢劫，因不愿给出身上仅有的200余元，被对方拿砖头殴打，钱也被抢走。阿成报警后，被送往博爱医院并住院十余天，经医院诊断，其有4根肋骨被打断。在他住院期间，其中的3名涉案嫌疑人被抓获。据了解，阿成今年43岁，妻子在深圳打工，夫妻俩有一个7

①中国法院网直播节目中的大量刑事案例以及笔者到法院收集的众多刑事案件都表明，在发生暴力犯罪的案件中，被告人大多贫穷，一般都是法院指派律师进行法律援助。对于他们而言，如果需要申请鉴定或重新鉴定，几乎都没有能力自己支付鉴定费用。参见陈如超：《刑事法官的证据调查权研究》，中国人民公安大学出版社2011年版，第4章。

②［美］科林·埃文斯：《证据：历史上最具争议的法医学案例》，毕小青译，生活·读书·新知三联书店2007年版，第309~310页。

岁的女儿。这些年来，阿成以在富华总站为私营大巴拉客为生，收入并不稳定。自受伤后，他的生活陷入了困境，因无法工作，只能靠低保维持生计。阿成出院后，由于无钱打官司，便来到中山市法律援助处申请刑事附带民事的法律援助。中山市司法局法律援助处接到阿成的申请后，判定阿成符合申请司法鉴定援助的条件，决定给予其司法鉴定援助。①

四、司法鉴定救助的价值与功能

随着2005年以来国内系列司法鉴定制度改革以及司法鉴定机构市场化、社会化的进程加快，一些群体因为贫困或其他原因导致无力支付鉴定费，从而导致不能利用鉴定意见来维护自身合法权益的现象不容忽视。固然国家发改委与司法部于2009年联合印发了《司法鉴定收费管理办法》，对各类单项鉴定的费用进行了规定，且其数额并不算高，但是，对经济贫困的弱势群体而言，司法鉴定却仍然显得遥不可及。同时，随着现代诉讼的发展，鉴定意见越来越成为诉讼中的重要乃至唯一证据，没有鉴定援助，当事人可能被拒之于法门之外。因此，建立司法鉴定救助制度具有以下几个方面的价值与功能：

（一）维护贫困群体的合法权益

基于当前社会鉴定机构的逐利化倾向、法院撤销鉴定机构、② 侦查机关的职权性鉴定机构不再接受社会委托的现实，对于一些丧失劳动能力、无生活来源的年老、残疾以及在追索赡养费、抚养费、抚育费、劳动报酬和在道路交通事故、其他人身损害赔偿案件中确有困难的社会弱势群体，很难承担起并不算昂贵的鉴定费用，从而无法维护自身合法权益，使自身乃至整个家庭陷入困境。虽然部分社会鉴定机构与鉴定人主动承担起了司法鉴定救助的责任，但由于贫困人口太多，只有国家建立司法鉴定救助制度，才能从根本上改变目前这一困境。

---

①林泳雨：《中山受理首例司法鉴定援助案》，载《羊城晚报》2012年4月13日第2XA21版。

②《全国人民代表大会常务委员会关于司法鉴定管理问题的决定》于2005年颁布实施后，我国的司法鉴定体制发生了巨大的变革，人民法院不再设立鉴定机构，司法鉴定呈现出社会化的特征，由人民法院决定对经济困难的当事人无力支付鉴定费用实行减收、免收或暂缓交付鉴定费的司法救助制度，也随着人民法院鉴定职能的撤销而消失。

（二）保障司法公正、实现社会正义

《最高人民法院关于民事诉讼证据的若干规定》第25条规定：对需要鉴定的事项负有举证责任的当事人，在人民法院指定的期限内无正当理由不提出鉴定申请或者不预交鉴定费用或者拒不提供相关材料，致使对案件争议的事实无法通过鉴定结论予以认定的，应当对该事实承担举证不能的法律后果。这是法律对“谁主张谁举证”责任的严格规定。但是，对于那些需要司法鉴定救助的弱势群体而言，不能提出鉴定申请、预交鉴定费，最终将导致其合法权益得不到保护。

既然司法公正是司法机关准确认定案件事实、正确适用法律的基本原则，其内容既应当保障双方当事人享有同等的权利、履行相应的义务，也应包括扶弱助贫，以立法的形式保障处于劣势的一方有权参与诉讼活动。司法鉴定救助的目标就是要使符合条件的受助者在司法程序上享有平等权，而不受其自身经济贫困的制约，防止发生不能打官司或打不起官司的现象。因此，司法鉴定救助制度是国家保障司法公正不可或缺的重要手段，在国家的司法公正机制体系中占有十分重要的地位。[①]建立司法鉴定援助制度的目的就是保证符合条件的受助者能够利用司法程序打官司，而不受自身贫困的限制。建立司法鉴定援助制度可以说是国家保障司法公正的一个重要前提，是实现社会公平正义的现实需要。

（三）提高诉讼效益

“过长的诉讼周期对当事人来说是一种难以忍受的精神和经济上的负担，并造成取证困难和证据的可信度降低，由此削弱了当事人求诸诉讼的动机，损害了法律秩序的威望以及社会对司法程序的信心。”[②] 如果当事人无法利用提供鉴定意见的方法维护自身合法权益，则诉讼周期必然延长。这种情况导致当事人丧失了对国家的信任，更导致诉讼久拖不决。当事人最后变得心灰意懒，国家为当事人解决纠纷、维护合法权益的诉讼救济机制对其而言变得没有意义。

（四）减少和缓解社会矛盾

我国正处于社会转型期，各种矛盾突出，纠纷突发，国家若不能根据需要建立一种针对不能支付司法鉴定费用的公民的司法鉴定救助制

---

①柯昌林、杨忠玉、谭岚方：《我国司法鉴定救助制度探微》，载《湖北警官学院学报》2013年第4期，第164页。

②樊崇义主编：《诉讼原理》，法律出版社2009年版，第196页。

度，以保障处于劣势者享有平等的诉讼权利，从而实现其利益，就有可能带来严重的社会危机，导致社会矛盾升级，最终酿成悲惨事件（见案例1）。就像案例7一样，厦门走投无路的外来打工者李某，向法院递交了诉状，但因其交不起伤残鉴定费，诉讼无法进行下去。冲动之下，他爬上建筑单位的16楼，扬言要自杀。[①] 这种自杀或以自杀相威胁的暴力行为所带来的社会影响以及对国家、社会的不满，可能成为群体性事件的导火索，最终破坏社会秩序，还可能产生个人私力救济与复仇行为。

---

①廖桂金：《受援人司法鉴定费政府买单》，载《厦门晚报》2006年7月27日，http：//news. sohu. com/20060727/n244488909. shtml。

第二章　司法鉴定救助的可行性分析

司法鉴定救助制度的运作，涉及众多参与主体，如国家的司法行政部门、法院、社会鉴定机构与鉴定人、贫困的当事人；同时，司法鉴定救助需要耗费巨额的鉴定资源，既需满足社会弱势群体对减、免、缓交费用的鉴定意见的强烈需求，亦需要国家与社会鉴定机构对鉴定救助的认可与支持，并在当前的条件下，承担得起鉴定救助的费用与资金。因此，我们有必要首先对这些问题进行详密的分析。

一、社会需求

我国司法鉴定救助制度近段时间的磅礴兴起，存在深刻的制度背景与复杂的社会原因。全国人大常委会于 2005 年 2 月 28 日颁布并于当年 10 月 1 日起实施《关于司法鉴定管理问题的决定》（以下简称《决定》），其主旨是建立统一的司法鉴定管理体制，撤销人民法院的鉴定机构，禁止侦查机关的鉴定机构面向社会接受委托、从事司法鉴定业务，职是之故，司法鉴定机构面临两种路径转向。

一是国家侦查机关设立的鉴定机构，因受案范围的变化与压缩，堵塞了社会中的部分司法鉴定案件进入国家设立的机构鉴定（其一般收费低且伴随减免鉴定费）的通道。事实上，本来相关文件规定，法院系统应该对经济困难的当事人给予鉴定救助，如 2002 年 1 月 14 日国家计委办公厅在给最高人民法院办公厅《关于最高人民法院司法鉴定服务中心司法鉴定服务收费标准有关问题的复函》中规定："当事人交纳司法鉴定费用确有困难的，可以提出书面申请及相关证明材料，经最高人民法院司法鉴定中心审查，参照最高人民法院《关于对经济确有困难的当事人予以救助的规定》，给予减收或免收鉴定费用。"最高人民法院以此为契机，规定整个法院系统都应对经济困难的当事人实施鉴定救助，这在很大程度上缓解了部分当事人在诉讼中因无力给付鉴定费而导致的无法举证问题。2005 年司法鉴定制度改革前，侦查机关与法院系统的鉴定机构的收费标准一般都较低，绝大多数当事人能够担负得起因司法鉴定而产生的必要费用。① 而《决定》出台后，公安司法系统的鉴定机构或者不能直接对外接受社会委托从事鉴定（侦查机关），或者撤销了自身管辖的鉴定机构（法院），其严重后果是：无论是法院以前自身提供的减免费用的司法鉴定救助，还是与如今社会鉴定机构收费标准相比低得多的普通鉴定，当事人都再无力问津于公安司法机关。

二是《决定》促使社会性司法鉴定机构成为自负盈亏的市场主体。社会司法鉴定机构的市场化，势必导致其以追求利润为目的，且社会性司法鉴定机构近年的快速增加，加剧了彼此之间的竞争程度（而这尤其体现在一些经济发达的大、中城市之中）。因而，尽管部分学者一直呼吁社会司法鉴定机构应该承担减免鉴定费的公益性责任，但市场竞争的升级会引导它们更加倾向利益化，最明显的征象就是鉴定费用大幅度攀升、收费名目与日繁杂、收费标准趋高避低，如下面的两则报道所示：

【报道1】以江苏省为例，在《决定》实施前，按江苏省法院系统内部鉴定机构的收费标准，一起交通事故赔偿案件的全部鉴定费用为200元，鉴定的项目包括伤残等级、误工期限、护理期限、补充营养期限及用药情况等。而目前社会鉴定机构通常对上述鉴定项目分开收费，且每项常常按最高标准收取费用，若当事人对上述项目均申请社会鉴定机构鉴定，鉴定费用至少在1500元以上，还不包括鉴定时的交通费和必要的辅助检查费用。这极大地增加了当事人的诉讼成本。对于那些需要司法鉴定的弱势群体来说，其微薄收入只能维持最基本的家庭生活，尤其是遭遇交通事故的家庭，为治病救人已债台高筑，根本无力再承担昂贵的鉴定费用。如因他们经济困难无力支付司法鉴定费用而无法举证，最终导致其合法权益无法得到保护，有悖于社会主义法治精神。因此，笔者建议司法行政部门尽快建立类似法律援助那样的司法鉴定援助制度，指定一些司法鉴定机构对需要司法鉴定的弱势群体减免鉴定费用，从而让他们也沐浴到社会主义法治的春风。②

---

①笔者在调查访问中发现，2005年以前公安司法机关的鉴定机构的收费标准都较低，且承担了社会中主要的司法鉴定业务。加之公安司法机关作为国家投资设立的公共鉴定机构，并非完全以营利作为其主要目的，一般较容易减免当事人的鉴定费用。

②刘金桥：《应尽快建立司法鉴定援助制度》，载《人民法院报》2006年5月14日第4版。

【报道2】以浙江省台州市为例，在一起普通的交通事故损害赔偿案件中，受害人的伤残等级鉴定费用为1000元，护理等级鉴定费用为1000元，交通事故伤害后果与交通肇事行为的因果关系鉴定费用又是1000元。而过去法院鉴定一个案件（包括上述项目）的费用是1000元，还可以减、免、缓交。另一件普通医疗事故的鉴定费用现达3000元。再如，农民工追索拖欠劳动报酬案件、赡养案件、工伤事故赔偿案件、其他小额债权纠纷案件等，这些案件的当事人大都属于弱势群体，他们有的在维持生计困难的形势下才借助法律来维权，而诉讼中又要支付超过他们月平均生活费2~5倍甚至更高的鉴定费，的确加重了他们的诉讼成本或迫使他们中的一部分人放弃诉讼，直至自己被侵权却无法通过法律途径得到救济。①

由此可见，国家投资较少或未予资助的社会鉴定机构故意肢解鉴定项目，并以最高报价收取鉴定费，人为割裂、限制弱势群体“利用司法鉴定意见”的能力。因此，就刑事案件之外的其他涉讼事件的司法鉴定而言，国家公安司法机关的“被迫”退出，自负盈亏且以营利为最高宗旨的社会鉴定机构的快速跟进，以及鉴定机构之间竞争的日趋激烈，客观上制造出更多的无法支付司法鉴定费，进而无法起诉或维护自己合法权益的数量庞大的社会弱势群体，因而构建一种新的司法鉴定救助制度将成为必然。

同时，由于经济发展导致的贫富差距加大、人口流动性增大以及民众法律意识的增强，多年来弱势群体欲通过诉讼渠道解决的纠纷逐日增多。经济发展不平衡导致公民收入差距持续增大，且因“马太效应”，富者可能更富、贫者或许更贫，而司法鉴定机构往往共聚于经济发达的省会或其他大中城市（由此更加剧了鉴定机构之间的竞争），鉴定收费标准的制定往往以其立足的城市经济发展水平为依托，超出以外来农民工或本地下岗职工为主体的弱势群体的经济承受能力。但是鉴定费用的增加却并未导致讼案件数量的减少，按照最高人民法院历年在“两会”中提出的数据，经济、民商案件的受案数持续增高。虽然没有明确数据表示弱势群体涉讼数量的变化趋势，但无论是媒体的披露、笔者的访谈，还是理论分析都证明，弱势群体被迫卷入或主动进行诉讼的整体趋

①辛涌：《尽快建立司法鉴定援助制度》，载《人民政协报》2006年7月10日第B04版。

势是上升的。

现代诉讼的典型特征是争议事实趋于专门化。据部分学者统计，鉴定意见的使用率在当前诉讼中的比率是80%以上，可谓无处不在。且如前所述，公安司法机关鉴定机构的退隐，社会鉴定机构因赢利化而引发鉴定费用的飙升，事实上不仅割断了既有的救济通道，且人为制造出大量的无法“购买”鉴定意见的“弱势群体”。于是乎，在既有司法鉴定救助途径被封闭，而需要救助的人群却不减反增的情况下，有必要寻找新的替代性问题解决机制。

我国司法鉴定救助制度乃至法律援助制度的发展，还在于即将或已然涉讼的贫困人口在逐年增多。且根据鉴定救助实践证明，以下三种类型的鉴定救助需求最多。

一是20世纪90年代以来，大量农村居民涌入城市成为农民工。他们在工作期间往往无法享受城市居民的福利措施，且工作环境、工作强度与获取的收入都无法律的强力保障，当其因工或纠纷受伤而需要获得用人单位的赔偿时，经常受到抵制、推脱。通过运用熟人社会的乡规民约解决纠纷的农民工，因感觉私力救济不可行，无奈之际被迫将之诉求提交法庭时，却因经济困难而无法鉴定，导致其诉讼请求或者无充分证据证明而被拒之于庭外，或者无鉴定意见作为证据而无法得到法院支持。①

二是一些社会中的弱势群体在交通事故中无过错受伤，当其治病已经耗尽经济资源并负债累累、债台高筑时，却较少或根本没有获得过错方的相关补偿。此时，为获得合理的赔偿必将求之诉讼，而提起诉讼或在诉讼进行过程中，需进行伤残等级、误工期限、护理期限、补充营养期限及用药等情况鉴定，尽管鉴定费用并不十分昂贵，但对于如此家庭来说仍然不堪忍受。诚如论者所言：“不交鉴定费用的直接结果就是无法得到司法鉴定结论，无鉴定结论就无法举证，无法举证诉权自然就无法实现，程序意义上的权利都得不到救济，实体意义上的权利顺理成章地成了‘空中楼阁’。”②

三是在刑事审判中弱势群体尤其是被告方对司法鉴定救助的需求。

---

①在笔者获取的众多样本中，农民工因工伤而引发的鉴定救助比比皆是。

②宁松：《应当建立司法鉴定的法律援助制度》，载《中国司法鉴定》2004年第2期，第43页。

事实上，在绝大多数刑事审判中，公诉方和辩护方的一大区别就是资源。而在涉罪案件中，大量站在法庭上的被告都是经济上处于弱势的群体，他们大多需要司法鉴定意见来维护自己的权益。而“高质量的科学分析是极为昂贵的，只有最富有的人才能够支付得起。这意味着，在公诉方庞大的得到政府资助的专家证人队伍面前，大多数被告人不得不低头屈服。这种不平等的结果就是，大多数情况下，在法庭上没有人对科学证言和结论提出反对意见”。[①] 以科学之名行之于世的司法鉴定意见，往往被法官不辨真伪地予以认定，因为在现代社会，“科学也行使权力，这种权力强制你如何说话。否则，你不仅被视为错误，甚至被视为骗子”。[②] 要反对科学外衣包装下的鉴定意见，最有效的措施是向对方提出针锋相对的科学证据。而当弱势群体无力给付鉴定费“购买”鉴定意见时，其未必会对裁判结果心悦诚服，反而可能会认为裁判者是胜诉方的同谋。

综上所述，弱势群体尤其是“相对贫困”人口的增加，诉讼案件的逐年递增，科技对司法领域的快速“占领”，部分司法鉴定机构的社会化趋势引发的营利性，鉴定费用相对高昂等因素，共同催生了与法律援助制度共同构成“大法援”格局的我国司法鉴定救助制度的建立与完善。倘若缺少司法鉴定救助制度，弱势群体必然面临以下三种选择：

一是隐忍，此时个人权利无法得到保障、社会正义无以实现，客观上鼓励了社会中的责任承担方（如对弱势群体造成损害的一方）逃脱法律制裁，甚至进一步制造更多的社会不公。

二是寻找替代性救济机制，如上访、申诉，甚至衍生出群体性事件。

三是对国家尤其是对法院产生不满，无法实现裁判的安定性，通过司法凸显正义的现代法治理念被放逐。

在现代社会，当争议双方寻找司法途径解决纠纷时，当法院作出支持争议一方的处理决定时，三方结构就变成了一个败诉方认为的二对一结构。对于败诉方来说，二对一的结构是不符合逻辑的，[③] 除非败诉方

---

①[美] 科林·埃文斯：《证据：历史上最具争议的法医学案例》，毕小青译，生活·读书·新知三联书店 2007 年版，第 309 页。

②刘北成：《福柯思想肖像》，上海人民出版社 2001 年版，第 264 页。

③[美] 马丁·夏皮罗：《法院：比较法上和政治学上的分析》，张生、李彤译，中国政法大学出版社 2005 年版，第 2 页。

认为自己受到法院公平、平等的对待。但很明显，若弱势群体无法通过司法鉴定意见支持自己的主张，而国家又没有对其进行救助，则其会认为法院偏袒胜诉方，且后者也胜之不武，双方对法院乃至整个国家法律的正当性都可能产生怀疑。

二、国家态度

在实际工作中，已经出现了当事人确实因为经济困难无力支付鉴定费用，无法获得司法鉴定意见，因举证不能而败诉，致使当事人上访甚至迁怒于社会，这已经成为社会不和谐、不稳定的因素之一。就司法鉴定机构的性质而言，鉴定机构没有无偿提供司法鉴定援助的义务，作为司法鉴定工作主管部门的司法行政机关，也没有要求鉴定机构免费为当事人提供司法鉴定服务的行政权力。在实际工作中，为扶助社会弱势群体、维护社会稳定，司法鉴定管理部门只能协调沟通，请求鉴定机构支援。虽然申请司法鉴定援助的当事人只是少数，但产生的影响却很大，因为申请鉴定援助的大多为遭受交通事故、意外伤害的人群，他们为治病救命早已债台高筑。党的十六大报告明确提出“拓展和规范法律服务，积极开展法律援助”。我国《宪法》明确规定“公民在法律面前一律平等”，如果公民由于经济困难而不能得到有效的法律援助（包括司法鉴定的援助），不能依法维护自己的合法权益，那么宪法的这一原则势必成为一句空话。我国是社会主义国家，国家实施法律援助，用实际行动表明在社会主义社会里，不管是贫者、弱者和残疾者，不管政治、经济地位如何，在法律面前都是平等的，这是社会主义优越性的重要体现。因此，对需要司法鉴定的弱势群体开展援助非常必要且紧迫，这对于维护社会和谐稳定、实现宪法的基本原则具有非常重要的作用。

当前社会背景与制度条件下的司法实践向国家提出了以下无可回避的抉择：对弱势群体因无力给付鉴定费而使诉求徘徊于法门之外（诉前）或无力维护自己合法权益（诉中）的现状放任不管，还是予以慷慨救助？事实上，国家的一系列行为已然表明，司法鉴定救助势在必行。除2002年法院系统曾经践行的司法鉴定救助行动之外，2004年9月6日，司法部、民政部、财政部等9个部门联合下发了《关于贯彻落实〈法律援助条例〉切实解决困难群众打官司难问题的意见》，其第6条规定：“加强法律援助机构与有关鉴定机构的沟通与协调，减免收取或缓收法律援助案件的相关鉴定费用。”据此，福建省司法厅在2004年

11月3日专门下发了《关于司法鉴定机构减免或缓收法律援助案件相关鉴定费用的通知》。四川省自2003年开始探索建立司法鉴定援助制度以来，先后制定了司法鉴定援助实施的具体办法和司法鉴定援助的收费办法。2005年，四川省司法厅会同财政、民政、卫生等9个厅（局）出台了法律援助条例实施意见，实施意见将司法鉴定援助经费统一纳入法律援助经费，列入政府预算，由法律援助中心统一管理。①

然而，我国司法鉴定救助制度蔚然成风之势，即我国地方性司法鉴定救助规范的大量出台、鉴定救助个案的批量出现却是在2005年《决定》出台以后。自四川省司法厅2006年7月21日在国内首度实施详密细致的《四川省司法鉴定援助暂行办法》以来，福建厦门、福州等省、市、县陆续颁布了关于司法鉴定救助的相关规定或下发了专项通知，旨在满足当地越来越多的卷入或即将涉讼的弱势群体对减免费用的鉴定服务的需求，从而助其有效地实现起诉权与庭审举证权。可见，国家已经认识到司法鉴定救助的迫切性。例如，实践中一些法律工作者指出：司法鉴定是借助于法院以外的专门机构的鉴定活动对民事案件中的某些问题进行检验、审查等，由此产生的司法鉴定费是有别于案件受理费的独立费用，不属于法院的收费范围因而无法纳入法院缓、减、免收费用的范围，而且司法鉴定费用动辄千元以上，有些鉴定费用甚至与案件受理费形成巨大反差，这对于已受诉讼费困扰的弱势群体而言无疑是雪上加霜。因此，许多弱势群体即使解决了案件受理费的交纳问题，却在高额的鉴定费用面前止步，放弃了某些诉讼请求甚至不再继续诉讼。例如，因漏水引发的相邻关系纠纷，案件受理费只有50元，但漏水原因鉴定费用却在5000元左右，有的原告因此而无奈撤诉。据有人在民事审判工作中的初步统计，目前弱势群体为鉴定费用困扰的比例还相当高。②

实质上，国家的相关主体（主要是法律援助部门、法院）在诉讼进程中或在法律援助过程中经常发现，对弱势人群的救助，应不仅限于法律知识。因为“伴随着过去50年惊人的科学技术进步，新的事实确

①刘沛奎、刘罡：《试论如何建立司法鉴定援助制度》，载《中国司法鉴定》2006年第3期，第12页。

②李群、喻捷：《民事司法鉴定工作应加强对弱势群体关怀》，载《中国司法鉴定》2005年第6期，第60页。

认方式已经开始在社会各个领域（包括司法领域）挑战传统的事实认定”。[①] 诉讼中大量专业问题需要科技鉴定，而对于弱势群体来说，新的司法鉴定救助理应提上日程。且无论是科技知识抑或法律知识，对于普通民众来说都需要专业帮助才能获取、理解。因此，司法实践中，法律援助部门与公安司法机关经常会就其发现的一些弱势群体需要鉴定救助的个案进行救助，进而推动司法鉴定救助的发展。

【案例16】2007年3月，湖北红安县二程镇楼子李村村民李某拄着双拐来到红安县法律援助中心，请求法律援助。李某现年50岁，一人独自生活，家境贫寒，在被同村村民李某某雇去搬石头的过程中腿部骨折，雇主让他住了几天院就强行要他出院，其受伤的腿没有愈合，急需二次手术，但家中无人护理，后期治疗费、营养费都无着落。在对李某的申请材料进行审查并准备受理的过程中，法律援助中心注意到此案还缺少一个关键的证据——司法鉴定结论。如果没有司法伤情鉴定书，各项赔偿就无从谈起。司法鉴定需要必需的经费，而李某显然无力支付鉴定费用。考虑到这一特殊情况，法律援助中心与红安科正法医司法鉴定所很快达成共识，由该所免费对李某的伤情进行司法鉴定。经过认真的司法鉴定，确认李某的伤情构成十级伤残，后期治疗费用尚需3000元。这一鉴定结论，使李某的各项赔偿费用有了明确的证据依据和支持。[②]

【案例17】2007年8月16日，河北枣强司法医学鉴定中心为一名贵州籍苗族女青年姬某提供了司法鉴定援助。姬某在枣强打工时，不幸被车床伤到左上肢，她向枣强司法局申请了司法鉴定援助，以便获得用工老板的经济赔偿。枣强司法局得知姬某独身在他乡、家庭比较贫困的情况，决定对其实施司法鉴定援助。同时，为确保鉴定结论的准确、可靠，枣强司法医学鉴定中心向衡水市法医鉴定中心提供了检查仪器设备和鉴定技术方面的帮助，衡水市法医鉴定中心还免费给姬某做了“肌电图诱发电位”检查，同时为其提供了司法鉴定方面的援助。枣强司法医学鉴定中心加班加点工作，以最快的速度给当事人出具了鉴定结论并转

①[美] 米尔建·R. 达马斯卡：《漂移的证据法》，李学军、刘晓丹、姚永吉、刘为军译，中国政法大学出版社2003年版，第200页。

②符毅武：《红安县首例司法鉴定援助案件成功调解结案》，载“湖北法治网”2007年6月15日，http：//www.124.gov.cn/2007-06/15/cms375387article.shtml。

交县人民法院。[1]

国家给予弱势群体司法鉴定救助，当然还在于法律援助实践与司法鉴定救助个案为规模性的鉴定救助制度的展开积累了丰富的经验。众所周知，我国法律援助制度始于1994年，国务院又于2003年7月21日颁布了《法律援助条例》，详细规定了法律援助的条件、对象、程序等一系列问题，从立法上认可了实践中的制度运作，并推进了法律援助工作的规范化进程。我国法律援助制度已运作多年，积累了较多的实务操作经验，可直接为司法鉴定救助所借鉴。司法鉴定救助与“狭义”的法律援助具有本质上的相似性，其援助对象、程序、经费的来源与保障等程序运作规律大致相同。故各地区的司法鉴定救助规范明文规定，司法鉴定救助的申请、审查仍然由司法行政部门的法律援助机构管理。这就使该制度因为与法律援助的对象、程序基本一致，而具有建立的便利性、运作成本的简约性，当然其合法性亦无须大费周章地论证。

同时，《法律援助条例》的出台，为部分地方性司法行政机关制定规范司法鉴定救助制度的规则提供了参考性摹本。[2] 况且鉴定救助的实践证明，建立一个与已有制度类似的且实践中又必需的法律制度，或许是当前我国司法改革的最佳途径。加之法律援助与司法鉴定救助的救助对象基本重叠，弱势群体的法律知识与鉴定知识的匮乏并案共生，国家履行救助程序的近似与救助使命的同质，二者经常需同案进行，因而无论当事人对鉴定救助还是法律援助的申请，抑或管理机构对申请的审查都相对快捷。

何况国家给予弱势群体司法鉴定救助，也是其对社会纠纷的终结性强力解决机制的垄断的部分补偿。尽管法社会学者、法经济学家与人类学家不约而同地证明，无须法律，其他社会控制机制同样能够解决人类纠纷。[3] 然而在如今日趋陌生化的社会环境中，存在着一种法律规范对

---

①崔志平、郭孟福：《发挥职能作用　衡水市积极开展司法鉴定援助工作》，http：//www.heb.chinanews.com/news/fzzx/2007-09-10/17976.shtml。

②事实上，各地方的司法鉴定救助规范第1条大多会明确规定：本规范根据《法律援助条例》、《关于贯彻落实〈法律援助条例〉切实解决困难群众打官司难问题的意见》、《××地区法律援助条例》制定。

③[美] 罗伯特·C. 埃里克森：《无需法律的秩序》，苏力译，中国政法大学出版社2003年版，序言。

于非法律规范的渐进置换，[①] 法律的作用虽非无远弗届，但因其提供的垄断性的强制力与终结性的纠纷解决机制而成为利益相关者的重要选择之一，甚至是被迫抉择。因此，当和平的、被法律认可的纠纷解决方式失灵后，利害关系人不能再进行暴力性的非法私力救济，而被迫求助于国家。而国家一旦垄断强力性与终局性的社会纠纷解决方式，务必给出一个公平、正义、权威的司法判决。

但是，任何司法判决若需实现公平与正义，不仅从国家“异化”出的司法机关必须中立且以事情真相为根本，还必须保障涉案当事人之间具有平等、实质性的影响裁判者心证的能力。故当案件涉及需要鉴定的专业问题，弱势的当事人无法通过自身能力聘请鉴定人以获得鉴定意见时，其主导庭审过程、影响法官心证的努力将成梦幻，审判的“当事人对抗”亦必将成为海市蜃楼。即便案件最终还原了事情真相，弱势一方亦未必同意庭审结果。是故，当国家以强力方式垄断社会纠纷最终解决渠道，并要求当事人双方的恩怨到此为止时，它必须对其权力垄断付出必要的成本或代价——为弱势一方当事人提供减免费用的鉴定救助，从而使其心悦诚服地接受国家的司法判决。

另外，国家给予弱势群体司法鉴定救助，不仅是正义通过诉讼得以凸显的强力保障措施之一，并且能实现司法裁判的安定性，进而维护社会之稳定、促进社会之和谐。事实上，各地区的司法鉴定救助规则的第1条大多开宗明义地规定：为进一步完善法律援助制度，依法保障公民享有平等的诉讼权利，切实维护公民的合法权益，促进司法公正与社会和谐而制定本规则。司法判决的安定性，是所有诉讼追求的核心价值之一。如上所述，诉讼本身是解决社会矛盾、纠纷的最终方式，倘若司法判决仍然无法最终定分止争，必将无助于社会稳定与和谐。因此，国家给予弱势群体司法鉴定救助（尤其是诉前鉴定救助），既能使其诉求进入法之门槛，亦能维护其诉讼中的正当权益，无须因其权益被忽略或被剥夺，甚至因其主张徘徊在法门之外，而求助于上访、信访、非法私力救济、群体性事件等一系列非常规或非法救济途径。

显而易见，部分省、市、县颁布的司法鉴定救助规则、实践运作中逐渐增多的鉴定救助个案以及上述理论分析都一致证明：国家对司法鉴

---

①［美］埃里克·A. 波斯纳：《法律与社会规范》，沈明译，中国政法大学出版社2004年版，第11页。

定救助制度持肯定态度。故而司法鉴定救助制度虽然还处于起步阶段，甚至还带有一定的实验性质，但它毕竟是一个实践先于理论的司法制度，且受到国家的大力肯定与支持，必在将来更加完善并大放异彩。

三、鉴定机构回应

我国目前的理论研究与社会实践均表明，为社会中的弱势群体提供司法鉴定救助的主要是社会型鉴定机构，尤以从事法医鉴定、物证鉴定两类业务的司法鉴定机构为主。[①] 理论界一般认为，社会型鉴定机构是相对于公安、检察、国安等部门的侦查机关设立的鉴定机构而言的，它一般包含以下两种类型：一是依附于教育、卫生部门及科研院校（所）等事业单位的鉴定机构，其中大多数由组建单位主管，有较强的组织性，鉴定人员大多具有公职，鉴定工作往往是他们的业余事务，这类鉴定机构具有较强的专业优势；二是民营司法鉴定机构，它们大多由个人合伙设立。[②] 企事业单位的鉴定机构按照性质划分，有科研院校（所）、医院、会计事务所等单位的鉴定机构，其从事的鉴定业务不是鉴定人的专职工作，因而对鉴定机构和鉴定人没有明确的盈利目标要求，是否盈利对鉴定机构和鉴定人而言没有决定性的影响。

有鉴于此，有的学者将上述第一类社会鉴定机构称为公益性鉴定机构，它们隶属事业、企业单位，仪器设备和日常经费主要由主管部门划拨扶持，不完全依靠收取鉴定费维持其生存和发展。因而，其鉴定服务收费要体现公益性、补偿性、福利性的特点，不能以成本加营利的模式实行商业性服务收费，应坚持以补偿性收费为主，适当提供无偿服务或法律援助，营利性收费要控制在较小的范围内。而后者——民营鉴定机构——则为营利性鉴定机构，是由集体或个人投资兴办，完全靠收取鉴定费来偿还成本、维持日常费用和营利的独立经营机构。[③] 当然，为填补我国目前因国家侦查机关的鉴定机构退出社会鉴定带来的需求空隙，

---

①从目前笔者掌握的资料来看，司法鉴定救助实践主要发生在法医鉴定与物证鉴定领域，尤以前者为甚，故在部分地区的鉴定救助规范中，仅仅列出部分法医鉴定与物证鉴定为鉴定救助的类型。

②江涛：《鉴定机构社会化中的问题及对策》，载《福建警察学院学报》2009 年第 2 期，第 52 页。

③邹明理：《社会司法鉴定机构建设应坚持“公益性为主”原则》，载《山东警察学院学报》2007 年第 2 期，第 82 页。

以及满足科技等专业问题侵入的诉讼案件数量的持续上升而带来的鉴定市场需求，社会鉴定机构尤其是营利性鉴定机构近年来的发展势头特别迅猛。且除部分专业性鉴定机构外，民营鉴定机构无论是机构数量，还是日常业务竞争力，都有逐渐超过社会性鉴定机构之势。① 司法鉴定机构的社会公益属性和市场化运作要求的营利性之间的矛盾表现得尤为突出，需要规范的制度进行调和。

同样的，对所谓的科研院所、会计、医院等企事业单位下设的"公益性鉴定机构"而言，司法鉴定一般是其鉴定人工作闲暇之余的兼职工作（专职鉴定人即便有也相对较少），并非谋生的手段。然而，企事业单位的鉴定机构尽管需要承担公益性责任，但司法鉴定实践中同样存在营利性倾向，否则鉴定人缺乏参与鉴定的积极性，更遑论司法鉴定救助。何况与民营鉴定机构相比，企事业单位的鉴定机构与鉴定人具有专业优势、仪器设备精良且其信誉度高，② 其出具的鉴定意见更容易得到社会与公安司法机关的认可，也更能满足诉讼中疑难案件鉴定的强烈需求。若一味强调企事业单位鉴定机构的公益性，否定其合理的营利需求，则会挫败它们及其鉴定人的积极性，导致资源浪费。另外，鉴定机构如果无法盈利，则在司法鉴定救助中不能通过自身的财力来合理地补偿鉴定人的成本投入，③ 后果便是鉴定机构及其鉴定人故意拒绝履行其救助义务。

尽管如此，我们的调研与媒体披露的案例却均表明，社会鉴定机构仍然会根据相关国家机关的指派、弱势群体的申请，甚至主动为相关人员进行司法鉴定救助。这是因为：

首先，国家和一些地方规范，明确要求社会鉴定机构为困难群众提

---

①目前民营鉴定机构在常规的三大类鉴定中，鉴定案件的数量与经济收入在部分地区总体上已经超过国家企事业单位的鉴定机构。如 2010 年 7 月 19 日在西南政法大学举行的高校鉴定机构论坛上，与会专家一致同意，民营鉴定机构基本上把简单案件大都包揽，而高校的鉴定机构则鉴定大量的疑难案件。且在西南政法大学司法鉴定中心 2010 年（1~9 月）的案件数统计上，发现已经落后许多民营鉴定机构的受案数量。

②企事业单位的司法鉴定作为其兼职业务，若信誉不良，会对其主导事业产生连带效应。因此企事业更注重自己的信誉。

③笔者在江苏苏州一些鉴定机构的调研中发现，一些鉴定人在鉴定救助中颇有怨言，因为国家对鉴定救助的补助是给予鉴定机构，而非鉴定人。鉴定人提供救助却无合理补偿，会导致鉴定人之间的相互推诿。因此，鉴定机构一定程度上的营利性，应该专门设定一些资金，补助提供救助服务的鉴定人。

供鉴定救助，并将其作为一种责任进行考核。如前所述的《关于贯彻落实〈法律援助条例〉切实解决困难群众打官司难问题的意见》的相关规定以及部分省、市、县的司法鉴定救助规范明确规定了司法鉴定机构具有从事鉴定救助的义务，且部分地区规定每年每个鉴定机构必须完成至少3件（如湖州）或5件（如温州）鉴定救助任务。法律援助中心须对司法鉴定机构每年开展司法鉴定法律救助的情况进行定期或不定期考评。司法鉴定机构和司法鉴定人违反法律援助和司法鉴定管理有关法律、法规的规定，拒不履行司法鉴定法律援助义务的，司法行政机关依照有关规定给予通报批评、降低诚信等级，直至提请省司法厅撤销执业登记。

信誉是社会司法鉴定机构尤其是民营司法鉴定机构的立身之本，尤其对于初创阶段的鉴定机构而言，任何处罚或信誉的降低都会对其正常执业造成消极影响。信誉是一种资本，需要长期积累，因而司法鉴定机构无法弃司法行政机构的考核与奖惩于不顾。且司法行政部门作为鉴定机构与鉴定人的管理部门，对其成立、监督与考核都涉及众多鉴定机构的命运，鉴定业务种类的开展、鉴定人的准入、鉴定实验室的认证都与司法行政部门的管理息息相关。在与司法行政机关的长期互动中，通过开展司法鉴定救助，司法鉴定机构可以显示自己对国家政策的拥护与对弱势群体的关注，表明自己勇于承担公益性责任的姿态，从而处理好与司法行政部门尤其是司法鉴定管理部门的关系。且通过司法鉴定救助，鉴定机构在一定程度上可以获得与司法行政部门“讨价还价”的筹码，并通过消极对待法律援助部门的鉴定救助指派而使司法行政机关“被迫”对即便是资质尚有不足的鉴定机构与鉴定人亦予以默认。

其次，司法鉴定机构从事鉴定救助后，可以获得法律援助部门或其他国家机构①适当的经济补助，作为鉴定过程中各种资源耗费的补偿。一些地方甚至规定，当受援人胜诉后，应向鉴定机构补交实际需要交纳的鉴定费。② 深圳甚至规定法律援助机构在出具司法鉴定援助决定书时，应当要求申请人签订同意胜诉后返还司法鉴定费用的协议书。③ 尽

①2010年我们调研的温州市司法鉴定机构表明，在诉讼过程中，鉴定机构因为提供鉴定救助，可以获得政法委的一笔专项资金的补偿。

②参见《四川省司法鉴定援助暂行办法》第13条、《马鞍山市司法鉴定援助办法》第7条的相关规定。

③参见《深圳市司法鉴定援助办法》第10条的相关规定。

管司法鉴定救助的补偿金比常规鉴定业务的收费要低，但至少能在一定程度上维持鉴定机构的合理资源损耗，尤其是对处于初创阶段的鉴定机构而言，因其鉴定业务较少，鉴定救助的补偿或许能够维持其正常运转。因而承担司法鉴定救助，未必不是信誉积累与技能磨砺的一种方式，且如后述，尚能获得“符号资本”，成为后续招揽鉴定业务的宣传资本。

最后，司法鉴定救助可以提升鉴定机构的软实力与市场竞争力。司法鉴定救助无法与常规鉴定的收费标准相比，因此，理论上鉴定机构会拒绝鉴定救助。但在经济较为发达的大中城市（尤其是沿海地区、省会城市），随着2005年《决定》的出台，民营鉴定机构大量出现，为争夺竞争日益剧烈的鉴定市场，一些鉴定机构会主动为弱势群体提供司法鉴定救助。例如，温州市司法局一位工作人员表示，最开始的司法鉴定救助具有强制性，但是由于民间鉴定机构的剧增而导致鉴定机构之间竞争激烈，一些鉴定机构主动要求接受司法鉴定救助案件。

同时，在竞争性的鉴定环境中，鉴定机构为创立本企业的鉴定品牌，主要途径之一是主动或通过司法局告知社会其鉴定救助案件的数量与鉴定意见的采用率。另外，一些鉴定机构通过公布鉴定救助的数量、免费金额来获取社会信誉，如洛阳信谊法医临床司法鉴定所披露：2006年其为困难当事人无偿鉴定89例，免26700元；2007年无偿出具鉴定书161份，免48300元；2007年上半年，无偿出具鉴定书60份，免18000元。仅仅两年多时间，无偿鉴定310份，出具标准鉴定书310份，免93000元，在一定程度上解决了弱势群体打官司难的问题。①

当然，部分司法鉴定机构在提供司法鉴定救助后，通过与媒体“亲密合作”，及时向社会披露鉴定救助的实施细节，如受援人家庭的困苦、需要鉴定的急切、本机构对鉴定救助的极度关注，其情殷殷，其义昭昭，赢得了国家、社会的认可与同行的尊重（见案例18、案例19）。

【案例18】26岁的张美某和23岁的张改某是一对姐妹，来自河南省鹿邑县的一个农村，在莆田的一个鞋厂务工。2013年11月27日晚，二人同乘一辆自行车在福厦路华亭路段，不幸与一辆小车相撞后，又被

---

①参见河南省司法厅：《洛阳信谊法医临床司法鉴定所积极开展司法鉴定法律援助工作》，http：//www. hnsfjd. gov. cn/newsshow. aspx？ id＝612。

另一辆小车刮擦而受伤。两姐妹的父亲告诉记者，经过医院5个多月的治疗，两人虽然有所恢复，但目前张美某耳朵受损造成听觉严重障碍，张改某右腿比左腿缩短了约6厘米。25日，在市法律援助中心，两姐妹的父亲老泪纵横地对记者说："我们在医院5个月了，车主一直不肯与我们见面，钱已经花去10多万元了，没钱继续治疗。这次真的非常感谢大家帮助。"前几日，福建闽中司法鉴定所接到两姐妹家人的求助后，立即向市司法局提出申请免费给两姐妹进行司法鉴定，市司法局得知情况当即给予批准。25日上午，市司法局派人亲自将鉴定结果送到两姐妹手中。据提供此次鉴定救助的司法鉴定所介绍，在这份文件颁布前，他们所里就已经接到不少困苦外来打工者的求助。①

【案例19】2011年10月10日，铜川市新区一所私营幼儿园接送学生的校车发生交通事故，造成乘车儿童伤亡。这起事故的处理不但关系着受害儿童的救治、赔偿，对家长的安慰、安抚，更牵动着社会的关切。为了增加事故处理的透明度和公信力，消除受害儿童家长的疑虑，陕西省铜川市人民医院法医司法鉴定所专门组织医学专家赶赴铜川新区，对事故中8名儿童的受伤情况进行了免费鉴定，并现场详细解答了患儿家长提出的法医鉴定和法律、法规方面的询问，使他们对孩子的病情有了正确和清晰的认识。这次免费鉴定充分显示了司法鉴定服务社会管理、解决社会矛盾方面的专业优势和积极作用，不但厘清了事实，安抚了受害儿童及家长，还赢得了社会信任，为公正、合理、稳妥地处理这起事故提供了有力保障。②

由此可见，司法鉴定救助在一定程度上能够为鉴定机构带来"社会资本"与"文化资本"，进而转化为"符号资本"，塑造出其独特的信誉与美德，从而赢得社会的认可。尤其是已经运作数年的鉴定机构，其自身相对较有实力，通过提供免费的司法鉴定救助，不仅可以作为自己日常宣传的独特资本，而且还能凸显其对公益性责任的担当。正是基于这一理由，我们在实践中才经常看到，鉴定机构一经当事人申请，即为

①廖桂金：《司法鉴定费首次援助　两名伤残外来工受惠》，载《厦门晚报》2006年8月10日。

②刘浩、周莉：《让司法鉴定走近服务对象》，载《西部法制报》2012年6月28日第2版。

其提供鉴定救助；司法鉴定救助义务的履行，往往是其自愿的，甚至上门服务，并将鉴定意见亲自交给受援人。因此，虽然司法鉴定机构为弱势群体减免了鉴定费用，但本质上却是一种高超的广告艺术，一种自我价值的有效宣传。①

①例如，陕西省2012年全省司法鉴定行业进行的“百所千件司法鉴定援助”活动开展得如火如荼。其宗旨是为了更好地发挥司法鉴定的职能作用，服务陕西经济社会发展大局，有力实施民生工程，真正体现执业为民的宗旨。其措施是：全省近百家司法鉴定机构，1200余名司法鉴定人参与到此次为期近一年的活动中，通过宣传司法鉴定知识、免费提供司法鉴定咨询、减免司法鉴定费用等方式，走近服务对象，缩短服务距离，进一步提高司法鉴定行业的社会知晓率和满意度。因此，各鉴定机构都把活动开展同“提高质量、树立品牌、执业为民”主题实践活动，以及“忠诚、为民、公正、廉洁”的价值观教育紧密地结合起来，改善服务环境，改进服务措施，完善服务设施，提高服务质量。截至2012年5月底，陕西省全省已完成司法鉴定援助案件573件，减免鉴定业务收费127.6万元，义务提供专业咨询9236人（次），举办司法鉴定法律宣传61次，极大地提高了司法鉴定社会声誉和知晓率。参见刘浩、周莉：《让司法鉴定走近服务对象》，载《西部法制报》2012年6月28日第2版。

第三章　司法鉴定救助的责任主体研究

司法鉴定救助究竟是国家还是社会的责任？随着近年司法鉴定救助案件数量的逐年递增，这一问题已经越来越凸显。如在浙江舟山，从市司法局2008年1~6月的统计数据看，法律援助鉴定占鉴定总数的10%左右；[①]而在东莞，据市司法鉴定管理科披露，在每年接受法律援助的受援人中，有数百人需要做司法鉴定。[②]另据统计，烟台每年法律援助案件多达数千件，其中不少案件需要司法鉴定，因付不起司法鉴定费，有些家庭困难的受援人不愿继续打官司，干脆放弃了自己的合法权益。[③]尽管与狭义的法律援助相比，司法鉴定救助案件所占的比例不高(其中一个重要原因可能是宣传不够，老百姓不知道)，[④]但其对贫困当事人的重要救助功能，随着社会的发展将进一步凸显，将来也必是法律援助的重要一环。

当然，司法实践中，司法鉴定救助的模式，既有国家机关启动的司法鉴定救助，如国家法律援助机关或法院与检察院等司法机关实施的救助，亦有社会司法鉴定机构主动承担的鉴定援助。因此，鉴定救助主体呈现出多元化的趋势，进而导致鉴定救助制度的建构与实施存在重大的差异。所以，为使司法鉴定救助规范化，且使弱势群体行使鉴定救助权

---

①参见舟山市司法局：《市司法局指导司法鉴定机构开展法律援助工作》，2008年9月2日，http：//www. zhoushan. gov. cn/html/86262. html。

②徐文君：《在东莞见义勇为可获司法鉴定援助》，载《东莞日报》2010年6月30日。

③史崇胤：《烟台将司法鉴定纳入法律援助　困难人员免费做鉴定》，http://www.yantai.gov.cn/cn/html/text/zwdt/2013-07-01/611235.html。

④据东莞市司法局统计，2013年全年，全市共受理法律援助案件6187宗，同比增长58%。其中，刑事法律援助案件2363宗，同比增长99%；民事法律援助案件3824宗（群体性案件52宗，涉及人数2003人），同比增长40%。而受理的司法鉴定援助案件只有36宗，但为受援人避免和挽回经济损失3738.7万元。参见柯兵：《去年全市受理法援案增6成总数达6187宗，其中刑事法律援助案2363宗，民事法律援助案3824宗》，载《东莞日报》2014年1月19日第A03版。

显得有法可依，有必要研究我国目前司法鉴定救助制度的责任分配模式。

一、司法鉴定救助责任的两种理想分配模式

按照理论界的观点，“法律援助既是政府的责任，同时也是一项社会事业”。[①] 因此，司法鉴定救助作为法律援助的一种，理应是国家与社会的共同责任。司法鉴定救助的责任承担主体，因各自责任大小担当程度的不同，可划分为国家福利型的司法鉴定救助与社会主导型的司法鉴定救助。[②]

（一）国家福利型

国家福利型的司法鉴定救助模式，是指国家在司法鉴定救助体系中居于主导地位，并由其成立的专门机关负责鉴定救助事项的管理，诸如司法鉴定救助申请的审查、鉴定机构的指派、救助过程的监督与考核、鉴定救助经费的国家提供。社会组织、司法鉴定机构与鉴定人在鉴定救助中一般处于从属地位。当然，国家福利型的鉴定救助，并非意味着仅由国家设立的鉴定机构（如我国公安司法机关的鉴定机构）提供鉴定救助，事实上，自负盈亏的社会鉴定机构同样可以担当鉴定救助义务，只是国家应对提供鉴定救助义务的机构给予适当的经济补助或其他补偿。国家福利型的司法鉴定救助模式体现了国家为消弭社会矛盾、解决当事人之间的纠纷、实现司法判决的安定性，而为弱势群体提供必要的技术支持，使其能够借助诉讼的和平方式解决个人纠纷，同时在诉讼中亦能通过国家的合理帮助维护其正当权益，并最终实现司法正义、恢复社会秩序。

（二）社会主导型

社会主导型的司法鉴定救助模式，意味着社会中的个人或组织（尤其是司法鉴定机构与鉴定人）担负司法鉴定救助的主导责任，并承担具体鉴定救助之责。其运作方式主要有两种：一种是通过社会捐助来筹集

---

①关英彦：《完善我国法律援助制度的若干思考》，载《中国律师》2003 年第 3 期，第 34 页。

②对司法鉴定救助责任主体的划分，参照了部分学者对法律援助模式的研究。参见严军兴：《健全法律援助制度与推进司法改革》，载《法学家》1998 年第 2 期，第 94~95 页；拜荣静：《司法鉴定法律援助制度的模式选择及建构》，载《江南大学学报（人文社会科学版）》2008 年第 2 期，第 45~46 页。

鉴定救助资金，从而为弱势群体提供司法鉴定的必要经费；另一种是行业奉献，即社会鉴定机构与鉴定人直接为需要救助的个人提供减免费用的鉴定救助。而国家在整个鉴定救助的运作机制中起政策导向与立法规范作用，对司法鉴定救助制度进行宏观调控。其优点是，国家在司法鉴定救助方面可以充分发挥社会组织和个人的作用，而不将过多的国家财政投入到司法鉴定救助事务中。

然而，司法鉴定救助的社会主导模式是以高度发达的社会援助组织、私人基金会等一系列制度为必要前提，以人道主义和社会慈善性法律救济为基本指导思想的。① 其特点可以归纳为：建立该制度模式的理论基础是人道主义和慈善思想，以发达的民间资金来源和社会性援助组织作为其重要的物质基础和前提，国家和政府有限参与以减轻国家和政府在整个制度设计中的责任和义务。② 而国家福利型或社会主导型的鉴定救助模式，更多地体现了国家的法律与道义责任，它一般与民间社会组织的相对欠发达有关，同时也反映了较为集中的国家权力，从而能够借助一国之力援助弱势群体。

二、我国司法鉴定救助的社会捐助与行业奉献的现状

倘若我们以这两种模式或标准审视我国司法鉴定救助制度近年来的运作实践及各地规制鉴定救助活动的规范，将不难发现以下问题：

（一）法律援助的社会捐助严重不足

法律援助资金的来源主要有三个方面，即社会捐助、政府拨款和行业奉献。首先是社会捐助。根据司法部法律援助中心指导处的数据显示，近年“社会捐助收入继续减少……2006 年法律援助社会捐助收入为 434.07 万元，比 2005 年（837.14 万元）减少 48.1%。社会捐助和行业奉献是法律援助财政拨款的重要补充，而目前这两项收入仅占法律援助经费收入总额的 2%，社会资金筹措潜力尚须挖掘”。③ 司法部法律援助工作司指出，2009 年上半年社会捐助收入达 146.96 万元，同比增

---

①廖中洪：《我国法律援助制度的基本构想》，载《现代法学》1997 年第 4 期，第 93～94 页。

②拜荣静：《司法鉴定法律援助制度的模式选择及建构》，载《江南大学学报（人文社会科学版）》2008 年第 2 期，第 45 页。

③从卉：《2006 年法律援助工作统计分析》，载《中国司法》2007 年第 5 期，第 51 页。

长 50.7%，但与同期国家拨款的 36890.55 万元相比，仍不可相提并论。[1] 而就各地来看，成都市法律援助中心获得的社会捐助是：2003 年筹集资金近 60 万元，2004 年筹集 30 万元，而在 2005 年却只有 0 元。[2] 宁夏全区 2008 年社会捐助占经费收入总额的 0.5%，其他类收入占 1.1%，比上年社会捐助比例减少 11.77 个百分比。[3]

当然，上述有限的数据无法充分说明社会捐助的具体形势，但不可否认其在整个我国法律援助资金中所占比例微乎其微。由于目前司法鉴定救助的援助资金大都来源于法律援助资金，因而可以合理地推测社会捐助对司法鉴定救助资金的贡献微乎其微。所以，司法鉴定救助的资金来源，当前基本上依赖于国家拨款，这意味着社会主导型的模式无法担当鉴定救助之责。

（二）社会司法鉴定机构与鉴定人的行业奉献有限

2005 年《决定》颁布后，大量新的民营社会鉴定机构陆续涌现，同以前的企事业单位的鉴定机构一起构成司法鉴定救助的主体。然而，社会司法鉴定机构由于种种不足，导致当前所能供给的鉴定救助情况并不乐观。

首先，鉴定机构的地域分布不均衡。除经济较为发达的沿海地区与省会等大中城市的鉴定机构能满足当地的需求外，经济不发达，尤其是贫困地区的鉴定机构数量过少，甚至连正常的鉴定需求都无法满足。例如，截至 2007 年年底，甘肃省司法厅审核批准、登记在册并向社会公布的社会服务性鉴定机构共有 23 所，其中兰州有 12 所，占甘肃省鉴定机构的 52.2%，河西的武威、张掖、嘉峪关共 5 所，陇东的平凉、庆阳各 1 所，天水、白银各 1 所。[4] 如此的社会性司法鉴定机构分布格局，使甘肃省部分地区根本无力开展司法鉴定救助工作，更遑论像西藏自治

---

①参见司法部法律援助工作司：《2009 年上半年全国法律援助工作统计分析》，http://www.legalinfo.gov.cn/moj/flyzs/content/2009-08/27/content_1144496.htm? node=7674。

②参见《法律援助不该是政府的独角戏》，载《成都日报》2006 年 2 月 23 日。

③关伟：《全区 2008 年法律援助工作统计分析》，载“宁夏普法网”，http://www.nxsft.gov.cn/Law/108/20090209/108@2015@1.html。

④沙万中、贾宗平、朱祯学：《甘肃司法鉴定现状及问题研究》，载《西部法学评论》2009 年第 1 期，第144 页。

区那样2008年才建立两所司法鉴定机构的欠发达地区。[①]

其次，各地的社会性鉴定机构执业范围过窄，主要集中在法医鉴定领域，从事民商事诉讼中的文件、物证检验鉴定的鉴定机构与鉴定人甚少。例如，甘肃省物证类鉴定机构仅5所，所占比例不足22%，鉴定人43人，仅占13%，且均集中在兰州地区。[②] 而在经济较为发达的江浙地带，司法鉴定执业范围同样较为狭窄，文书、物证类司法鉴定机构亦相对稀少。[③] 司法鉴定机构执业范围过窄所造成的局面是，物证、文书类司法鉴定救助的运作较为艰难。

再次，民营司法鉴定机构水平参差不齐，人才短缺。目前的民营司法鉴定机构大多由个人合伙设立，这类鉴定机构为节省人力成本往往只雇用少数几个有鉴定资格的鉴定人员，甚至有鉴定资格的鉴定人仅仅只是挂名，不参加鉴定，实际从事鉴定工作的多为无执业资格的"助手"。这类鉴定机构除一小部分由公检法机关或医院退休与在职人员作为专职鉴定人外，法医类鉴定人员大多由医院临床医生兼职，开展低成本运作的法医临床鉴定。[④] 物证类鉴定和声像资料鉴定人员相当匮乏，没有专业背景的鉴定人完全包揽了物证类的鉴定，如痕迹鉴定人员几乎全部由车辆检验人员充当。民营司法鉴定机构小、鉴定人员少，不能按鉴定程序规范实施鉴定，自律管理流于形式。[⑤]

最后，恶性竞争、逐利倾向明显，"有业务"才是硬道理。在司法鉴定领域，法院委托鉴定几乎是最大的一块业务。所以，为了生存和发

---

①张成明：《西藏成立专门司法鉴定机构向社会开展鉴定》，载"新华网"2008年10月9日，http：//news. qq. com/a/20081009/002104. htm。

②沙万中、贾宗平、朱祯学：《甘肃司法鉴定现状及问题研究》，载《西部法学评论》2009年第1期，第144页。

③施琛耀：《民营司法鉴定机构生存状态调查》，载《江苏法制报》2007年5月25日第1版。

④由于绝大多数的法医鉴定人员仍然留在原来的公检法机关，社会鉴定机构的法医则是由临床医师"转型"或者兼职的，而法医学是鉴定学与医学的交叉学科，专业的差异决定了临床医师很难胜任这项专业性极强的工作。参见郭敬波：《鉴定机构亟须法律规范》，载《中国劳动保障报》2008年3月8日第2版。

⑤江涛：《鉴定机构社会化中的问题及对策》，载《福建警察学院学报》2009年第2期，第52页。

展，一些鉴定机构采用高回扣的办法通过法院来“拉业务”。[①] 而对于疑难复杂案件或可能产生鉴定纷争的案件以及司法鉴定救助案件，则以各种借口推脱。[②] 特别是在法院委托的重新鉴定中，各鉴定机构因为存在业务竞争与生存压力，为打击对手，尽量推翻其他鉴定机构的原有鉴定意见。[③]

从如此格局的司法鉴定机构与人才现状，可以非常清楚地判断出，由司法鉴定机构与鉴定人提供行业奉献型的司法鉴定救助，在当前举步维艰。尽管部分地区的鉴定机构高调宣扬为一些当事人主动提供免费的鉴定救助，但那只是个案而非常例，否则就不具有新闻报道的价值了。

三、司法鉴定救助的国家主导模式

司法鉴定援助制度是法律援助制度的一个子系统，如果法律援助资金匮乏，就很难有足够的经费划拨给司法鉴定救助。事实上，社会捐助短缺这一问题，即便是在我国经济较为发达的东部省、市都较为常见，只是中西部欠发达地区的问题更加严重。当然，这几年情况可能有些变化，但变化趋势不可能太大。这就意味着，司法鉴定救助应主要由政府负担，否则援助工作无法顺利展开。而同时，我国的司法鉴定事业起步较晚，加之近些年的改革，使其尚处于发展的初期阶段，司法鉴定机构虽然总量很大，但自身生存和发展仍是其面临的严峻问题。在这种情况下，令其进行无偿的司法鉴定行业奉献实属困难。

当然，国家已经认识到这一问题。目前我国司法鉴定救助制度主要体现了国家福利而非民间的人道主义与慈善主义理念，[④] 其首要原因在于《法律援助条例》第 3 条明确规定：“法律援助是政府的责任，县级以上人民政府应当采取积极措施推动法律援助工作，为法律援助提供财

---

①焦红艳：《司法鉴定怪现状调查》，载《法治周末》2010 年 1 月 21 日，http://www.criminallawbnu.cn/criminal/Info/showpage.asp?pkID=25862；同时参见沙万中、黎红梅：《司法鉴定问题研究——以甘肃省为例》，载西南政法大学司法鉴定中心主编《首届全国司法鉴定机构物证技术鉴定学术研讨会论文集》，中国检察出版社 2011 年版，第 24 页。

②在推脱过程中，一些鉴定机构还相互挖苦、嘲讽。在笔者接触的一些“闹鉴”案件中，当事人说他们到某某鉴定机构鉴定时，相关鉴定机构为了拒绝鉴定，避免“引火上身”，往往会说，“自己技术有限，某某鉴定机构很厉害，什么都行，包你满意。”

③转引自郭华：《治理我国实践中司法鉴定失序的正途》，载《中国司法鉴定》2014 年第 4 期，第 11 页。

④国家救助不妨称作国家意义上的慈善与人道主义。

政支持，保障法律援助事业与经济、社会协调发展。法律援助经费应当专款专用，接受财政、审计部门的监督。”其次，财政部、司法部于2005年印发了《中央补助地方法律援助办案专款管理暂行办法》（财行〔2005〕191号），以落实国务院《法律援助条例》，帮助经济不发达地区解决法律援助经费困难，促进不同地区法律援助工作的协调发展，并要求中央补助地方法律援助办案专款。因此看来，作为法律援助之一种的司法鉴定救助同样是政府责任，应以国家财政支持作为后盾。

同时，法院鉴定系统尽管因制度变动而被废除，但其曾经践行的司法鉴定救助，以实际行动体现并型塑了国家意义上的司法鉴定救助。[①]各地区先后出台的司法鉴定救助规范多次确认司法鉴定救助乃国家义务，并由法律援助部门具体管理、审查、指派鉴定机构从事救助活动，且有专门的鉴定救助资金对承担救助责任的鉴定机构进行合理补偿，其目的是“依法保障公民享有平等的诉讼权利，切实维护公民的合法权益，促进司法公正和社会和谐”。

可见，上述论证充分说明，目前我国司法鉴定救助的主要责任主体是国家，依靠国家资金的强力投入，建立国家主导型或福利型的司法鉴定救助制度。但目前国家主导型的司法鉴定救助的具体担当者仍然呈现出多元化的趋势，虽然法律援助机关是国家救助责任的主要承担主体，不过在实践中法院与检察院亦在一些地方启动鉴定救助。[②] 鉴于法律援助当前是由法律援助机构启动，且统一支配援助资金，而司法鉴定救助作为法律援助的一种，也应由法律援助机关成为国家鉴定救助责任的实施主体。更何况，法律援助机关已经积累了法律援助的成功经验，且其他类型的法律援助与司法鉴定救助往往并案发生，因此处理起来也较为便利。加之社会司法鉴定机构现在由司法行政部门进行管理，因而法律

---

①当然，目前一些地方，如温州2010年仍然可由司法机关启动鉴定救助，但承担鉴定的是社会鉴定机构，而且国家同样筹集了一笔专项资金补助鉴定机构与鉴定人。尽管其与以前的司法系统的鉴定救助不同，但同样体现了国家责任。

②从实践案例来看，一些公安司法部门发现符合法律援助条件的，也同鉴定机构协商，希望其为相关弱势群体提供鉴定救助。如媒体的报道与笔者在温州司法局调研的司法鉴定救助案例显示，检察机关与法院有时直接要求本地区的鉴定机构为符合援助条件的当事人提供鉴定援助。参见刘华：《一村民两年前遇车祸瘫痪　民生检察帮其维权》，载《鲁中晨刊》2010年5月27日，http：//www. laiwunews. cn/html/2010/0527/7804. html。笔者2010年在温州调研时发现，温州进入诉讼程序的司法鉴定救助一般由法院指派鉴定机构，因政法委拥有一笔专门的鉴定救助资金，因而同样能够给予鉴定机构适当的补助。

援助机构在指派鉴定机构从事鉴定救助义务时就有操作的可行性。而法院与检察院本来就工作繁忙，且大多没有专项资金来补偿司法鉴定救助，故没有必要由其成为司法鉴定救助的实施主体。因此，我国司法鉴定救助制度的责任不仅应由国家承担，而且应由专门从事法律援助工作的法律援助机构具体进行。

同时，国家应鼓励社会对司法鉴定救助活动提供捐助，多渠道筹集鉴定救助资金。当然，由于司法鉴定是利用现代科技而非常识解决诉讼中出现的专门问题，它需要经过专业训练的鉴定人的科学认知活动，故社会司法鉴定机构与鉴定人具有鉴定救助的不可替代性（目前只有社会鉴定机构可以承担社会委托从事鉴定）。虽然在理论上，国家可以自己出资建立公益性的司法鉴定机构，直接为弱势群体提供鉴定救助服务，就如同香港特别行政区在律政司设立鉴定局一样，由政府出资为诉讼提供鉴定。[①] 但就目前我国司法鉴定机构的现状来看，唯一由政府出资建立的侦查机关的鉴定机构不能接受社会委托，只能在自己侦办的案件中进行鉴定。因此，主要还是由社会鉴定机构提供司法鉴定救助服务。

但如前所述，当前我国不应过度鼓励社会鉴定机构与鉴定人的行业奉献，尽管如同狭义的法律援助要求社会中的律师事务所与律师具体承担援助义务一样，司法鉴定救助亦需市场化运作的社会鉴定机构与鉴定人承担个案的鉴定救助义务。因为，司法鉴定救助的国家责任与社会鉴定机构、鉴定人的责任之间，不仅责任根据或来源不同，且责任的履行方式相异。司法鉴定救助的国家责任，建基于国家对于弱势群体的照料义务，其目的是实现诉讼之正义、社会之和谐，[②] 而社会鉴定机构与鉴定人对司法鉴定救助的责任，则是根据其对某些专业知识的垄断与专属。而就责任履行的方式而言，国家表现为鉴定救助资金的募集、鉴定救助事项的管理，而社会性司法鉴定机构与鉴定人则仅仅是提供技术性的专业救助，故可以获得必要的鉴定补偿。在此基础上，有论者提出，司法鉴定机构与鉴定人的鉴定救助责任，是指“虽义务性地提供鉴定服务，但是指在提供鉴定服务方面的义务性，而并非指在收费方面的义务

①贾治辉、柯昌林：《论我国司法鉴定援助制度》，载《江西公安专科学校学报》2006 年第 3 期，第 83 页。

②如 1997 年修订的《美国法律服务公司法》第 1001 条规定，我们的国家有必要为寻求不公正救济的个人提供获得公平的司法制度帮助的机会。

性”。[1] 当然，社会鉴定机构在收费方面同样存在救助义务——减费而非免费的救助义务，除非它们愿意放弃补偿。

四、司法鉴定救助制度的适当平衡

综上所述，司法鉴定救助制度的实施需要平衡四种力量：国家救助能力、社会捐赠能力、司法鉴定机构的行业奉献能力和社会弱势群体对司法鉴定救助的需求。国家救助能力主要体现在司法鉴定救助的管理机构与救助资金的筹集；社会捐赠、社会司法鉴定机构与鉴定人的行业奉献只能鼓励而不能强制；社会弱势群体对司法鉴定救助的需求与日俱增，无司法鉴定意见的支持，其诉求无法进入法庭或在诉讼中不能有效维护自己的合法权益。

于是，国家救助、社会捐赠、行业奉献与弱势群体对鉴定救助的需求形成了张力，如何进行平衡成为司法鉴定救助制度建立的根本。就目前司法鉴定救助制度的可行性来看，只能实行以国家救助为主，以社会捐赠、行业奉献为辅的方式，即开辟各种渠道鼓励社会捐赠，同时国家筹资，对承担具体鉴定救助的司法鉴定机构进行合理补贴，当然也可以鼓励鉴定机构主动为弱势群体提供鉴定服务。[2] 另外，鉴于司法鉴定救助的能力，国家应该明确对弱势群体救助的条件，尤其是当前实践中常见的各类伤残鉴定更应成为救助的重点。当然，对各种力量平衡的“度”的掌握，尚需大量的实证研究。

---

①李长喜：《英国法律援助制度概述》，载《中外法学》1998 年第 5 期，第 121 页。

②实践中一些地方做得比较好，如从 2007 年开始，湖北省委、省政府连续五年将法律援助列入为民办实事项目，将法律援助机构网络实现了全覆盖：一是明确法律援助是政府的责任；二是在明确司法行政部门、人民法院、人民检察院以及相关国家机关法律援助职责的基础上，规定乡镇人民政府、街道办事处以及社区、村（居）委会应当支持配合法律援助工作，并为辖区内需要援助的公民提供帮助；三是规定工会、共青团、妇联、残联等社会团体应当结合工作实际，为相关群体提供有关的法律服务；四是鼓励、支持高等院校、企业事业单位和其他社会组织以及相关人员利用自身资源，依法开展法律服务活动。同时，着眼于落实政府责任，打通了以下三种经费保障渠道：一是明确县级以上人民政府将法律援助经费列入同级财政预算，逐步增加投入，保障法律援助事业与经济社会协调发展；二是省财政按照国家有关规定设立法律援助专项补助资金，扶持农村贫困地区、少数民族地区和革命老区开展法律援助；三是县级以上人民政府通过设立法律援助专项资金，多渠道筹集吸收社会捐助资金和社会公益资金，鼓励企业事业单位、其他社会组织和个人为法律援助事业提供捐助。参见湖北省司法厅：《〈湖北省法律援助条例〉凸显八大亮点》，http：//www. hbsf. gov. cn/wzlm/hbsf/info/7888. htm。

第四章　司法鉴定救助制度的规范性评析

一、部分省、市、县司法鉴定救助规范的出台背景与发展趋势

（一）司法鉴定救助规范的背景

众所周知，早在相关省、市、县司法行政部门规范司法鉴定救助之前，学者们就大声疾呼，应尽快建立司法鉴定救助制度。① 故当四川省司法厅于2006年7月21日实施《四川省司法鉴定援助暂行办法》以来，福建厦门、福州、莆田，安徽马鞍山、合肥、蚌埠、徽州、铜陵、巢湖，黑龙江哈尔滨、双鸭山、牡丹江、伊春，山东潍坊、莱芜、济宁、邹平、夏津，湖北鄂州、咸丰，广东深圳、东莞，江苏南京、吴江，浙江湖州，湖南舞阳，甘肃，重庆等省、市、县陆续颁布了关于司法鉴定救助的相关规定或下发了专项通知，可谓司法鉴定救助现象全国并起。

事实上，我国部分地区的司法鉴定救助实践，在某种程度上类似哈耶克意义上的“自生自发”的法律制度，其产生具有“自下而上”性，即是对社会现实迫切需求的理性回应或调适，② 它印证了劳伦斯·M.弗里德曼的论断：“法律不是强大的独立势力，而是对外界压力作出反应，从而反映施加压力的社会势力的愿望和力量。”③ 尽管如此，面临学者们建议通过全国立法的方式颁布司法鉴定救助统一规章的呼声，我们主张首要之举还是对既有的地方性司法鉴定救助规定进行缜密评析与

---

①刘金桥：《应尽快建立司法鉴定援助制度》，载《人民法院报》2006年5月14日第4版；辛涌：《尽快建立司法鉴定援助制度》，载《人民政协报》2006年7月10日第B04版。

②波斯纳认为，实质上许多独特的制度，最好的解释都是对社会不确定性的调适。参见［美］理查德·A.波斯纳：《正义/司法的经济学》，苏力译，中国政法大学出版社2002年版，第149页。

③［美］劳伦斯·M.弗里德曼：《法律制度——从社会科学角度观察》，李琼英、林欣译，中国政法大学出版社2004年版，第4页。

理性阐释，因为“制度的真正形成是需要长期累积的”①，“须在时间流逝中完成，在无数人的历史活动中形成，它是演化的产物”，② 而非一蹴而就。

制度在一个国家实现的程度，总是取决于制度满足这个国家需要的程度。因而反映社会现实需求的司法鉴定救助制度，绝不能凭空杜撰而生。实际上，在四川省颁布司法鉴定救助规范之前，为满足司法实践需要，司法鉴定救助在一些地方就已经成功运作了一段时日。如四川省司法厅厅长刘道平指出，自 2000 年司法鉴定体制改革以来，川内各级司法行政机关一直要求鉴定机构对经济困难的当事人减免鉴定费，仅 2005 年四川省鉴定援助案件就达 490 件。③ 辽宁省葫芦岛市从 2003 年 4 月 1 日起，市检察院与法律援助中心就开始对弱势群体无偿提供“法医、文痕检、司法会计和视听技术”的鉴定救助服务。④ 山东省夏津县亦自 2005 年 6 月开始正式建立价格鉴定援助制度，并对 20 多起价格鉴定案件进行了援助。⑤

另外，相关部门或地区的法律文件亦对鉴定救助早有零星规定，如前面已经反复引用的，2002 年 1 月 14 日国家计委办公厅在给最高人民法院办公厅《关于最高人民法院司法鉴定服务中心司法鉴定服务收费标准有关问题的复函》的第 2 条指出：“当事人交纳司法鉴定费用确有困难的，可以提出书面申请及相关证明材料，经最高人民法院司法鉴定中心审查，参照最高人民法院《关于对经济确有困难的当事人予以司法救助的规定》，给予减收或免收鉴定费用。”2004 年 9 月 6 日，司法部、民政部、财政部等九个部门联合下发《关于贯彻落实〈法律援助条例〉切实解决困难群众打官司难问题的意见》，其第 6 条规定：“加强法律援助机构与有关鉴定机构的沟通与协调，减免收取或缓收法律援助案件的相关鉴定费用。”据此，福建省司法厅于 2004 年 11 月 3 日专门下发了《关于司法鉴定机构减免或缓收法律援助案件相关鉴定费用的通

---

①苏力：《送法下乡》，中国政法大学出版社 2000 年版，第 143 页。

②苏力：《制度是如何形成的》，北京大学出版社 2007 年版，第 53 页。

③张晓东：《四川省首创司法鉴定援助制度　费用纳入法援开支》，载《法制日报》2006 年 8 月 4 日第 5 版。

④冯玉兴：《葫芦岛司法鉴定无偿援助弱者　开辽宁先河》，载《辽宁晚报》2003 年 3 月 31 日。

⑤李静：《推行价格鉴定援助制度》，载《中国经济导报》2006 年 6 月 27 日第 C04 版。

知》。虽然较为抽象，但此类规定实际上促进了鉴定救助制度在实践中的勃兴与运作。

当然，规范司法鉴定救助的相关规定能在2006年及其之后在相关省市如雨后春笋般兴起，除了一些地方累积的大量经验之外，更主要的还是与2005年10月1日起实施的《全国人大常委会关于司法鉴定管理问题的决定》有关。因为法院撤销了鉴定机构，无法再为经济困难的当事人提供鉴定救助，而实践中诉诸救助的人群却不减反增，从而必须寻求其他的替代性救济渠道。同时，国家、社会亦具备了司法鉴定救助的部分条件。一方面，因法院、司法行政机关并无鉴定机构，且侦查机关的鉴定机构不再面向社会服务，但诉讼现实对司法鉴定的需求却与日俱增，于是催生出大量的民间鉴定机构。社会/民间型鉴定机构虽为营利主体，并自负盈亏，但由于其专业性、客观性与中立地位，导致其需秉承社会公益责任。另一方面，不仅司法鉴定救助制度在实践中已实施了一段时日，积累了一定的操作经验，且加之其他类型的法律援助制度已成功运作多年，这就使制定地方性鉴定救助制度的相关规范具有可行性。

不过，司法鉴定救助规范首先在地方兴起，尤其是在一些地级市或区县成勃发之势，还与地域范围、人口阶层状况与立法技术、成本及规范的可操作性相关。因为在某种意义上，规范的精密、繁简程度与其运用的区域大小、人口阶层的多寡成反比。越是具体、琐碎、精致的规范，其运用的区域范围越小；反之亦然。其原因在于规范或制度本应反映社会的现实需求，但不同地域需求的种类与满足的具体方式往往不同，而“现代法治的基本精神是妥协和掩饰”，① 任何良好法规的颁布都是经过多方主体反复周旋、磋商的结果。在司法鉴定救助制度的实践运作尚不成熟，且相关问题暴露还不充分，而又必须对相关规范进行规制的情况下，制定地方性的规则实际上是最优选择。

（二）司法鉴定救助的勃兴

正是基于这些宏观的法制背景，我国部分省、市、县出台的司法鉴定救助制度规范，呈井喷之势。2009年，随着鉴定救助需求的日益增加，司法部在“服务年”活动中，首次在全国层面正式提出“司法鉴定救助”。在通过各种途径搜索的资料中，笔者发现四川、福建、黑龙

①冯象：《政法笔记》，江苏人民出版社2004年版，第173页。

江、安徽、湖北、河南、湖南、江苏、山东、重庆、浙江、甘肃等省、市的部分地区已经颁布了规制司法鉴定救助的各种规范（见表1）。

表1　我国部分省、市关于司法鉴定救助规范的统计表

地区	规范的制定部门	规范名称	发布时间
四川	司法厅	《四川省司法鉴定援助暂行办法》	2006年7月
福建厦门	司法局	《关于开展司法鉴定援助工作的意见》	2006年8月
福建福州	司法局	《关于司法鉴定机构减免或缓收法律援助案件相关鉴定费用的通知》	2006年
福建莆田	司法局	《关于开展司法鉴定援助工作的意见》	2007年4月
黑龙江双鸭山	司法局	《双鸭山市司法鉴定援助办法》	2009年
黑龙江牡丹江	市司法鉴定管理部门和市残联等	《关于建立社会弱势人员司法鉴定援助基地的意见》	2008年6月
黑龙江伊春	司法局	《伊春市司法鉴定援助办法》	2009年6月
黑龙江大庆	司法局	《大庆市司法鉴定法律援助管理办法》	2008年
黑龙江哈尔滨	司法局	《哈尔滨市司法鉴定法律援助暂行办法》	2013年11月
安徽铜陵	司法局	《铜陵市司法鉴定援助办法》	2008年3月
安徽合肥	司法局	《合肥市司法鉴定援助工作备忘》	2007年9月
安徽蚌埠	司法局	《蚌埠市司法鉴定法律援助工作规范》	2008年10月
安徽马鞍山	司法局	《马鞍山市司法鉴定援助办法》	2009年7月
安徽巢湖	司法局	《巢湖市司法鉴定法律援助暂行办法》	2009年4月
安徽	司法厅	《司法鉴定援助办法》	2009年11月

续表

地区	规范的制定部门	规范名称	发布时间
安徽安庆	司法厅	《关于在全市公证机构和司法鉴定机构设立法律援助工作站的通知》	2011年11月
山东莱芜	司法局	《莱芜市司法鉴定援助实施办法（试行）》	2008年7月
山东潍坊	潍坊市潍城区价格认证中心	《潍坊市潍城区价格认证中心价格鉴定援助制度》	2009年8月
山东邹平	物价局	《物价局价格鉴定援助制度》	2009年3月
山东济宁	司法局	《关于对法律援助受援人申请司法鉴定实行缓收、减收或免收鉴定费用的通知》	2008年
山东菏泽	司法局	《菏泽市司法鉴定法律援助管理办法》	2012年
山东烟台	司法局	《烟台市司法鉴定法律援助实施办法（试行）》	2013年
广东深圳	司法局	《深圳市司法鉴定援助办法》	2009年10月
广东东莞	司法局	《东莞市司法鉴定援助暂行办法》 《东莞市司法鉴定援助专项经费使用办法》	2010年3月
广东中山	司法局	《中山市司法鉴定援助办法》	2012年
湖北鄂州	司法局	《鄂州市司法鉴定法律援助暂行办法》	2007年8月
湖北	司法厅	《湖北省司法鉴定援助暂行办法》 《湖北省司法厅关于对法律援助对象司法鉴定减免缓收费的意见》	2009年5月
湖北咸丰	司法局	《咸丰县司法鉴定援助暂行规定》	2008年

续表

地区	规范的制定部门	规范名称	发布时间
重庆	司法局	《重庆市司法局关于开展司法鉴定援助工作有关事项的通知》	2007年6月
浙江湖州	司法局	《湖州市司法鉴定法律援助工作实施办法（试行）》	2009年
浙江	司法厅	《浙江省司法鉴定法律援助工作规定》	2014年8月
湖南舞阳	司法局	《关于开展司法鉴定援助工作的意见》	2008年10月
河南民权	司法局	《司法鉴定法律援助工作办法》	2010年
甘肃	甘肃省人大财经委、省人大常委会法工委、省政府法制办、省物价局	《甘肃省涉案财物价格鉴定条例（草案）》	2008年9月
云南	司法厅	《云南省司法鉴定法律援助工作实施办法》	2011年12月
云南曲靖	司法局	《关于贯彻〈云南省法律援助条例〉公证司法鉴定机构办理法律援助案件补助标准的暂行规定》	2011年
江苏南京	司法局	《关于开展司法鉴定援助工作的意见》	2007年6月
江苏吴江	法院	《司法鉴定费用救助办法》	2012年
江苏昆山	物价局与人民法院	《司法鉴定法律救助实施办法》	2012年
江苏泰州	司法局	《泰州市司法鉴定法律援助工作办法（试行）》	2013年
江苏扬州	司法局 财政局	《市区特困法律援助对象应急救助实施细则》	2013年

续表

地区	规范的制定部门	规范名称	发布时间
江苏苏州	司法局 财政局	《苏州市司法鉴定法律援助办法（试行）》、《苏州市司法鉴定法律援助个案补贴标准（试行）》	2014 年 3 月
青海	司法厅	《司法鉴定法律救助实施办法》	2012 年 4 月
青海	司法厅	《残疾人司法鉴定援助》	2012 年

除了上述部分省、市、县的规范外，笔者发现，还有河南商丘、安徽安庆与徽州、湖北宜昌与红安、浙江舟山与温州、黑龙江鹤岗与哈尔滨、新疆和田、辽宁盘锦市等地都制定了或正在实施司法鉴定救助制度；同时，新闻媒体披露的各种司法鉴定救助的案例表明，浙江义乌、河南洛阳、安徽怀远、河北枣强与安平、吉林长春与通化、天津等地区同样在实践中运作司法鉴定救助制度。

一些省市的司法厅/局在相关专项文件中规定了鉴定救助制度。例如，河南省司法厅于 2009 年下发的《关于做好 2009 年农民工工作的意见》中对涉及农民工的司法鉴定事项规定，对农民工可以实施司法鉴定援助，一律减收费用，减收幅度不低于法定标准的 20%。江西省司法厅于 2010 年颁布的《司法鉴定收费管理办法》也对司法鉴定救助有所规定。新疆从 2009 年 1 月起在全区范围内，要求律师、公证、司法鉴定等法律服务队伍与法律援助机构一起参与法律援助，构建“大法援”格局。① 同时，甘肃的司法鉴定救助制度亦已基本建立。② 石家庄市 2008 年出台的《司法鉴定工作主题实践活动办实事指导意见》提出，法律援助受援人申请司法鉴定减免费用。同时，上海、宁夏等省、市、自治区都在逐步开展司法鉴定救助。③

在其他省份，2003 年的《山西省法律援助条例》第 9~11 条规定在刑事案件中，请求给付劳动报酬、社会保险金，工伤事故、交通事故

①潘从武、吴亚东：《新疆司法行政构建“大法援”格局　公证司法鉴定也参与》，载《法制日报》2009 年 1 月 5 日。

②王道：《甘肃省司法鉴定现状调查》，载《甘肃经济日报》2008 年 5 月 25 日。

③倪晓：《河北上海宁夏司法鉴定机构积极开展法律援助》，载《法制日报》2007 年 8 月 21 日第 1 版。

和医疗损害赔偿争议，请求给付扶养费、抚育费、赡养费，请求发给抚恤金、救济金、最低生活保障金，请求国家赔偿，因见义勇为而主张民事权益等几类获得法律援助的公民，申请免交、减交或者缓交鉴定等费用的，鉴定机构应当根据具体情况，免收、减收或者缓收鉴定等费用。陕西省在 2008 年 10 月 1 日修订实施的《陕西省法律援助条例》第 26 条规定："需要申请司法鉴定的法律援助案件，应当缓收受援人的鉴定费。受援人败诉的，财政拨款的鉴定机构应当减免鉴定费用，其他鉴定机构的鉴定费用，由法律援助机构承担。"而云南省 2014 年刚刚实行的《云南省法律援助条例》也将司法鉴定机构与鉴定人列为法律援助主体。[①] 当然，一些省市的司法鉴定管理条例也规定了鉴定救助的问题，如 2014 年 9 月湖北省修改通过的《湖北省司法鉴定管理条例》第 21 条规定："司法鉴定机构对符合法律援助、司法救助条件的司法鉴定的收费，应当按照规定给予减免。"

另外，一些司法鉴定机构亦在日常工作中自主从事司法鉴定救助工作。如江苏省泰州市 5 家法医临床鉴定机构从"保民生、保稳定，服从服务大局"出发，认真落实司法鉴定援助工作。他们对市、区（市）两级法律援助中心委托的鉴定事项和两级法院给予司法援助的鉴定事项，一律免费鉴定；对生活困难但尚未达到法律援助条件的，经基层政府证明，实行减半收费。[②]

由此可见，即便略去我们未能获取的其他省市的情况，司法鉴定救助制度在实践中的大量展开已成既定事实，且涉及的省市非常具有地域分布、经济状况的典型性。既有东北地区的黑龙江、吉林、辽宁，东部沿海发达地区的广东、福建、浙江、江苏、上海、山东，中部地区的安徽、河南、河北、湖北、湖南、江西，亦有西南地区的四川、重庆、云南，甚至还涉及西北部地区的甘肃、新疆、宁夏、陕西等地。然而，鉴于手头掌握资料的翔实程度，我们研究的主要地域还是表 4 所罗列的省市，尤其是已经巨细无遗地披露司法鉴定救助具体法条的四川、重庆、厦门、深圳、安徽与湖北（包括其部分市、县的鉴定救助规范）等地，目的是精密考核、评价这些省市鉴定救助规范的具体情况。

---

①储皖中：《经费列入政府财政预算》，载《法制日报》2010 年 7 月 1 日第 3 版。

②杨吉祥、李阳：《将司法鉴定工作落到实处》，载《江苏法制日报》2009 年 9 月 25 日第 3 版。

二、我国部分地区司法鉴定救助规范的宏观研究

（一）命名方式

表1显示，专门颁布司法鉴定救助规范或通知的地区多达20个省市，其规范命名的方式驳杂多样，如××暂行办法、办法、通知、意见、工作备忘录、工作方法、暂行规定……虽然按照语言哲学的洞见，语词本身并没有高低贵贱之分，不过是一个指称和分类系统，目的是便于交流；且语词的意义在于使用，故抽象地谈论语词精确与否显得荒唐，[①]然而，规制司法鉴定救助制度的规范以如此多样繁复且为权宜之计的方式展现，其蕴含的微言细义就颇需揭示了。事实上，上述众多规范的命名共同揭露出实践中规制司法鉴定救助制度运作、厘清其程序脉络的可能与必要，但过往的救助经验却不足以颁布一定地域、较长时间内无须变革的具体规范；同时，根据立法法，省、市、县的司法行政机构级别太低，不具有立法权，单独颁布司法鉴定救助的规章制度的效力不高；且地方性司法行政机构亦明白，司法鉴定救助制度终究会为全国性的司法鉴定救助立法所取代，因而其具有一定的尝试性并负有经验累积的使命；司法鉴定救助规定作为社会制度之一种，是社会主体相关博弈的规则，是设计出来制约人们相互行为的约束条件……[②]它应具有开放性，因而它需要法律援助机关、弱势群体、鉴定机构之间的日常互动赋予其意义，发现忽略的问题，并为将来的改革留下操作空间，而这需要足够的时间与十足的耐心。

（二）鉴定救助领域

在上述众多司法鉴定救助规定中，除山东潍坊、邹平与甘肃采取的是就价格鉴定领域的专项鉴定救助进行规制，青海在司法厅出台司法鉴定救助条例前特别就残疾人规定了司法鉴定援助外，其他地方规定按其字面意义都是就整个司法鉴定救助进行的规范，当然实践中主要还是

---

①苏力：《思想的组织形式》，载［美］理查德·A. 波斯纳《正义/司法的经济学》，苏力译，中国政法大学出版社2002年版，第14~15页。

②［美］道格拉斯·C. 诺斯：《制度、制度变迁与经济绩效》，刘守英译，上海三联书店1994年版，第12页。

《决定》规定的法医、物证与声像三大类鉴定，尤其是前两项。[①] 但特定领域的鉴定救助规则说明，司法鉴定救助涉及的范围应该较为宽泛，不仅包括价格鉴定救助（见案例20、案例21），还包括其他大量的未被司法行政机关管理的鉴定领域，如实践中披露出的资产评估的鉴定救助案例，[②] 房屋安全与产品质量鉴定救助情况。这意味着，司法鉴定救助制度是一个有待拓宽的领域。但除三大类鉴定外，[③] 司法行政机关若要管理其他鉴定机构与鉴定人，则须“商两高”，而鉴定救助的决定机构却为司法行政机关的法律援助部门，有时还要告知司法鉴定管理机构，让其指派鉴定机构承担救助义务。这就意味着，司法实践中的鉴定救助有时难免存在操作难度，或许这也是当事人自己找到社会鉴定机构请求减免费用鉴定的原因。鉴于此，司法行政机关必须与相关部门进行协商，逐步把所有的鉴定机构纳入其管辖范围，方能促使整个鉴定救助领域协调、有效地运作。

【案例20】2010年9月，如皋市磨头镇一名驾驶员驾驶的私家车发生交通事故，造成了两死一伤的严重后果。受交警部门委托，如皋市价格认证中心对该事故车辆进行了价格鉴定。考虑到当事人车毁人亡的不幸遭遇及家庭现状，减免了50%的鉴定费用。

【案例21】2010年10月受法院委托，对在五年前发生的一起交通事故中的受害人进行鉴定救助。受害人陈某年仅42岁时被撞导致下身瘫痪，靠家里70多岁的双亲照顾，儿子还在上高中，因肇事者又无力支付经济赔偿，诉讼了五年还没有拿到赔偿款。这次又通过法律途径，需对肇事者家的树木进行估价拍卖。如皋市价格认证中心经过认真查勘，在“公平、公正、公开”的鉴定原则基础上，及时出具了鉴定结

①如哈尔滨市2009年明确规定弱势群体主要是获取法医类与物证类司法鉴定救助。参见哈尔滨市司法局：《哈尔滨市弱势群体今年起可获法医、物证类司法鉴定救助》，http://app.hljsf.gov.cn/News/2009/6/25/2177.html。

②赵玉洪：《论司法鉴定援助制度的构建及服务对象》，载《中国司法鉴定》2008年第2期，第24页。

③有些地方规定鉴定救助的范围更窄，如厦门鉴定救助的范围是法医鉴定、亲子鉴定、文书鉴定三类。参见郭宏鹏、江俊涛：《三类司法鉴定纳入法律援助》，载《法制日报》2006年7月13日第2版。而《莱芜市司法鉴定援助实施办法（试行）》与湖南舞阳《关于开展司法鉴定援助工作的意见》却规定申请鉴定救助的是司法病理、法医临床和法医物证；安徽徽州规定了法医病理、法医临床与法医精神病三类鉴定救助。

论书。按援助制度规定，中心为当事人全额免去1000多元的鉴定费用。①

（三）出台部门

司法鉴定救助条例或规范，主要由地方司法厅（局）等行政部门进行规定并颁布，这说明，司法鉴定救助应该与其他类型的法律援助具有共同性。当然，也有部分地区的其他行政部门参与了规则制定。例如，黑龙江牡丹江市出台的《关于建立社会弱势人员司法鉴定援助基地的意见》就是由司法鉴定管理部门、市残联、市妇联、市总工会、市老龄办等共同制定的。② 山东潍坊的《潍坊市潍城区价格认证中心价格鉴定援助制度》、山东邹平的《物价局价格鉴定援助制度》由于涉及专门的鉴定救助领域，故由价格认证中心（前者）或物价局（后者）制定救助规范。而江苏的部分地区有所例外，如昆山《司法鉴定法律救助实施办法》是由物价局与人民法院共同制定的，吴江出台的《司法鉴定费用救助办法》则由人民法院制定。这些例外可能与司法鉴定救助中国家对鉴定机构与鉴定人的补偿有关，即救助资金主要由法院从自身的救助基金中提取。司法行政机关出台鉴定救助规则，补偿费用主要从法律援助资金中扣除。而由法院出台司法鉴定救助规则，事实上，不仅存在操作困难（法院不是社会鉴定机构的管理机构，当然有些法院可以通过自己设立鉴定机构名单或通过减少委托数量来“强制”地方鉴定机构承担救助义务），而且对于大多数地方，特别是中西部地区的法院来说，根本不具有专门的鉴定救助经费。因此，鉴定救助主要还是以司法行政机关的启动及其专门的法律援助经费为主。

同时，《法律援助条例》是以国务院名义公布的，而司法鉴定救助作为法律援助之一种，应该说其应由司法行政机关颁布，而非其下属单位司法鉴定管理部门或民间的司法鉴定人协会或法院颁布。当然，制定司法鉴定救助法规应该参考残联、妇联、法院等组织的意见，但最好是以统一的国家行政部门的名义颁布。同时还应注意，尽管《法律援助条

---

①参见南通市物价局网站：《如皋市价格认证中心价格鉴定援助制度收好评》，http：//www.ntwj.gov.cn/zwgk.asp？Action=Details&ID=8951。

②赵蕾、连欣：《河南省打出一系列组合拳　监管司法鉴定执业》，载《河南法制报》2010年4月20日。

例》乃国务院颁布，但事实上在其出台之前，一些法律已概括性的对相关问题进行过规定。例如，《刑事诉讼法》就要求法院为符合条件的个人指定辩护律师。因此，《法律援助条例》尽管为国务院的行政法规，但并没有太多程序操作上的障碍。而司法鉴定救助则不同，三大诉讼法及相关司法解释都没有关于此问题的规定，故在制定《司法鉴定救助条例》时，必须与公安司法机关进行协商，甚至联合下发文件，方能厘清不同国家主体之间在司法鉴定救助程序中的角色定位与固有职责。

（四）出台方式

各地司法鉴定救助规定的颁布时间都是2006年之后，并由四川省与厦门市开启先河，且二者都标榜自己“在全国首创司法鉴定援助制度”。[①] 就规定的适用范围而言，四川、重庆、安徽、甘肃、湖北、云南、青海、浙江等省市适用于全部行政区域，重庆、四川、浙江、云南等地都是直接由省司法厅或市司法局着手规制，安徽、湖北、青海几省是以“先点后面”的规则布局。当然，福建省司法厅早在2004年就下发了司法鉴定救助的相关通知，因此，厦门、福州、莆田等地的规则制定可以说是对其的进一步发展与完善。上述两种鉴定救助规则的制定方式各有优劣，省级行政区域的统一规制可以做到鉴定救助制度运作的一致性，而地级市与区、县的规则制定实践却能为省司法厅的后续规则制定积累经验。且就各地区司法鉴定救助制度的规制与实践运作的整体状况而言，四川、安徽、重庆、福建、黑龙江、山东、湖北、江苏、青海等省市应该是其中最典型的。

三、相关省、市、县司法鉴定救助规则的文本分析

研究目前我国司法鉴定救助制度，最重要的莫过于对一些地域的制度规范的具体条文进行文本分析，从而揭示司法鉴定救助的目的、鉴定救助的条件与对象范围、鉴定救助程序中各主体的相互关系与角色定位、司法鉴定机构的权责等事项，并在此基础上，总结司法鉴定救助制度的共通规律，并指出其缺陷与不足，从而为全国的统一性立法做好理

---

①事实上，厦门是在2006年6月29日发出鉴定救助的通知，但是在2006年8月才开始实施；而四川省鉴定救助的规定虽然在2006年7月21日颁布，但颁布之日就是实施之日。参见张晓东：《没钱做鉴定，法援中心帮你忙》，载《法制日报》2006年8月4日第5版；卢天娇：《法律援助将让弱势群体也打得起官司》，载《厦门日报》2007年6月16日第6版。

论准备。

在我们通过各种渠道获取的资料中，只有13个省、市、县的司法厅（局）公布了司法鉴定救助的具体内容（见表2），而其他地域的详细规则却较难知悉。通过官方网站或媒体渠道发布司法鉴定救助规则，在现代社会是一种有效的信息传播手段，便于社会民众了解，显示出相关规范的制定部门的诚意和为民众服务的法制理念。因为对于社会大众尤其是弱势群体来说，其无法（详细）了解或知悉的规则赋予的权利就是“空无”；权利不仅需要白纸黑字地进行详细规范，而且需要及时告知。事实上，由于司法鉴定救助规范没有及时公布或宣传不够，导致“平常咨询的人也有一些，但是真正申请做免费司法鉴定的人却不是很多”。如山东菏泽市司法局司法鉴定科的负责人说，一方面市民对这一政策并不是很了解，另一方面打官司的时候才需要进行司法鉴定。即使涉及官司，又会通过保险公司、法院等部门进行指定，一般这些人都会自行垫付鉴定费，等官司打赢后再由败诉方支付。所以《菏泽市司法鉴定法律援助管理办法》出台很久以后，都没有人进行免费鉴定救助申请。①

表2　公布司法鉴定救助具体内容的13个省、市、县统计表

	省/市	法规名称	发布时间	条数
1	四川	《四川省司法鉴定援助暂行办法》	2006年7月	19
2	厦门	《关于开展司法鉴定援助工作的意见》	2006年8月	4②
3	深圳	《深圳市司法鉴定援助办法》	2009年9月	17
4	安徽铜陵	《铜陵市司法鉴定援助试行办法》	2008年3月	21
5	安徽蚌埠	《蚌埠市司法鉴定法律援助工作规范》	2008年11月	10
6	安徽马鞍山	《马鞍山市司法鉴定援助办法》	2009年7月	16

①李凤仪：《菏泽已将司法鉴定纳入法律援助范围　月余无人申请》，载《齐鲁晚报》2012年9月6日。

②司法鉴定援助的相关规定若以通知的形式发布，总条款数固然较少，但每一条款下又包含若干款。因此，重庆市、湖北省与厦门市的规定与其他10种不同，且在系统性、规范性都略差，但鉴于其对鉴定救助规范的功能意义，仍然将二者纳入研究。

续表

	省/市	法规名称	发布时间	条数
7	安徽巢湖	《巢湖市司法鉴定法律援助暂行办法》	2009 年 4 月	18
8	安徽	《安徽省司法厅司法鉴定援助办法》	2009 年 10 月	16
9	湖北咸丰	《咸丰县司法鉴定援助暂行规定》	2009 年	17
10	湖北鄂州	《鄂州市司法鉴定法律援助暂行办法》	2007 年 8 月	18
11	湖北	《湖北省司法厅关于对法律援助对象司法鉴定减免缓收费的意见》	2009 年 5 月	5
12	重庆	《重庆市司法局关于开展司法鉴定援助工作有关事项的通知》	2007 年 6 月	4
13	浙江	《浙江省司法鉴定法律援助工作规定》	2014 年 9 月	18

当然，在 13 个省、市、县司法鉴定救助规则中，厦门、重庆与湖北是以通知或意见的形式对司法鉴定救助制度进行宏观规制的，故条款较少，甚至在某种程度上说它们只是行政要求或命令，而非严格意义的系统规范；其余省、市、县则以暂行办法、工作规范等相对正式的方式规制司法鉴定救助制度，其条文数量从 16~21 条不等，彼此之间具有模仿性与承袭性。在我们研究的样本中，安徽、湖北两省司法厅出台的鉴定规则晚于其辖区市、县制定的规则，将这两种类型的规范一同进行研究，目的是比较先后出具的鉴定救助规范有无较大的变动。同时，尽管表 1 中的一些省、市、县并未公布鉴定救助规范，但在媒体或官方网站公布的新闻中仍可窥见一些端倪，如江苏扬州、黑龙江哈尔滨、山东烟台等市的鉴定救助规范，可以作为表 2 样本的补充材料。

（一）出台司法鉴定救助规范的目的

综观 13 则暂行规定或通知，共同规律皆是在开篇第 1 条明确规定制定目的，且各司法鉴定救助规范的目的如出一辙。司法鉴定救助的目的存在以下几种：第一，司法鉴定救助的根本或首要目的是保障特定的个人获得必要的减免鉴定费的服务，保证其享有平等的诉讼权，从而及时、公正、公平地维护公民的合法权益。然而，就申请鉴定救助的主体而言，尽管均为公民个体而排斥其他法律主体，但是各规范规定的个体范围却并不同。众多规则主要宣称司法鉴定救助的目的是保障经济困难的公民（如四川），当然还有说是为了保障符合法律援助条件的当事人，或保障申请司法鉴定中的当事人，甚至说司法鉴定救助的目的是为了保护全体公民。仅围绕目的方面谈论鉴定救助对象的范围，未免以偏概全，因为规范的后续条文均有对援助对象的具体规定，但规则制定不精确、不周延（只有公民个体的规定）却是不争的事实。

第二，司法鉴定救助规则的出台是为了促进和规范司法鉴定救助工作，以便全面且更好地实施法律援助。盖因法律规范的核心是协调预期，它通过明确的语言、集中的表述和正规的效力，降低了个人获得规则的信息成本。[①] 因而鉴定救助规范的颁布，是以提升司法鉴定救助的品质为己任的，从而协调好鉴定机构、法律援助机构与司法鉴定管理机构三者的关系，厘清各自的权责，保证受援人较好地获取救助途径，并实现其正当权益。

第三，司法鉴定救助的宏观目的是实现司法公正、维护社会稳定、促进社会和谐。法律制度的重要功能之一是通过解决当事人或者国家与个人之间的纠纷来维持社会稳定，并建立一个和谐社会。但是即将涉讼或已然卷入诉讼中的个体因自身经济能力有限，无法利用科技来实现其合法权益，甚至败诉时，冲突仍然存在，司法公正并未实现。因而为弱势群体提供司法鉴定援助，是实现司法正义、社会公正、个案公平的有效措施。

（二）司法鉴定救助的对象，鉴定领域、条件等问题

司法鉴定救助制度作为一项国家、社会帮助弱势群体，保护其合法权益的公益事业，必须在当前资源可以承受的前提下指向特定的对象。一般来说，司法鉴定救助的对象必须限制在一定的范围内，如黑龙江省司法厅在2009年的“服务年”活动实施方案中提出“大力提倡对残疾人、贫困人口、农民工等社会弱势群体实施司法鉴定救助制度”。[②] 且该对象即便是在司法鉴定救助的范围内，亦需在具体的案件中满足相应

①张维迎：《信息、信任与法律》，生活·读书·新知三联书店2006年版，第33页。

②参见哈尔滨市司法局：《哈尔滨市弱势群体今年起可获法医、物证类司法鉴定救助》，http://app.hljsf.gov.cn/News/2009/6/25/2177.html。

的规范条件。

1. 申请司法鉴定救助的对象

目前各种鉴定救助规范对申请救助的对象存在不同的规定。

（1）通过具体的条文明确规定特定诉讼主张的当事人可申请鉴定救助①（如四川、咸丰、巢湖、鄂州、宜昌、莆田②），然而各规范规定的受援人仍存在较大的差异。六部规范都规定的救助对象是请求给付赡养费、扶养费、抚育费、抚恤金、救济金、社会保险金、劳动报酬、国家赔偿的当事人以及因主张见义勇为行为产生的民事权益的当事人。同时，四川、巢湖和鄂州规定，若被告人是盲、聋、哑等残疾人或者未成年人而没有委托辩护人的，或被告人可能被判处死刑而没有委托辩护人的当事人可成为鉴定救助的对象；四川甚至还将请求刑事辩护和刑事法律帮助的当事人和请求公证与公民人身、财产密切相关的事项的当事人也纳入救助范围；③ 四川、咸丰与宜昌规定农民工请求支付劳动报酬、工伤赔偿时也是鉴定的救助对象；巢湖和鄂州专门规定请求人身损害赔偿的当事人可申请鉴定救助。当然，除咸丰外，其他几地的规范都有兜底条款，规定符合条件的其他个人可以申请鉴定救助。

（2）明确规定特定类型案件中的人员可申请鉴定救助。例如，《蚌埠市司法鉴定法律援助工作规范》第 4 条规定：申请司法鉴定法律援助

---

①如《四川省司法鉴定援助暂行办法》第 4 条规定：有下列情形之一并由本省行政区域内的法律援助机构受理的案件的当事人，确因经济困难无力支付鉴定服务费用的，可以申请法律援助：（一）被告人是盲、聋、哑人或者未成年人而没有委托辩护人的，或者被告人可能被判处死刑而没有委托辩护人的；（二）请求刑事辩护和刑事法律帮助的；（三）请求给付赡养费、扶养费、抚育费的；（四）请求给付抚恤金、救济金、社会保险金、劳动报酬的；（五）请求国家赔偿的；（六）主张见义勇为行为产生的民事权益的；（七）农民工请求支付劳动报酬、工伤赔偿款的；（八）请求公证与公民人身、财产密切相关的事项的；（九）其他符合法律、行政法规规定确需法律援助的。

②在莆田《关于开展司法鉴定援助工作的意见》中，虽对民事、行政案件的鉴定援助范围有所规定，但对刑事救助却没有关于事项范围的限制。

③同时，四川省司法厅还在一些场合宣布：对于走失儿童、被拐卖儿童多年后找到，为确认亲子关系，需要进行 DNA 亲子鉴定的，纳入司法鉴定援助的范围，免收鉴定费；律师、法律工作者在代理非婚生子女抚养费、教育费等民事案件时，需要进行 DNA 亲子鉴定以确认亲子关系的，可申请纳入司法鉴定援助的范围，免收鉴定费；为遭受家庭暴力的妇女、儿童提供伤情鉴定服务，鉴定费减半。70 岁以上或有严重疾病、行动困难的老年人立遗嘱需进行民事行为能力鉴定的，一律指派鉴定人上门服务。参见曾燕：《我省经济困难者申请法律援助可以减免公证费》，载《四川在线》，http：//sichuan. scol. com. cn/dwzw/20070525/200752560233. htm。

的范围包括伤害案件、伤残案件中的受害人，交通事故中的被加害方当事人，经济案件中的被侵害当事人，民事案件中符合法律援助条件的申请人，残疾人、未成年人、老年人追索侵权赔偿的事项。2012 年昆山市法院与市物价局联合出台的《司法鉴定法律救助实施办法》规定了司法鉴定法律救助对象为有最低生活保障待遇的当事人，丧失劳动能力、无生活来源的老年、残疾当事人。

（3）允许特殊主体在特定主张的案件中申请鉴定救助。例如，《马鞍山市司法鉴定援助办法》第 4 条明确规定，司法鉴定援助的对象是领取最低生活保障金或失业保险金的人员，享受农村五保供养待遇人员，社会福利机构中由政府供养的收养人员，无固定收入的残疾人，依靠抚恤金、救济金生活的人员，因不可抗力、意外事件、重大疾病致经济困难的人员，家庭人均收入在当地最低生活保障标准 2 倍以下的人员。另外，因见义勇为申请民事权益的人员与申请工伤赔偿的农村进城务工人员以及现役义务兵等也可以申请司法鉴定救助。且上述人员只能在请求工伤事故、交通事故、医疗事故、食品安全事故或者其他事故人身损害赔偿以及因遭受家庭暴力、主张民事权益等案件中才能申请司法鉴定救助。同时，昆山市除了对特定类型的人启动鉴定救助外，还在一些特殊的诉讼请求案件中规定了鉴定救助对象，如在追索赡养费、抚养费、抚育费、劳动报酬以及在道路交通事故、其他人身损害赔偿案件中确有困难的当事人等社会弱势群体。

另外，部分地区尤其重视某类主体在特定诉讼主张中的司法鉴定救助申请。河南省《关于做好 2009 年农民工工作的意见》将长期被拖欠工资、人身损害和医疗事故得不到赔偿、家庭零就业和无法返回生产岗位的四类农民工列为重点援助对象，简化程序，优先办理。且在农民工请求支付劳动报酬、工伤赔偿、人身损害赔偿申请法律援助免予审查经济条件的基础上，对农民工在请求医疗事故、交通事故赔偿或因家庭暴力、主张见义勇为行为产生的民事权益事项等方面申请法律援助时，也将免予审查经济条件。①

---

①张建新：《河南：农民工司法鉴定　一律减收费用》，载《河南日报》2009 年 8 月 4 日。同时，在牡丹江市出台的《关于建立社会弱势人员司法鉴定援助基地的意见》，主要以作为弱势群体的残疾人作为司法鉴定救助的对象，对其减免幅度较大。参见黑龙江省牡丹江残联：《黑龙江省牡丹江市残疾人司法鉴定援助工作迈上新台阶》，http://www.cdpf.org.cn/dfdt/content/2008-06/19/content_30020086.htm。

（4）规定司法鉴定救助的对象直接参照符合法律援助条件的对象（部分包括法院减免诉讼费的对象），如深圳、厦门、[1] 重庆、徽州、莆田与湖北等省市的规定。一般来说，它们都规定司法鉴定救助的对象就是符合法律援助条件的当事人与法院批准减免费用的当事人。当然，铜陵市规定司法鉴定救助的对象是符合法律援助的低收入群体，而仅非当事人。江西省《司法鉴定收费管理办法》规定，符合法律援助条件的困难群众，凭法律援助机构提供的有效证明申请司法鉴定的，司法鉴定机构按照有关规定减收或者免收受援人的司法鉴定费用。对于不符合法律援助条件，但确有困难的，司法鉴定机构可以酌情减收或者免收相关的司法鉴定费用。事实上，上述地区的规定进一步拓宽了司法鉴定救助的范围，不仅包括符合法律援助条件的群体，还包括法院减免诉讼费用与不符合法律援助条件但确有困难的群体。

另外，其他一些地方的鉴定救助规范同样进行了相关规定。例如，苏州市有关部门制定的《苏州市司法鉴定法律援助办法（试行）》规定："正在接受法律援助的诉讼案件当事人，确因经济困难无力承担诉讼需要的司法鉴定费用的，可以申请司法鉴定法律援助。"菏泽市规定，凡是符合法律援助条件的困难群众，司法鉴定机构将依据法律援助机构和司法鉴定机构等管理部门的决定，为无力支付司法鉴定费的困难群众提供免费司法鉴定服务。泰州市规定，符合法律援助条件的法律援助受援人，申请办理司法鉴定事项时可以申请司法鉴定法律援助。

2. 申请司法鉴定救助的鉴定类型

一些地方明确规定了申请司法鉴定救助的类型。例如，烟台市规定援助的项目主要包括法医临床、法医病理、法医精神病、法医物证、文书鉴定和其他经过批准的司法鉴定项目。[2] 马鞍山市规定司法鉴定援助的类别包括法医临床、法医病理、文书、痕迹等。[3] 菏泽市的司法鉴定救助项目包括损伤程度及相关事项鉴定、伤残程度及相关事项鉴定、听觉功能鉴定、视觉功能鉴定、致伤物和致伤方式鉴定、医疗损害鉴定、

---

①厦门规定法律援助受援人如有个别案件不符合援助条件，但事关社会稳定大局且情况紧急，受理申请的法律援助中心应马上报告同级司法行政机关，获得批准后给予司法鉴定援助。

②方偲：《合肥首批司法鉴定法律援助站成立 免费服务困难群众》，载《合肥日报》2014年7月25日。

③汪赛霞：《马鞍山市建立司法鉴定法律援助制度》，http://ah.anhuinews.com/system/2009/07/09/002291574.shtml。

DNA 鉴定等。哈尔滨市也明确规定，诉讼案件中已获得法律援助的当事人和市、区两级人民法院批转减、免、缓交诉讼费用的当事人在申请法医类、物证类、声像资料类和其他经过批准的司法鉴定时，可免费获得司法鉴定法律援助。

3. 申请司法鉴定救助的条件

申请人虽然在司法鉴定救助的对象范围内，但同时必须满足相应条件才能转化成国家应给予救助的实际主体。然而，在我们收集的样本中，大多数规范都只是简单地规定当事人确因经济困难而无力支付鉴定服务费，且由本地区法律援助机构受理时，就可直接申请鉴定救助。当然，部分地区如厦门以前的法律援助条例规定，申请人必须是当地居民或持有暂住证，方能获得司法鉴定救助权。2010 年出台的《厦门经济特区法律援助条例（修订草案）》规定，外来人员即使没有暂住证，只要申请事项在厦门审理、处理，就能在厦门申请法律援助。因此，目前申请鉴定救助须满足三要件：属于司法鉴定救助的对象范围、经济困难、当地法律援助机构受理。同时，东莞市还附加了另一个条件，即申请人无司法鉴定意见。①

蚌埠、铜陵和鄂州三个地区专门规定了符合鉴定救助条件的证明责任，即要求申请人通过证据证明以下事项：有证据证明为维护自身合法权益确需司法鉴定法律救助；有证据证明自己确实经济困难，无能力或无完全能力支付司法鉴定费用；能提供有效的户籍和身份证明。这就为申请人提供了明确的证明方向。

4. 不能申请司法鉴定法律救助的事项

相关地区还明确规定了不能申请司法鉴定法律救助的事项。例如，《蚌埠市司法鉴定法律援助工作规范》第 7 条规定：因申请人的过错责任侵犯他人的合法权益而引起的民事诉讼或刑事自诉案件，因申请人过错而引起的行政诉讼案件，申请人提供不出涉讼案件的有关证据而无法调查取证的案件，可由行政机关处理而不需要通过诉讼程序的事务，申请人出具虚假证明骗取法律援助的，诉讼标的不足 3000 元的债权债务纠纷，其他经主管机关批准不得受理的有关事项，申请人不能申请司法鉴定救助。专门规定不能申请司法鉴定救助的事项，为法律援助机构合理拒绝申请人的申请提供了规范依据。

---

①徐文君：《在东莞见义勇为可获司法鉴定援助》，载《东莞日报》2010 年 6 月 30 日。

5. 鉴定救助的终止

烟台市规定，如果受援人经济条件发生变化不再符合法律援助条件，另行委托司法鉴定或以欺诈方式获得司法鉴定法律援助的，司法鉴定法律援助立即终止。

6. 证明条件

一些地方明确规定了出具司法鉴定法律援助申请人经济困难证明的单位。曲靖规定了经济困难证明由司法鉴定法律援助申请人住所地或经常居住地村（居）委会或街道、乡（镇）人民政府出具。但考虑到公证或司法鉴定法律援助申请人申请的事由小，所需司法鉴定费对比律师费用而言较少，有时就适当放宽了对经济困难证明出具单位的要求。《云南省法律援助条例》直接将申请司法鉴定法律援助的法律援助受援人视为经济困难，只需出示相关证件或证明材料。合肥申请司法鉴定法律援助需要提交经济状况证明，而该证明要由司法鉴定援助申请人住所地或经常居住地的街道办事处、乡（镇）人民政府出具，司法鉴定机构法援站对拟受援人提供材料初审后，符合条件便可以先进行鉴定。但以下人群只需出示相关证件或材料，即可视为经济困难标准：领取最低生活保障金或失业保险金人员，享受农村“五保”供养待遇人员，社会福利机构中由政府供养人员，无固定收入的残疾人，依靠抚恤金、救济金生活的人员，请求支付劳动报酬、工伤赔偿的农民工。

7. 鉴定救助的方式

马鞍山规定，司法鉴定援助仅包括减收和免收鉴定费用两种方式，而不包括缓交鉴定费用的方式。云南、湖北、江西等地的法律援助条例规定，司法鉴定救助只采取免费方式。另外一些地方规范则规定，司法鉴定救助可以采取减、免与缓交鉴定费的三种方式。

（三）司法鉴定救助制度的运作程序研究

司法鉴定救助制度的运作程序，即鉴定救助程序实施的各个环节，包括：鉴定救助程序的启动、审查，鉴定机构的指定，鉴定机构的鉴定程序，以及法律援助部门与鉴定人协会的相关职责，等等。巢湖、鄂州、重庆、厦门、南京、莱芜、莆田等地明确规定，司法鉴定法律救助须遵循统一审查、统一受理、统一指派、统一监督检查的工作原则。

1. 司法鉴定救助程序的启动

总体而言，司法鉴定救助的启动主要由当事人向本地区司法行政部门的法律援助机构申请。《马鞍山市司法鉴定援助办法》第6条规定，当事人亦可以直接向司法鉴定机构申请，不过后者应将申请交予法律援助机构进行资格审查。在众多规范中，只有湖北省直接规定当事人向鉴定机构申请鉴定救助，并由其决定是否给予减免鉴定费用的决定。当然，其他地区的当事人若直接向鉴定机构申请鉴定救助，司法鉴定机构应当（如重庆）或可以（如四川）告知当事人到所辖的法律援助机构申请，有些地方还规定由其转交材料（如马鞍山）。

至于对公安司法机关发现或根据当事人申请需要鉴定救助的情况，众多规范都没有明文规定，① 形成了规范盲区。不过，厦门例外，其规定诉讼当事人要求鉴定救助的，在法院确定并委托司法鉴定机构后，持法院开具的相关证明材料到法律援助中心申请（属于市中级人民法院的案件到市法律援助中心申请，属于区人民法院的案件到区法律援助中心申请），填写《司法鉴定援助申请审批表》。法律援助中心审核后决定援助的，向申请人出具给予司法鉴定援助决定书，并向承办司法鉴定机构出具给予司法鉴定援助通知书，同时抄送市局司法鉴定仲裁管理处。这就合理地协调了法院与法律援助部门在司法鉴定救助启动中的关系。

当事人申请鉴定救助时，除填写类似司法鉴定援助申请审批表或登记表的文书外，深圳、铜陵、马鞍山、厦门、蚌埠、莆田与湖北的规范还明确要求当事人提交相关证明材料，如有效的身份证明、经济状况证明，有些还要求提交法院出具的批准减、免缓交案件诉讼费的证明（深圳与厦门）、代理人的相关材料证明、鉴定材料以及其他需要的材料。但是，当事人提交申请材料的种类，各地区的规定不同，甚至有些省市的规范尚未涉及。例如，《哈尔滨市司法鉴定法律援助暂行办法》规定，当事人持有经济困难证明或市、区（县）两级人民法院出具的批准减、免、缓交诉讼费证明，市法律援助机构到司法鉴定法律援助申请，材料齐全的，当场即可受理。烟台符合条件的当事人可向所在地的法律援助机构提出申请，并填写司法鉴定法律援助申请表，经审查通过后获取法律援助。曲靖甚至明确规定了司法鉴定法律援助申请人的法律

①即便有些地方稍有涉及，但亦并不详密，且可操作性不强。例如，《重庆市司法局关于开展司法鉴定援助工作有关事项的通知》第2条第2款规定：司法机关根据有关规定决定的法律援助案件涉及司法鉴定援助的，由法律援助机构根据提交的相关材料，负责填写《司法鉴定援助登记表》。

援助“绿色通道”。

2. 司法鉴定救助的受理、审查与鉴定机构的指定

法律援助机构接到当事人的鉴定救助申请后，应当尽快进行审查（四川、重庆、厦门规定接到申请后的3个工作日，蚌埠、湖州、莆田规定5个工作日，铜陵、鄂州规定2个工作日，[①] 湖北省鉴定机构审查期限是15个工作日），若材料不齐的，应告知申请人补交（深圳）。决定不给予法律援助的，应出具书面理由，申请人可向司法行政部门提出异议申请（蚌埠）；决定给予鉴定救助的，除湖北省外，存在以下几种不同的鉴定机构指定模式：

第一种模式是法律援助机构将同意鉴定救助的决定移交同级司法行政机关司法鉴定管理部门，[②] 由后者通过书面形式从《国家司法鉴定机构和司法鉴定人名册》（一般是本地区）中指派提供救助的司法鉴定机构（四川、重庆、马鞍山、安徽、莆田）。

第二种模式是法律援助受援人要求鉴定援助的，直接向本地区法律援助中心申请，填写司法鉴定援助申请审批表。法律援助中心审核后决定予以援助的，将司法鉴定援助指派通知书报司法鉴定管理机构指派司法鉴定机构；司法鉴定管理机构指定司法鉴定机构后，在司法鉴定援助指派通知书上签署意见，送回法律援助中心。法律援助中心根据指派向申请人出具给予司法鉴定援助决定书，并以委托人身份向承办司法鉴定机构出具司法鉴定援助委托书（厦门）。

第三种模式是需要进行司法鉴定的法律救助受援人应持法律援助案件受理决定通知书，向本地区司法鉴定管理部门申请司法鉴定救助，由后者从《国家司法鉴定人和司法鉴定机构名册》（本地区）中指派提供救助的司法鉴定机构，并下达司法鉴定援助指派函，同时通知申请人（咸丰）。

第四种模式是法律援助机构出具法律援助指派通知书，直接指派司法鉴定机构，决定不予司法鉴定援助的，书面告知申请人理由（铜陵、

---

①铜陵相关规范要求县、区法律援助中心受理司法鉴定援助申请后应当在3个工作日内审查是否符合司法鉴定援助条件，及时报市法律援助中心审批。市法律援助中心应当在收到报批材料后2个工作日内审查决定是否提供司法鉴定援助。

②《合肥市司法鉴定援助工作备忘》要求司法鉴定援助案件由市法律援助中心进行资格审查，对于决定给予司法鉴定援助的，由市法律援助中心向市司法局提出申请，司法鉴定管理部门审批后，指派给承担司法鉴定援助义务的司法鉴定机构。

巢湖、鄂州、福州与湖州）。司法鉴定机构应当在接受指派后及时安排司法鉴定人进行司法鉴定；且法律援助中心应将指派司法鉴定机构承办司法鉴定法律援助案件的通知及相关材料副本同时移送市局机关司法鉴定管理部门备查（巢湖、鄂州）。

第五种模式是经法律援助机构批准同意司法鉴定援助后，司法鉴定援助受援人应当按照规定时限凭司法鉴定援助决定书，到相应的司法鉴定机构申请援助范围内的司法鉴定（江西、深圳）。

法律援助部门或司法鉴定管理部门指派鉴定机构时，应采取书面形式，且遵循就近、便利、公平的原则（四川、咸丰）。一般来说，申请人只能委托本地的司法鉴定机构从事法律救助义务。同时，蚌埠与厦门规定同一案件的同一鉴定事项不能重复申请司法鉴定援助，确有必要再次申请援助的，应当经市法律援助机构审查批准。重庆市还规定了鉴定机构指派的变更，即当区、县司法鉴定管理部门收到法律援助机构移送的案件，而本区、县司法鉴定机构不具有相应执业资格和鉴定能力，应当在3个工作日内将司法鉴定援助登记表及相关材料报送市局司法鉴定管理部门，由市局司法鉴定管理部门指派具有相应执业资格和鉴定能力的司法鉴定机构进行鉴定。《浙江省司法鉴定法律援助工作规定》也明确规定，如当地无相应的司法鉴定机构，受理申请的法律援助机构可以书面联系有关司法鉴定机构所在地设区的市的法律援助机构予以指派，或报省法律援助中心指派。

3. 司法鉴定机构的鉴定程序

（1）承担救助义务的鉴定机构及其鉴定种类。承担司法鉴定救助义务的鉴定机构，主要是司法行政部门核准登记并准许执业的从事司法鉴定业务的社会鉴定机构与鉴定人（安徽）。深圳市同时规定司法鉴定专家委员会及其鉴定人也是鉴定救助义务承担者。

另外，有些地区的鉴定救助规则还规定了鉴定机构从事具体鉴定救助的业务种类。例如，《深圳市司法鉴定援助办法》规定当事人可以申请法医临床、法医病理、法医精神病、法医物证、文书鉴定以及其他经过批准的司法鉴定项目；南京市《关于开展司法鉴定援助工作的意见》规定法医临床鉴定、法医病理鉴定、法医精神病鉴定、法医毒物鉴定、亲子鉴定、文书鉴定和痕迹鉴定等事项是鉴定救助的范围；厦门《关于开展司法鉴定援助工作的意见》规定目前受援人可以对法医临床鉴定、法医病理鉴定、法医毒物鉴定、法医精神病鉴定、亲子鉴定和文书鉴定申请鉴定救助，厦门市司法行政机关可以根据司法鉴定机构及社会经济发展情况适时调整司法鉴定援助事项范围。

（2）鉴定机构对鉴定救助申请的审查。部分地区规定，申请司法鉴定援助的事项能否进行司法鉴定，由司法鉴定机构审查决定。司法鉴定机构审查认为申请人提交的材料不全的，一次性告知其补齐，所提交材料不能支持进行司法鉴定的或者依据现有的技术和设备不能对所申请鉴定事项进行司法鉴定的，应当作出不能进行司法鉴定的决定，书面告知申请人理由，并报市法律援助中心备案（铜陵）。但其他地区的规范则没有类似规定，容易产生衔接不良的问题，且铜陵的规定仍然不完善，缺失有关申请人对鉴定机构不受理决定的申诉途径的规定。

（3）鉴定救助合同的签署。司法鉴定机构应当在接受司法鉴定救助指派后，与司法鉴定委托人签署司法鉴定委托受理合同或司法鉴定协议，合同中需注明该案件是司法鉴定援助案件（四川、咸丰、铜陵、马鞍山、鄂州）。

（4）鉴定人的安排。承担司法鉴定救助案件的机构，应当在受理司法鉴定案件后 24 小时（四川、咸丰、马鞍山）、2 日（巢湖、鄂州）或 3 日内，根据案件的具体情况和需要，安排司法鉴定人承办。对重大、复杂、疑难的司法鉴定援助案件，司法鉴定机构应当组织司法鉴定人员集体研究，确定承办方案，确保鉴定的质量（咸丰、铜陵、马鞍山），并报法律援助机构备案（巢湖、鄂州）。

（5）鉴定机构鉴定结束后的任务。司法鉴定机构自司法鉴定救助案件办结后 3 日（深圳）、15 日（四川、马鞍山、巢湖、鄂州、合肥）或 30 日内（铜陵），应当向指派案件的司法鉴定管理部门提交承办案件的材料，接受审查。对于不符合要求的，司法鉴定管理部门应当要求其改正；符合要求的，需提交结案报告、司法鉴定援助指派函、司法鉴定委托合同及其他委托手续、司法鉴定书副本、司法鉴定援助办案补贴审批表、其他与承办案件有关的材料（四川与铜陵）。司法鉴定管理部门应当自收到结案材料之日起 5 日内审查完毕，签署意见后转市法律援助中心；市法律援助中心应当在 15 日内审核完毕并按规定拨付援助补贴（马鞍山）。深圳市规定司法鉴定机构完成司法鉴定援助任务后，应当在 3 个工作日内将鉴定意见书送达司法鉴定援助受援人、人民法院。福州的鉴定救助规则规定，司法鉴定机构应在办结司法鉴定法律援助案件后 5 日内向指派案件的法律援助机构提交结案报告、司法鉴定书副本等必备材料，并在回执中注明免、减收费的具体情况及相应数额。同时，援助机构结案后将案卷材料副本抄送市局鉴定管理处室备案。厦门也有类似的要求，即鉴定机构完成鉴定后，应向法律援助中心提交鉴定书。

4. 司法鉴定结案材料的处理方式

司法鉴定管理部门应当自收到结案材料之日起 3 日内审查完毕，签署意见后转同级法律援助机构（四川）；法律援助机构应当自收到司法鉴定机构提交的结案材料之日起 2 日内审查完毕，签署司法鉴定法律援助结案审查意见（鄂州、巢湖），或司法鉴定机构办理司法鉴定援助事项后，持司法鉴定援助结案报告表、司法鉴定援助结案登记表等相关材料，到审批司法鉴定援助的法律援助中心结案（厦门）。

5. 鉴定费用的补偿方式

除了缓交鉴定费的受援人应该在司法鉴定机构出具鉴定意见前交齐鉴定费，以及司法鉴定机构免费的鉴定救助外，司法鉴定机构可以获得一些补偿。

（1）一些地区的鉴定救助规则规定了司法鉴定救助经费的来源。例如，四川省与安徽省规定司法鉴定援助是法律援助的组成部分，其费用应列入法律援助经费开支范围，甚至纳入法律援助的专项经费预算。扬州市规定司法鉴定救助经费来自于法律援助特困救助金。[①] 东莞市司法局甚至单独出台了《东莞市司法鉴定援助专项经费使用办法》。而在司法鉴定救助刚刚兴起，尚未建立专项资金的地区，司法行政机构明确要求司法鉴定机构将此作为政治责任予以承担。[②] 一些地方还具体规定了司法鉴定救助补偿的途径与方法。例如，浙江省规定司法鉴定法律援助案件符合《浙江省法律援助案件质量标准化管理规定》和《浙江省

---

①李涛、昌鹏、玉峰：《扬州将强化对特困法律援助 困难家庭可免费司法鉴定》，载《扬州日报》2014 年 8 月 26 日，http://www.yznews.com.cn/news/2014-08/26/content_5353645.htm。

②哈尔滨市司法厅在 2009 年曾经明确指出：在我市尚没有司法鉴定救助专项资金的情况下，我局要求各相关司法鉴定机构在对弱势群体进行司法鉴定救助时，要从讲政治、讲大局的高度，充分认识此项工作所具有的为政府分忧、为社会弱势群体解困、维护社会团结稳定的重大意义，依据自身的能力，尽可能地帮助符合救助条件的当事人，使其合法权利得以维护。参见哈尔滨市司法局：《哈尔滨市弱势群体今年起可获法医、物证类司法鉴定救助》，http://app.hljsf.gov.cn/News/2009/6/25/2177.html。

法律援助案卷管理办法》规定要求的，法律援助机构应于司法鉴定机构办理结案手续后30日内将鉴定补贴汇入司法鉴定机构银行账号。司法鉴定法律援助案件补贴标准，由受理申请的法律援助机构依据《浙江省法律援助经费使用管理办法》确定。此外，案件办理机关决定司法鉴定费用由非受援人承担的，受援人应当将获得赔偿的鉴定服务费用交付受理申请的法律援助机构，由受理申请的法律援助机构按照鉴定费发票金额补足给司法鉴定机构。而以往浙江省的司法鉴定费用需要由受援人自行垫付，胜诉后由对方在赔偿款中补足；现在则是由法律援助机构先行垫付，并在胜诉后代国家收回，切实减轻了受援对象的负担。①

（2）受援人补交鉴定费用的办法。许多地区的鉴定救助规范规定受援人胜诉的，应向鉴定机构全额补交鉴定费用或差额，且法律援助机构应当督促胜诉的受援人向鉴定机构交纳鉴定费用；受援人败诉的，由法律援助机构核定和承担鉴定费用（合肥、马鞍山、四川、深圳、咸丰、福州、② 湖北省③）。深圳市规定法律援助机构在出具司法鉴定援助决定书时，应当要求申请人签订同意胜诉后返还司法鉴定费用的协议书。河南省《关于做好2009年农民工工作的意见》规定，对涉及农民工的司法鉴定事项，一律减收费用，且减收幅度不低于法定标准的20%；对涉及农民工人身损害的司法鉴定事项，必须优先办理，为农民工索赔和法院依法裁判提供依据。④ 重庆市司法鉴定机构对法律援助过程中涉及的司法鉴定当事人，要提供司法鉴定援助，免收鉴定费。黑龙江省规定，如需要交纳司法鉴定费的一方当事人是有相关经济困难证明

---

①陈岚：《浙江：〈浙江省司法鉴定法律援助工作规定〉9月1日起实施》，载《浙江法制报》2014年8月27日，http://www.zifxh.com/detail.asp? id=2816。

②福州市《关于司法鉴定机构减免或缓收法律援助案件相关鉴定费用的通知》规定鉴定机构每年有承担3件免费的司法鉴定救助义务，对超过义务受理量的法律援助案件所涉及的司法鉴定事项，司法鉴定机构应根据各级法律援助机构出具的《司法鉴定指派通知书》先予受理，视情况缓收鉴定费。受援人胜诉后，应向鉴定机构补交实际需交纳的鉴定费，受援人败诉，交纳鉴定费确有困难的，由指派该鉴定事项的法律援助机构向鉴定机构支付相关鉴定费。

③湖北省规定：财政拨款的鉴定机构缓收鉴定费的，受援人胜诉后，应向鉴定机构补交实际需交纳的费用。受援人败诉，交纳鉴定费用确有困难的，鉴定机构应给予减免。非财政拨款的鉴定机构对受援人的人身伤残鉴定、亲子鉴定、笔迹鉴定以及财产评估司法鉴定实行缓收相关费用的，受援人胜诉后，应向鉴定机构补交实际需交纳的费用。受援人败诉，交纳鉴定费用确有困难的，由法律援助机构承担相关费用。

④张建新：《河南：农民工司法鉴定　一律减收费用》，载《河南日报》2009年8月4日。

的残疾人、贫困人口和农民工等社会弱势群体，交纳足额鉴定费用确有困难的，应当按照《黑龙江省物价局关于社会司法鉴定收费项目及标准的批复》第 4 条的规定："经司法行政部门确定的法律援助性鉴定项目（针对个人），各鉴定机构在收费时应给予优惠，优惠额度在不低于规定标准 50%的基础上由鉴定机构与委托方协商确定" 执行。如当事人有特殊困难，各机构可根据自身能力和当事人贫困程度在上述优惠额度的基础上酌情再行减免。①

（3）司法鉴定援助经费的补贴办法。鉴定救助的补贴一般由法律援助机构执行，但各地的标准不一样，如四川省与马鞍山市规定司法鉴定援助案件的鉴定费用一般按照物价部门核定的司法鉴定收费标准的 50%左右收取。铜陵市法律援助中心对免收费用的，按照安徽省收费标准底限的 50%予以补贴，最高不超过 1200 元；对减收费用的，按照减收费用的 50%予以补贴，最高不超过 1200 元。鄂州市法律援助中心对办理司法鉴定法律援助案件实行适当补贴办法，每件鉴定案件暂定补贴 150 元。牡丹江市规定的优惠额度为正常收费标准的 20%～50%。深圳的补贴标准相对较高，根据《深圳市司法鉴定援助补贴暂行标准》的规定，按下列标准进行补贴：在法医临床类鉴定中，人身损伤程度鉴定每例 400 元，交通事故、伤害案件、职业病等致残程度鉴定每例 400 元，工伤鉴定每例 400 元，损伤与疾病关系评定每例 400 元，劳动能力评定每例 400 元，医疗费和续医费审查每例 500 元，致伤物和致伤方式推断每例 800 元；在法医病理类鉴定中，死亡原因鉴定每具 1600 元，死亡方式鉴定每具 1600 元，死亡时间推断每具 1600 元，尸体解剖每具 2500 元，开棺验尸每具 4500 元，病理组织切片检验每片 60 元；法医物证类鉴定（亲子鉴定、个体识别）每一样本 1000 元；文书鉴定（笔迹、印章）每一检材 2000 元；法医精神病鉴定中法定能力鉴定每例 1500 元，精神损伤程度鉴定每例 1000 元，智力障碍鉴定每例 1200 元。云南曲靖规定司法鉴定机构现场办理的法医类法律援助案件，每项鉴定事项补助司法鉴定机构 200 元；需要在主城区调查核实并办理法医类司法鉴定法律援助案件的每项补助 250 元；在主城区外乡镇调查核实并办理以上司法鉴定法律援助案件的每项鉴定事项补助 350 元；需要跨县域调查核实并办理法医类司法鉴定法律援助案件的每项鉴定事项补助 450

①韩焱：《司法鉴定救助制度实务研究》，黑龙江大学 2012 年硕士论文，第 8 页。

元；其他类司法鉴定确需进行司法鉴定法律援助的，经司法行政部门领导批准，可在以上基础上，每项再增加 100~300 元。

（4）一些地区明确规定了特定的费用不属于鉴定费用的补助范围。例如，江西省《司法鉴定收费管理办法》规定，司法鉴定人在人民法院指定日期出庭作证发生的交通费、住宿费和误工补贴，不属于司法鉴定收费范围，由人民法院按照国家规定标准代为收取后交付司法鉴定机构。同时，司法鉴定机构在为委托人提供司法鉴定服务过程中，代委托人支付给司法鉴定人的异地鉴定差旅费，不属于司法鉴定收费范围，由委托人另行支付。烟台市还规定，司法鉴定机构对受援人只免除鉴定费，鉴定过程中所需的检查费、检验（测）费不在免费范围之内。[①] 安徽省《司法鉴定援助办法》规定，受援人将司法鉴定人办理司法鉴定援助事项所需检查费、检验（测）费、差旅费、文印费等必要开支列入诉讼请求，经人民法院判决由非受援的败诉方承担的，受援人要将收到的上述费用交给法律援助机构。

由此可见，鉴定人出庭所需的交通费、住宿费、务工补贴与异地鉴定的差旅费、检查费、文印费等费用，均不属于鉴定救助的补助范围，而是在当事人双方之间进行合理分配。

（四）鉴定机构（人）的权利与义务

尽管鉴定机构与鉴定人为符合条件的当事人提供的是减免鉴定费的鉴定服务，但其仍享有相关的权利和承担特定的义务。

1. 鉴定机构与鉴定人的权利

（1）告知权。司法鉴定机构和司法鉴定人在日常业务工作中发现当事人符合法律援助条件时，可以告知当事人，并可将有关案件材料转交当事人所在地的法律援助机构，由当事人申请司法鉴定援助（四川、咸丰、鄂州、马鞍山）。铜陵市规定司法鉴定机构和司法鉴定人应当告知当事人可向法律救助机构申请司法鉴定救助，此时鉴定机构与鉴定人的告知就变成了义务。巢湖市甚至规定司法鉴定机构在执业过程中发现当事人符合法律援助条件的，应当给予司法鉴定法律援助，但要报告市法律援助中心，由市法律援助中心对其申请的条件进行审查，审查结果及时通知司法鉴定机构，符合条件的补办相关手续。由此可见，鉴定机

①史崇胤：《烟台将司法鉴定纳入法律援助　困难人员免费做鉴定》，http://www.yantai.gov.cn/cn/html/text/zwdt/2013-07-01/611235.html。

构与鉴定人发现当事人符合鉴定救助条件的，是可以还是应当告知，仍是实践中需要进一步斟酌的问题。

（2）获得补贴权。完成司法鉴定援助任务的司法鉴定机构，可以获得相应的鉴定补贴，鉴定补贴从财政拨付的司法鉴定援助专项经费中支付。深圳市规定司法鉴定援助补贴按季度发放，市法律援助机构按照援助数量、补贴标准给予统计发放；司法鉴定机构领取补贴时，需向市法律援助机构提供司法鉴定援助决定书和收费票据。咸丰县规定司法鉴定机构将司法鉴定援助指派函、相关鉴定文书复印件以及生效的判决书或调解书复印件装订成册，经指派案件的司法鉴定管理科签署意见后，向受理案件的法律援助机构领取办案补贴。

（3）拒绝与终止鉴定权。部分地区规定司法鉴定机构发现受援人提交的材料不能支持司法鉴定的，或者依据现有的技术和设备不能对所申请鉴定事项进行司法鉴定的，应当作出不能进行司法鉴定的决定。铜陵市鉴定救助规范规定，司法鉴定人在承办司法鉴定援助事项的过程中，发现申请人存在下列情形之一的，应当及时向市法律援助中心报告，经审查核实的，应当终止该项援助：申请人经济条件发生变化不再符合司法鉴定援助条件的；申请人另行委托进行司法鉴定的；申请人要求终止司法鉴定援助的；申请人以欺骗的方式获得司法鉴定援助的；申请人利用提供的司法鉴定援助从事违法活动的。

2. 鉴定机构与鉴定人的义务

（1）鉴定救助的义务。《全国人大常委会关于司法鉴定管理问题的决定》没有规定鉴定机构与鉴定人负有鉴定救助的义务。但在四川、重庆与巢湖的鉴定救助规则中都规定，司法鉴定机构和司法鉴定人应当按照规定履行司法鉴定援助义务，对法律援助案件所涉及事项的司法鉴定给予减免优惠，维护受援人的合法权益。《合肥市司法鉴定援助工作备忘》与《福州市关于司法鉴定机构减免或缓收法律援助案件相关鉴定费用的通知》中规定，司法鉴定机构每年有承担3件免收司法鉴定费的鉴定援助义务。

（2）接受监督的义务。四川、铜陵、马鞍山、合肥和巢湖的鉴定救助规范规定，司法鉴定机构和司法鉴定人承办司法鉴定援助案件，应当接受司法行政机关、司法鉴定人协会和法律援助机构的业务指导和监督，接受受援人和社会的监督。

（3）接受考评及处罚的义务。法律援助中心应对司法鉴定机构开展司法鉴定法律援助的情况进行定期或不定期考评，对开展司法鉴定法律援助做出较大成绩的司法鉴定机构和司法鉴定人应当给予表彰、奖励；司法鉴定机构和司法鉴定人违反法律援助和司法鉴定管理有关法律、法规、规章的规定，拒不履行司法鉴定法律援助义务或办鉴草率的，视其情节轻重，由司法行政机关依照有关规定给予通报批评、降低诚信等级（安徽），直至提请省司法厅撤销执业登记（巢湖、鄂州）。烟台对司法鉴定法律援助的情况进行考评，对作出突出贡献的应当给予表彰或奖励；对拒绝履行司法鉴定法律援助义务的司法鉴定机构和司法鉴定人，市司法局将依照相关规定予以处理。山东省司法厅规定了司法行政机关对司法鉴定机构年度考核的内容，包括业务开展情况，如履行援助义务情况；对司法鉴定人年度考核内容，如执业表现情况，包括履行援助义务等情况。一些地方对违反法律援助和司法鉴定管理有关规定以及相应地方颁布的司法鉴定援助办法、暂行条例等规定，无故拒绝、终止法律援助事项或办理法律援助事项收取财物的司法鉴定机构和司法鉴定人，将视情节轻重给予通报、警告、责令改正等严肃的行政处罚。

（4）尽职尽责的义务。司法鉴定机构无正当理由不得拒绝、拖延或者擅自终止司法鉴定援助（深圳、咸丰、重庆、巢湖、鄂州、湖州、宜昌），不得收取司法鉴定援助受援人任何费用（深圳、巢湖）；司法鉴定救助案件的司法鉴定机构和司法鉴定人，应当依照相关规定，尽职尽责地履行职责，遵守职业道德和执业纪律（四川、铜陵、马鞍山）；对重大、复杂、疑难的司法鉴定救助案件，司法鉴定机构应当组织司法鉴定人集体研究，确定承办方案，确保办案的质量和效果；司法鉴定机构开展的法律援助案件不得违反国家《法律援助条例》的规定（蚌埠）。

（5）自我监督的义务。司法鉴定机构应当对本所司法鉴定人办理司法鉴定援助案件的质量进行监督，发现问题的，应当及时纠正（四川、咸丰、铜陵、马鞍山）。

（6）报告的义务。司法鉴定机构和司法鉴定人在承办司法鉴定援助案件过程中，发现受援人有应当终止法律援助情形的，应当及时向法律援助机构报告，由法律援助机构审查核实，决定是否终止该项援助（四川、咸丰、铜陵、巢湖）。

另外，一些地方禁止司法鉴定人自批自办法律援助事项。同时，烟台市规定司法鉴定机构和鉴定人要严格按照《司法鉴定程序通则》等司法鉴定法律、法规、规章和鉴定标准的规定及时办理援助案件，严格执行保密制度、回避制度等规章制度。一些地方还规定，司法鉴定机构和司法鉴定人办理司法鉴定法律援助事项，应当坚持公平公正、惠民便民的原则。

（五）相关主体对司法鉴定救助工作的监管职责

1. 鉴定人协会的职责

司法鉴定人协会应当对实施司法鉴定援助的工作予以协助，督促司法鉴定机构和司法鉴定人尽职尽责地开展法律援助工作，指导司法鉴定机构和司法鉴定人不断提高办理司法鉴定援助案件的质量（四川、铜陵）。

2. 司法行政机关对鉴定机构与鉴定人的考评与惩戒职责

司法行政机关应当定期对司法鉴定机构开展司法鉴定援助的情况进行考评，对作出突出贡献的司法鉴定机构和司法鉴定人，应当给予表彰、奖励（四川、马鞍山、合肥）。司法鉴定机构和司法鉴定人违反《法律援助条例》等有关法律、法规以及鉴定救助规则规定，拒不履行司法鉴定援助义务或办案草率的，视其情节轻重，由司法行政机关依照有关规定给予通报批评、降低诚信等级（合肥）直至撤销登记的处理（四川、马鞍山、铜陵）。福州规定法律援助机构和鉴定管理机构应定期开展工作检查和互通交流，及时将有关工作进行情况通报。检查中发现司法鉴定机构和司法鉴定人员有拒不履行司法鉴定法律援助义务或对办理鉴定援助案件不负责任的，依法对其进行调查并追究责任。

3. 法律援助机构的归档职责

深圳市规定，司法鉴定援助案件审理完毕后，市法律援助机构应当向人民法院申领相关法律文书，应当依照档案管理规定做好司法鉴定援助案件的档案归档工作。湖州市规定，法律援助机构应将司法鉴定法律援助案件建立专门档案，并对档案进行定期检查。

（六）受援人的义务

1. 诚实与证明义务

如烟台市规定，作为受援人应当如实陈述司法鉴定事项的事实，并提供真实、合法、充分的证明材料，并配合援助的司法鉴定人进行必要的检查。如果受援人经济条件发生变化不再符合法律援助条件，另行委托司法鉴定或以欺诈方式获得司法鉴定法律援助时，司法鉴定法律援助立即终止。

2. 受援结束后的义务

当涉及司法鉴定救助的案件审判结束后，受援人因接受了司法鉴定救助服务，享有了相应的权利，故应承担必要的义务。例如，《四川省司法鉴定援助暂行办法》规定，受援人应当及时将判决书复印件送达提供鉴定法律援助的机构；湖北省咸丰县规定，法律援助案件结案后，受援人应当及时将判决或调解书复印件送达提供司法鉴定援助的鉴定机构。

（七）便民式的体制创新：司法鉴定救助的“一站式”服务模式

一些地方为了方便当事人，采取司法行政机关在鉴定机构设立法律援助工作站的方式，进行快速审核、快速启动的司法鉴定救助。例如，合肥市司法局正式启动司法鉴定法律援助工作站试点工作，因经济困难无力支付司法鉴定费用的市民可以在站内申请一站式司法鉴定援助。安庆市司法局专门印发了《关于在全市公证机构和司法鉴定机构设立法律援助工作站的通知》，决定在司法鉴定机构内全部设立援助工作站。该通知规定司法鉴定机构援助工作站的主要职责是：（1）宣传司法鉴定法律援助制度及相关法律、法规；（2）及时告知在日常业务工作中发现符合司法鉴定法律援助条件的当事人有权获得相关法律援助服务；（3）解答司法鉴定法律援助方面的咨询；（4）指导或代理在司法鉴定初审中符合条件的案件当事人申请相关法律援助；（5）接受法律援助中心的指派，承办相关法律援助案件；（6）办理其他与相关法律援助工作相关的事务；（7）及时、按标准发放法律援助案件补贴；（8）加强法律援助工作的宣传，在司法鉴定机构接待场所放置法律援助工作宣传资料，及时上报司法鉴定人办理法律援助案件情况及重点案件。

该通知还明确规定，工作站由单位主任负责，每个工作站确定一名联络员。司法鉴定机构要重视、支持工作站的工作，组织引导司法鉴定人积极参加法律援助宣传、咨询活动，安排具有专长、特长的司法鉴定人承办相关援助案件。要为承办法律援助案件的司法鉴定人提供便利，对承办的重大、复杂援助案件，要组织集体讨论研究，确保援助案件的质量。①

①参见《安庆公证机构和司法鉴定机构全部设立法律援助工作站》，http://aqxxgk.anqing.gov.cn/show.php? id=124191。

四、既有司法鉴定救助规则的理性评析

部分省、市、县司法行政部门出台的司法鉴定救助规则尽管目前尚不完善，但作为社会规范之一，其目的是协调人们之间的行为，实现一定的社会秩序和社会共识，并维持主流的价值观念。① 当然前提是其必须满足一般性、确定性与开放性三项准则。② 故在提出全国统一司法鉴定救助立法的思路之前，我们首先需根据上述标准，对上述研究中所征引的众多司法鉴定救助规则进行理性评析。

（一）优点：初步实现了司法鉴定救助的制度框架设计

对前述烦琐而细致的规则文本研究表明，既有的司法鉴定救助规则作为一种地方性的共同尝试，基本上勾画出司法鉴定救助制度的宏观框架，在一定程度上能够满足司法实践的迫切需求。总体而言，部分省、市、县司法鉴定救助规则的制定，实现了以下制度建设：

首先，明确提出了司法鉴定救助的目的，并将之纳入法律援助的整体框架之中。目的反映了规则制定的初衷，更是对社会需求的理性回应。其次，司法鉴定救助规则明确界定了鉴定救助的对象范围、鉴定类型和申请条件，使社会弱势群体在寻求国家帮助时有章可循。尤其是一些地方的鉴定救助规则详细罗列了鉴定救助的对象，甚至比法律援助的范围更广，体现了司法鉴定救助与狭义法律援助的区别。同时，部分鉴定救助规则还对申请人申请鉴定救助需要具备的条件、提供的证明材料、不能进行鉴定的情况、救助终止进行了规范，从而使其具有较强的操作性。再次，司法鉴定救助规则最重要的作用在于厘定了鉴定救助的运作程序。鉴定救助的启动程序、鉴定救助申请的接受与审查、司法鉴定机构的指派、鉴定机构实施鉴定救助的具体过程、鉴定救助经费的补偿等问题都在各地的规则中有所体现。最后，部分规则明确了鉴定机构的权责与相关机构的指导与监督职责。当前主要是社会性鉴定机构提供

---

①张维迎：《信息、信任与法律》，生活·读书·新知三联书店 2006 年版，第 23 页。

②制度应具有一般性，即制度不应在无确切理由的情况下对个人和情境实施差别待遇；制度必须在两种意义上具有确定性，它必须是可认识的（显明的），同时它必须就未来的环境提供可靠的指南，因此，确定性准则意味着正常的公民应能清晰地看懂制度的信号，知道违规的后果，并能恰当地使自己的行为与之对号；制度应具有开放性，以便行为者通过创新行动对新环境作出反应。参见［德］柯武刚、史漫飞：《制度经济学》，韩朝华译，商务印书馆 2000 年版，第 148 页。

司法鉴定救助，其作为市场主体，虽然须恪守客观性与中立性，但毕竟以利益追求为核心，因此，需要明确规范其对弱势群体的鉴定救助职责，在此基础上享有相应的权利，并履行特定的义务。当然，为使社会鉴定机构成功地完成鉴定救助义务，实现社会和谐与司法公正，需要鉴定人协会、司法行政机关、法律援助部门对其监督与指导，并在其存在不当行为时进行惩戒，这尤其需要国家在司法鉴定救助制度的实践运作还不成熟、尚需时日锤炼的阶段，发挥不可忽视的作用。

（二）宏观方面的问题

地方性司法鉴定救助规则目前虽硕果累累，但仍问题重重。即便不同区域的鉴定救助规则大致上规范了鉴定救助的目的、鉴定救助的对象与条件、鉴定救助的程序、鉴定机构与鉴定人的权利与义务以及相关机构对鉴定救助事业的监控管理，然而不可否认的是，就宏观方面而言，各地区的鉴定救助规则还存在一些问题，大都相对较为简略，且或多或少地忽略了一些重要问题，现分述如下。

1. 效力层次较低

（1）按照《立法法》的相关规定，各省、市、县司法行政机构①并未被授予立法权，故其制定的司法鉴定救助规则仅仅是一些规范性文件，效力等级低。而在鉴定救助规则的上位法，即法律援助条例层面，地方司法行政机关或者根本未关注这一问题，或者仅仅附带性地提到司法鉴定救助。

（2）司法鉴定救助涉及众多的国家机关，在其运作中需要他们的配合与支持。例如，公安司法机关根据当事人的申请，发现有必要进行司法鉴定救助或拒绝给予鉴定救助时，就需要与法律援助机构沟通、协调。尤其在当前，诉讼中的司法鉴定启动权均掌握在公安司法机关手中，很可能会阻碍司法鉴定救助的顺畅运作。司法鉴定救助规则的实施，不仅涉及司法行政机关，还包括法院、公安机关与检察院。这就意味着，由地方司法行政机关（甚至包括地方财政局）制定的救助规则，难以得到其他政法机关的遵循。同样，一些由法院制定的司法鉴定救助规则，仍然存在这些问题。这就导致诉讼中的鉴定救助出现责任不清、

①根据规则制定实践来看，包括就价格鉴定进行救助规定的物价局，以及黑龙江省牡丹江市制定《关于建立社会弱势人员司法鉴定援助基地的意见》的司法鉴定管理部门、市残联、市妇联、市总工会、市老龄办等，均无立法权。

分工不明、相互推诿的现象。即便是将来国务院发布《法律援助条例》规定司法鉴定救助，作为行政法规，其与三大诉讼法在位阶、效力等方面都有很大差别，而且行政法规并不能规制检察院、法院的工作行为，但司法鉴定援助与检察院、法院又息息相关，这就产生了矛盾。因此，将来的法律援助（包括司法鉴定救助）只有以国家立法的形式进行规定，才能协调好各政法机关的关系。

（3）目前社会中的弱势群体主要涉及农民或农民工、残疾人、妇女儿童等，因而司法行政机构在确定弱势群体的标准时，需要与妇联、残联、劳动和社会保障等部门紧密合作，尽管他们无须成为规则的制定主体，但明显可以看出，很多司法行政机关在制定司法鉴定救助规则时，都仅仅从自身的角度出发，没有听取其他部门和机构的意见。

因此，将来司法鉴定救助规则的制定主体的级别应更高一些，至少应该由具有立法权的主体进行制定，其方式或者可以参照司法部制定《法律援助条例》的先例，颁布全国性的鉴定救助立法规范，或者将司法鉴定救助纳入法律援助范围。当然，省级政府也可以采取类似的方法。

2. 各行其是

各省、市、县的条文规范差异较大，如申请鉴定救助的条件、鉴定救助的类型等，而由此导致相同境况的弱势群体在不同的地方可能得到不同或根本无法获得国家提供的司法鉴定救助。在启动程序、指定鉴定、是否提供无偿鉴定、责任承担模式等方面也存在不同。例如，在审查时间上，《鄂州市司法鉴定法律援助暂行办法》第 13 条规定，市法律援助中心应当自收到司法鉴定机构提交的结案材料之日起 2 日内审查完毕，签署司法鉴定法律援助结案审查意见。《云南省司法鉴定法律援助工作实施办法（试行）》则规定，法律援助机构收到司法鉴定法律援助申请后，应当在 3 个工作日内作出是否给予司法鉴定法律援助的决定。

3. 可操作性不强

许多司法鉴定救助规定在遣词造句上显得模糊，“可以”、“酌情”、“应当”这样模糊的词语在实践中操作起来会带来混乱。又如在援助方式上，一些地方规定免费，一些地方规定减免费用，还有一些地方规定了缓交鉴定费的方式，但除免费鉴定外，当事人缓缴、减交鉴定费用的方式，缺乏具体规范，即什么时候缓、什么时候减、减多少等。此外，目前承担司法鉴定救助的主要是社会鉴定机构，然而，司法行政机关主要管理的是法医类、物证类、电子证据类三大类鉴定机构，至于其他鉴定机构，如果司法行政机关没有纳入管理范围，则要求他们提供鉴定救助肯定存在难度。同时，侦查机关的鉴定机构与国家其他部门的鉴定机构和法律援助机关如何进行协调，侦查机关的鉴定机构能否为民事案件中的贫困当事人提供司法鉴定救助，都是悬而未决的重大问题。

4. 司法鉴定救助与诉前鉴定的矛盾

《最高人民法院关于民事诉讼证据的若干规定》第28条规定："一方当事人自行委托有关部门作出的鉴定结论，另一方当事人有证据足以反驳并申请重新鉴定的，人民法院应予准许。"但问题是，鉴定实践证明，诉前由一方当事人自行委托鉴定机构进行鉴定获取的司法鉴定意见，其证据能力通常会在庭审中受到对方当事人的质疑。

这种情况表明，当事人在诉前通过司法鉴定救助制度获得的司法鉴定意见，很可能因对方当事人的异议或者重新鉴定申请而失去证据能力。在对抗对方当事人以重新鉴定申请获得的相反鉴定意见时，根据证明责任的分配原则，之前通过司法鉴定救助获得鉴定意见的当事人就需要再一次申请司法鉴定救助，这必然会导致司法鉴定资源的严重浪费，同时也给进行司法鉴定救助的司法鉴定机构和司法鉴定人造成很大负担，[①] 整个司法鉴定救助制度的功能就值得怀疑了。

5. 司法鉴定救助与诉讼程序的矛盾

针对当前司法鉴定救助制度与法律援助制度之间的冲突与矛盾，有学者指出：由于没有司法鉴定的启动权，承担司法鉴定费用的当事人如果需要通过司法鉴定救助制度减免费用，只能向办案机关提出申请，而不是向司法鉴定机构的管理机关提出。办案机关审查后，决定是否同意当事人的司法鉴定救助申请。在符合救助条件的情况下，再由当事人向司法鉴定机构的管理机关提出救助申请，由司法鉴定机构的管理机关指定司法鉴定机构进行司法鉴定救助。这样的程序表面上看似乎很顺畅，但实际上却存在两个很关键的问题。

第一，司法鉴定的启动是由办案机关作为委托单位决定的，抛开回避等因素，通常情况下委托单位有权决定委托哪个鉴定机构进行鉴定，

---

①姜蕾、蒋芬：《浅析我国司法鉴定救助制度的完善》，载"中国法院网"2013年4月25日，http://www.chinacourt.org/article/detail/2013/04/id/951537.shtml。

而如果司法鉴定救助按照前面提到的程序进行，由司法鉴定机构的管理机关决定委托哪个鉴定机构进行，实际上等于司法鉴定机构的管理机关在代替委托单位行使选择权。

第二，司法鉴定的启动目前主要由办案机关决定，因此，对诉讼中的鉴定援助申请，还需要案件所处阶段涉及的办案机关（如侦查阶段的公安机关、起诉阶段的检察院、审判阶段的人民法院）同意，这就需要作为委托单位的办案机关在面对当事人提出的司法鉴定救助申请时，有一个先行的审查，以决定是否准许其进行司法鉴定救助。而在委托单位准许后，当事人需要再向司法鉴定机构的管理机关进行申请，司法鉴定机构的管理机关又要对其是否符合救助条件进行一次审查，认为符合条件的才指定鉴定机构进行救助。这种程序上的烦琐不但造成了资源的浪费，而且增加了诉讼的时间，也给当事人陡增了很大的负担。

而且，最为重要的问题是，委托单位审查的标准和司法鉴定管理机关审查的标准是否一致还需要各政法机关之间的相互协调，否则很有可能出现委托单位审查合格，但是司法鉴定机构管理机关审查认为不符合救助条件，导致当事人最终无法获取司法鉴定救助，并且申请救助的当事人在此情况下没有有效的救济途径。这不仅直接导致司法鉴定救助预期的效果无法实现，而且违背了司法鉴定救助制度设立之初的意愿。①

该作者可谓一针见血地指出了当前司法鉴定救助与诉讼程序之间的不合拍。但是，其并未看到，实践中大量对司法鉴定救助进行第二次审查的是法律援助机关，而不是或主要不是司法鉴定机构的管理部门。待法律援助机关审查符合鉴定救助条件后，根据前文谈到的国家指派社会鉴定机构的五种方法，我们可以看到，司法鉴定管理部门可能（社会鉴定机构基本）会进行第三轮、第四轮审查。由此看来，法律援助程序简直是叠床架屋，程序繁杂冗长。这或许是部分地区的司法鉴定救助直接采取由法院指派鉴定机构并通过法院内部的专项资金补偿社会鉴定机构的鉴定费，以简化整个操作过程的原因。

6. 当事人鉴定选择权与法律援助机关单方指派权的矛盾

当事人对鉴定机构的选择权与司法鉴定救助中法律援助机构与（或）司法鉴定管理机关单方指派社会鉴定机关存在矛盾。按照当前的诉讼法，至少在民事诉讼过程中，鉴定机构的选择需要当事人双方的合

---

①韩焱：《司法鉴定救助制度实务研究》，黑龙江大学2012年硕士论文，第17页。

意，合意不成，再后由法官指定。但遗憾的是，在司法鉴定救助过程中，社会鉴定机构指派的五种模式中，都是由法律援助机构和（或）司法鉴定管理机构单方或其共同指定，既没有让申请人参与协商，更没有考虑对方当事人的意见，这很容易导致鉴定救助产生的鉴定意见令一方或双方当事人都不满而浪费资源。关于这一问题，也有人精辟地论及：在救助主体的选择问题上，被救助者的权利丧失表现得尤为明显，在提出救助申请之后，完全是对司法行政机关单方面选择的被动接受。在进行救助的司法鉴定机构选派司法鉴定人的环节，同样应当引入当事人的参与。对于司法鉴定救助案件，尤其是在没有经费补贴支持的情况下，很难保证司法鉴定机构会投入职业素质高、业务能力强、工作经验丰富的人力资源在这种没有经济利益的案件上，而只是为了完成管理机关的分配任务而不得不进行。因此，可能会指派一些虽然具备司法鉴定资质但业务水平不高、业务量不大的司法鉴定人来完成救助案件中的司法鉴定，最终导致救助案件中的司法鉴定质量不高，增加了司法鉴定意见引发双方当事人争议的概率。

此外，讨论司法鉴定救助实施过程中当事人的参与，不仅应当包括提出救助申请的当事人，同样应当包括诉讼案件中的对方当事人，否则就等于将对方当事人挡在了该司法鉴定的大门之外，很可能造成对方当事人对鉴定意见的不满。而一旦发生此种情况，进行重新鉴定又必然再次引发司法鉴定救助，造成资源严重浪费的同时也加重了双方当事人的负担，不利于诉讼案件的解决。因此，希望由司法鉴定救助得出的鉴定意见被双方当事人所认可进而避免重复鉴定，必须解决双方当事人对司法鉴定救助整个实施过程的参与问题。①

扩大当事人在司法鉴定救助中的参与权，是立法改革的重点，甚至比敲敲补补鉴定救助规则更重要。司法鉴定救助是政府的责任，而非对贫困当事人的一种恩赐，否则，既浪费了资源，又适得其反，引起当事人对国家与政府的不满与怨恨。

（三）微观方面的问题

在微观方面，各地司法鉴定救助规则存在的问题更多。

1. 司法鉴定救助的对象范围与条件存在的问题

（1）司法鉴定救助对象范围存在的问题。首先是鉴定种类的确定

---

①韩焱：《司法鉴定救助制度实务研究》，黑龙江大学2012年硕士论文，第18页。

问题。目前，各地区的规则都明确规定了司法鉴定救助的对象范围，反映出两个特点：一是限定于经济困难而无法支付鉴定费用的当事人。固然诉讼中的申请人才能称为当事人，但从各地实践来看，司法鉴定救助明显包含诉前鉴定，诉前鉴定的申请人不应称作当事人。何况，现有规定太原则化，何谓经济困难，由谁认定，通过什么途径认定，向谁申请，由谁审批等，无可操作性。[①] 二是不同地区、城市与农村经济困难的标准均不一样。《法律援助条例》第13条规定：本条例所称公民经济困难的标准，由省、自治区、直辖市人民政府根据本行政区域经济发展状况和法律援助事业的需要规定。这样就将确定困难标准的权力赋予了各省、自治区、直辖市。而且，"有些地区规定申请受援的案件要有胜诉可能性，以便根据胜诉返还机制降低援助成本。此种类似规定无疑是很不合理地缩小了受援范围"。[②] 这同样反映在司法鉴定救助中，即司法鉴定救助的对象均由各地决定，可能存在较大的差异，一些地方的公民可以申请鉴定救助，而另外一些地方则不能。同时，司法鉴定救助是否需要申请人具有胜诉可能性，也是需要进一步研究的问题。

同时，司法鉴定救助的对象仅仅以经济困难作为标准是否可行，是否还需考虑申请人的智力水平、行动能力以及涉案类型？例如，有些论者指出，当事人地位显失对等的国家赔偿、行政诉讼、工伤等案件；当事人行为能力受限的赡养、抚（扶）养和涉及未成年人、残疾人、精神病人等案件；涉及当事人重大人身权益的案件，如被判处重刑以上刑罚等，[③] 国家应该给予司法鉴定救助。确实，司法鉴定救助的主要标准是当事人经济状况，而非智力水平、精神缺陷与行动能力，但倘若他们不具有或不能获取司法鉴定所需的经费，则当然有必要进行鉴定救助。尤其在当事人存在经济困难时，更应获得国家与社会的司法鉴定救助。因此，在司法实践中，法律援助机构与公安司法机关尽管应看重申请人的经济条件，但更应关注残疾人、精神病人等行动与智力受限的弱势群体。

其次，当前部分地区的鉴定救助规则并未将非自然人主体纳入救助

---

①蒋奎：《论我国司法鉴定援助制度的构建》，载《中国司法鉴定》2006年第2期，第83页。

②唐磊、张晓艳：《论司法鉴定的法律援助制度》，载《前沿》2009年第12期，第62页。

③蒋奎：《论我国司法鉴定援助制度的构建》，载《中国司法鉴定》2006年第2期，第84页。

的范围。这是受《法律援助条例》的影响。部分论者指出，司法鉴定救助的设定是为了保障司法公正，申请司法鉴定援助的主体不应局限于无力支付鉴定费的个人，还应包括个别非营利性法人，如福利组织等。对于外国人、无国籍人也应成为受援主体，尤其是我国加入 WTO 后，国际交流越来越广泛，对其进行司法鉴定援助有利于树立我国的国际形象。①

亦有学者认为：当前司法鉴定的概念已不再局限于法医伤害或伤残鉴定方面，而是扩大到了司法会计、工程质量、工程预决算以及文检鉴定等诸多方面，有时需要对企业、事业或者法人单位进行财务审查鉴定。因此，法人或非法人组织也可能成为司法鉴定申请人。目前，我国处于困境的厂矿企业以及事业单位不占少数，而且由于种种原因导致这类单位涉及诉讼的情况较为多见，涉及单位司法会计等鉴定事项时收取的费用往往较高，导致一些案件由于鉴定费用问题使案件审理一再延期。故除自然人可享受援助外，符合条件的法人组织或企、事业单位也可以享受司法鉴定法律援助。②

我们赞成上述扩展司法鉴定救助对象的观点，因为既然我们把司法鉴定救助理解成减、免、缓交鉴定费的三种模式，显而易见，经济困难的非自然人至少可以成为缓交鉴定费的受援主体，甚至在特殊条件下获得减、免鉴定费的帮助。当然，一些企业或法人若胜诉后，应在其能力范围内返还全部或部分鉴定费。

当然，最重要的是在确定司法鉴定救助的对象范围时，在经济困难的个人或其他组织的受援权利与国家救助义务之间寻求一种平衡。二者平衡的基础归根结底取决于国家救助资金与鉴定机构提供救助的能力。换言之，国家救助资金越充裕，司法鉴定机构提供救助服务的能力越强，鉴定救助的对象范围越大，反之亦然。

（2）司法鉴定救助对象的条件审查存在的问题。符合司法鉴定救助的对象范围，申请人还需满足一些条件，并提供证据进行证明。但目前只有少数地方的鉴定救助规则规定了鉴定救助的条件，如申请人有证

---

①张涛、陈士果：《司法鉴定援助制度研究》，载《中国司法鉴定》2007 年第 5 期，第 16 页。

②拜荣静：《司法鉴定法律援助的模式选择及建构》，载《江南大学学报（人文社会科学版）》2008 年第 2 期，第 47 页。

据证明确有必要进行鉴定且经济困难，能够提供有效的户籍证明或身份证明。提供必要的证据证明有鉴定救助的必要，是因为鉴定救助本身需要耗费大量的成本，何况还需要防止部分人恶意启动救助程序，把个人的诉讼成本部分转嫁于国家和鉴定机构。更重要的是，规定鉴定救助的条件，可以合理地审查再次鉴定救助合理与否。

当然，一些地方规定鉴定救助要有胜诉的可能性是非常不合理的。规定要有胜诉的可能性方能启动鉴定救助程序，在某种程度上剥夺了部分当事人的救助权，尤其是刑事案件中被告申请鉴定救助的目的是降低罪刑，而非无罪辩护。一些研究者甚至指出，鉴定救助规则中多次使用“可以”二字，而不用“应当”，弹性很大。“可以”也意味着“可以不”提供鉴定援助，经过层层关卡，符合条件的受援人就所剩无几了。①

（3）司法鉴定救助的鉴定类型存在的问题。由于鉴定经费紧张，所以很多地方对司法鉴定机构提供鉴定救助的种类进行了规定，主要集中于三大类鉴定救助，特别是法医鉴定救助。但事实上，如同司法鉴定救助实践所表明的，当事人涉诉的鉴定类型，可能还有资产评估、价格鉴定，这些同样可能存在鉴定救助的需要。因此，限定司法鉴定救助的鉴定类型，就人为地缩小了国家对贫困人群的救助力度。

2. 承担司法鉴定救助义务的主体存在的问题

我国《法律援助条例》第 3 条规定：法律援助是政府的责任，县级以上人民政府应采取积极措施推动法律援助工作，为法律援助提供财政支持，保障法律援助事业与经济、社会协调发展。司法鉴定救助作为法律援助制度的一部分，同样应成为政府的责任，因而各地区救助规则都对此有所规定，即把鉴定机构办理救助案件的必要支出列入法律援助经费。

至于鉴定机构，部分地区则规定了它们具有鉴定救助义务，对符合条件的司法鉴定减免费用，维护受援人的合法权益。然而，对提供救助义务的司法鉴定机构的种类，不同地区的规定差异颇大，如深圳规定社会鉴定机构与鉴定人、市司法鉴定委员会有鉴定救助义务，而四川仅规定司法鉴定机构与鉴定人有鉴定救助义务。尽管规定不同，但实践中提供鉴定救助的几乎都是司法行政机关管理的社会鉴定机构与鉴定人。不

---

①唐磊、张晓艳：《论司法鉴定的法律援助制度》，载《前沿》2009 年第 12 期，第 62 页。

过，有人对主要由社会性鉴定机构提供鉴定救助的相关规则与司法实践表示怀疑：综观发达国家模式，我国还将长期地，并非历史性地存在机关、事业性质的国家设立的鉴定机构，包括侦查机关因履行职能而设立的内部司法鉴定机构和行政机关因行政执法设立的鉴定性质的机构，如产品质量检测机构等。由于这部分鉴定机构为“官办”性质，因此，这部分机构应当作为国家司法鉴定援助的主要承担者，由其代表国家对诉讼中特定的当事人进行鉴定援助。这种模式至少有三个好处：一是可以节省国家经费，国家不必另行给他们鉴定报酬和费用。二是可以充分利用国家资源，避免国家对这些领域的投入长期闲置形成资源浪费。在实践中，国家对侦查机关以及有关行政执法机关的投入是非常大的，有些仪器设备为实际工作所必需，但利用率却很低，再加上日常维护，投入就更大。如果把鉴定援助纳入其业务范围，就可以形成资源共享，增加利用率，避免浪费。三是可以增加鉴定人员的实践数量，提高鉴定能力和经验。对于上述“官办”性质的鉴定机构执业范围或能力以外的鉴定事项，则由高校、科研机构、企业法人、合伙组织等社会中介性质的鉴定主体承担。当然，这些机构、组织为有偿服务，按照市场原则运行，享有按照有关规定和标准收取鉴定费用的权利。①

但很明显，论者高估了我国司法鉴定体制的现状。首先，侦查机关的鉴定机构目前仅仅是在司法行政机关备案，甚至一些地方的备案都还未施行。而司法行政机关若要管理三大类以外的鉴定机构，则需“商两高”，因此，所谓司法鉴定统一管理体制仅仅是形式而已。此时，作为司法行政机关下级单位的法律援助部门或鉴定管理机构是否能有效地指派上述鉴定机构从事鉴定救助？其次，侦查机关的鉴定机构若在刑事诉讼中提供鉴定救助，除非是初次鉴定，否则它们能轻易地去否定其他侦查机关的鉴定意见吗？更何况，侦查机关技术部门目前普遍人手不够，倘若还需要提供鉴定救助，尤其还要以它们的鉴定救助为主，社会鉴定机构的鉴定救助为辅，就未免不符合现实了。因此，就司法鉴定救助制度的开创阶段而言，暂行先定由三大类社会鉴定机构为主（然后通过司法行政机关管理面的扩大，逐步纳入其他社会鉴定机构）提供鉴定救助比较符合现实。

---

①蒋奎：《论我国司法鉴定援助制度的构建》，载《中国司法鉴定》2006 年第 2 期，第 84 页。

然而，鉴定救助案件通过司法行政行为指派到社会鉴定机构后，即使运营受影响，它们也不得拒不履行指派任务，否则就会受到司法行政机关通报批评、降低诚信等级直至撤销登记的处理。这无疑是国家将提供鉴定援助的义务转嫁于司法鉴定机构。[①] 因此，社会鉴定机构与鉴定人在司法鉴定救助中的义务必须准确定性，即若无特殊情况，它们具有为符合条件的困难群体提供鉴定服务的义务，但并非不收取必要的鉴定费用，除非它们愿意放弃。司法行政部门应该对各社会鉴定机构合理分配任务，否则会导致部分鉴定机构负担过重。

3. 司法鉴定救助程序启动存在的问题

第一，目前，各地的鉴定救助规范基本上都规定当事人可以向法律援助部门申请鉴定救助，亦有部分地区允许当事人直接向鉴定机构申请，少部分地区的鉴定救助规范还规定了司法鉴定机构发现符合鉴定救助情况时的相关处理办法，但并不完善。例如，仅仅规定鉴定机构可以（只有巢湖市规定应该）告知当事人向法律援助机构申请救助的权利，或可以向法律援助部门转交相关材料。事实上，作为弱势群体，因自身法律知识欠缺往往无法有效地利用法律援助，故在这种情况下，鉴定机构经过初步审议后，若发现适合鉴定救助的，应当告知当事人向法律援助机构申请救助，并正式函告法律援助部门，移交其掌握的相关材料。

第二，相关鉴定救助规范仅仅规定本人可以申请鉴定救助。实质上，申请人的监护人、法定代理人、律师在申请人的授权下，同样可以为其申请鉴定救助。尤其在刑事案件中，被告或犯罪嫌疑人的羁押率如此之高，怎么可能有机会自己申请鉴定救助？所以有人早就提出，可能判处死刑案件的被告，由法院指定给予法律援助的，需要鉴定的，可以由指定辩护人申请。[②] 但是，代理被告申请鉴定救助的案件类型还应进一步放宽，只要经济困难，且符合鉴定救助的其他条件，律师、法定代理人、监护人等就可以依其授权申请鉴定救助。

第三，通常是司法行政部门中的鉴定管理机构负责指派、考核社会鉴定机构，法律援助机构负责审查受援人是否具备受援资格、进行手续审批和补助发放等工作。但遇到具体案件时，两部门可能会互相推诿，

①唐磊、张晓艳：《论司法鉴定的法律援助制度》，载《前沿》2009 年第 12 期，第 62 页。

②刘沛奎、刘罡：《试论如何建立司法鉴定援助制度》，载《中国司法鉴定》2006 年第 3 期，第 12 页。

出现责任分工不明、救助程序混乱的问题。而且，有时申请法律援助的受援人也要申请司法鉴定救助，这就容易导致同一案件中的受援人需要申请两次，由两个部门分别审批，手续烦琐。

第四，各鉴定救助规则由于制定主体的等级较低，因而无法规定公安司法机关自行发现适合鉴定救助与当事人申请鉴定救助时的处理办法，如权利告知义务、材料转交义务等，这是目前法律援助机构、公安司法机关、申请人之间衔接存在问题的突出表现。且由于鉴定的启动权在公安司法机关而非司法行政机关的法律援助机构或鉴定管理部门，这意味着它们之间需要共同协商与沟通。故有论者指出，由于司法鉴定目前主要是由司法机关启动的，因此，对诉讼中的鉴定援助申请，还需要有案件所在程序的司法机关，如侦查阶段的公安机关、起诉阶段的检察院、审判阶段的人民法院的同意。① 但因目前鉴定救助规范的效力低，且司法行政机关在制定的过程中未与公安司法机关协商，故至今各地仍各行其是。

第五，部分规范并没有规定当事人申请鉴定救助时需提交材料的内容。司法鉴定救助作为一项正式的国家司法程序活动，必须具备相关的手续与形式要件，还需对经济困难、有必要鉴定等事项进行证明。故申请人申请鉴定救助时需要提交一些证明材料与其他文书，既作为鉴定救助实施程序的证据，也能排除不符合鉴定救助条件的申请人。

第六，当法律援助机构或其他机构拒绝申请人申请司法鉴定救助时，各地的鉴定救助规范几乎均未赋予其异议权与申诉权。法谚有云：无救济则无权利。权利必须在其受到侵害时可以获得救济。但在目前的众多立法例中，除蚌埠外均没有明文规定鉴定救助被拒时，申请人可向司法行政机构救济。

4. 司法鉴定救助的受理、审查与鉴定机构的指派存在的问题

（1）受理与审查。司法鉴定救助从工作属性的角度看，属于司法鉴定工作的一部分；从法律救济的角度划分，属于法律援助的性质。而司法鉴定管理和法律援助管理都属于司法行政机关的职责范围，因此，

①蒋奎：《论我国司法鉴定援助制度的构建》，载《中国司法鉴定》2006 年第 2 期，第 84 页。

司法鉴定救助的行政管理工作，由司法行政机关管理是符合职能法定原则的。[①] 在目前众多的司法鉴定救助规范中，大部分鉴定救助的申请都由法律援助部门受理与审查，这已经达成共识。但司法鉴定的受理目前存在以下一些问题：一是部分地区的法律援助部门没有规定鉴定救助申请的审查期限，且既有规定的期限也是 3~15 日不等，随意性颇大。同时，法律援助机构受理并审查鉴定救助申请后，众多规范都没有规定不同结果的处理方式，如申请材料不足是否可以要求申请人补充，不同意鉴定救助是否出具书面意见，申请人可否复议等一系列问题。已有论者指出这一缺陷，并认为司法行政机关对申请进行实质审查后，对符合条件的申请应同意，对不符合条件的申请，拒绝的同时告知申请人行政复议的权利。同级政府或上级司法行政部门根据复议申请进行复议。[②]

（2）对承担鉴定救助义务的司法鉴定机构的指派。目前就承担司法鉴定救助义务的鉴定机构的指派而言，存在几种不同的模式：部分地方决定给予鉴定救助后，由法律援助部门将其决定送交司法鉴定管理部门，由后者指派鉴定机构；有些地方是法律援助部门同意给予鉴定救助后，直接指派鉴定机构；有些地方是受援人持法律援助部门出具的同意救助的决定，向司法鉴定管理部门申请，并由后者指派鉴定机构；或受援人直接向鉴定机构提交法律援助部门的决定，申请其进行鉴定救助。

首先，目前指派鉴定机构承担救助义务的规定尚有问题。哪个机构或部门最适合指派鉴定机构承担救助义务？有人认为：由于司法鉴定存在一定的行业特殊性，鉴定种类繁多，鉴定人资格、资历、能力确定的复杂性等，使司法鉴定援助有别于律师实施的传统意义上的法律援助。我们做好司法鉴定的援助工作应该充分考虑到该行业的特殊性，发挥好司法鉴定行政管理部门熟悉鉴定机构、鉴定人、鉴定业务的专长，在法律援助机构受理申请、甄别确定被援助人的前提下，由司法鉴定管理部门指派合适的提供援助的司法鉴定机构，并对司法鉴定机构派出的鉴定人资格进行审核，监督管理鉴定过程，会同司法鉴定人协会对在开展司法鉴定援助过程中违规、违纪的机构、人员提出警告或处分，保证司法

---

①刘沛奎、刘罡：《试论如何建立司法鉴定援助制度》，载《中国司法鉴定》2006 年第 3 期，第 11~12 页。

②蒋奎：《论我国司法鉴定援助制度的构建》，载《中国司法鉴定》2006 年第 2 期，第 84 页。

鉴定援助的质量和效率。①

由此可见，选择何种鉴定机构履行鉴定救助义务，最好由管理鉴定机构的司法鉴定管理机构决定。这样，由法律援助部门审查申请人是否符合鉴定救助条件、司法鉴定管理机构指派鉴定机构的格局，可能是目前较为理想的模式。

然而，因司法鉴定管理部门、法律援助部门之间的任务分配、事权划分不同，有时可能会出现两部门工作脱节、相互推诿的现象；而且这种司法鉴定法律救助程序繁杂、效率低下。因此，司法鉴定救助还是应由法律援助机构指派。如果社会鉴定机构拒绝承担救助，法律援助机关可商请鉴定管理机关对其进行惩戒。

其次，鉴定机构的指派原则与指派的更替存在问题。有些地方规定了指派提供法律援助义务的鉴定机构的原则，如就近、便利原则。这固然很好，因为司法鉴定援助作为法律援助的一种，一般只提供基本的鉴定援助，除非当地没有相应的鉴定机构和鉴定人，原则上不得指派和选定异地的鉴定机构和鉴定人。同时，由于司法鉴定救助有一定的义务性，司法鉴定管理部门要考虑各鉴定机构尽义务的均衡性。

但若本地区没有相应资质的鉴定机构或当事人不满意本地区的鉴定机构，上下级法律援助部门与司法鉴定管理部门之间如何协调，则缺少规定（除了重庆、浙江有所规定外，其他地方都未涉及）。事实上，西部大部分地区司法鉴定体制目前存在的主要问题是社会型鉴定机构少且主要集中在省会或其他少量的大城市、鉴定门类单一，因而一旦推行鉴定救助，很多地方或没有相应的提供鉴定救助的鉴定机构，或少量的鉴定机构将不堪重负。

再次，受援人没有选择鉴定机构的参与权与异议权。上述众多鉴定救助规范证明，当相关主体指派承担救助义务的鉴定机构时，当事人尤其是申请人没有参与权与异议权，完全是对行政机关单方面决定的消极接受。这有可能导致当事人不接受该鉴定机构鉴定意见的情况发生。因此，一旦受援人或案件中的其他当事人提出异议，在特殊情况下，他们可以和指派机构共同选定鉴定机构和鉴定人。

最后，关于同一鉴定事项申请再次鉴定救助的问题。除蚌埠市的相

---

①刘沛奎、刘罡：《试论如何建立司法鉴定援助制度》，载《中国司法鉴定》2006 年第 3 期，第 11~12 页。

关鉴定救助规范要求不得对相同鉴定事项进行重复鉴定救助外，其他地区没有相关规定。确实，鉴定救助本为国家财政与社会鉴定机构为弱势群体提供的救助，必然耗费大量的资源，且需要鉴定救助的人群逐年增多，因此，每一位申请鉴定救助的人原则上只能被救助一次。然而，不排除一些鉴定机构资质不足、鉴定意见确实错误的情况，因此，在特殊条件下也应给予同一受援人再次鉴定救助的机会。

5. 鉴定机构实施鉴定救助过程中存在的问题

首先，鉴定救助规范并未规定鉴定机构审查鉴定事项后的一些处理决定。鉴定机构有必要对承担的鉴定救助事项进行审查，对于因客观原因无法鉴定或者鉴定事项不符合鉴定救助条件而不给予鉴定救助的，鉴定机构应作出何种决定，受援人应如何救济，除铜陵市有所规定外，其他地方的规范都没有说明。同时，大多数地区没有规定鉴定材料不足时的处理措施，如鉴定材料不够，鉴定机构是否有权要求受援人补充或者要求法律援助部门、公安司法部门补充材料（当其持有时）。尤其在刑事诉讼中，鉴定机构为获得必要的鉴定材料，该如何与侦控方协商仍将是实践中操作的难题。若不符合鉴定条件时，鉴定机构以何种方式拒绝，应否向司法鉴定管理部门或法律援助部门备案，当事人有何种救济途径，都是存在的问题。

其次，尽管目前实践中的鉴定救助主要发生在法医鉴定、物证鉴定领域，但是一些地方的规范明确规定鉴定救助只能在特定的领域实施则未必恰当。因为鉴定机构的鉴定救助实践表明，价格鉴定、资产评估鉴定仍时有发生。所以，没有必要严格限制鉴定救助的类型。人为的限制将使部分弱势群体无法进入鉴定救助的门槛。

再次，鉴于鉴定救助是为弱势当事人提供救助服务的，因而鉴定救助的实施主体——鉴定人——必须满足一定的条件，鉴定机构不能因为鉴定救助无法营利就将其作为一项政治任务而随意指定鉴定人或指定资质不佳的鉴定人进行鉴定。同时，鉴定机构也需与受援人签订合同、明确案件性质、妥善协商鉴定时间。若遇到复杂疑难的案件，是否需要组织鉴定人集体研究，并报相关部门备案，各地的规定不同，且很多地方规范对这些事项根本就没有涉及。

最后，司法鉴定救助完成后的处理措施规定不完善。一旦出具鉴定意见后，提供司法鉴定救助服务的鉴定机构应当向何种机构报告、是否需要移交材料、移交何种材料、什么时间移交，目前有部分地区对此有所规定，但大部分地区却语焉不详。鉴定机构完成鉴定救助后的结案程序非常重要，不仅意味着鉴定救助已经完成，更重要的是，相关机构需要对其进行合理审查，并根据救助情况给予经费补贴。

然而，尽管既有的规定大多要求司法鉴定机构向司法鉴定管理机构移交结案报告，由后者审查后再移交法律援助部门，但不合理的是，各地方的鉴定救助规范都没有规定鉴定机构把鉴定书送达受援人，这对于受援人的权利保障非常不利。可见，目前既有的制度仍存在一个漏洞：由法律援助部门还是司法鉴定机构把鉴定意见交予受援人？若该鉴定救助发生在诉讼过程中，又该由谁移交给公安司法机关？这都将是需要进一步规范的问题。

6. 鉴定机构与鉴定人的权利与义务方面存在的问题

鉴定救助虽然可以减免鉴定费，但从本质上说仍为一项科学认知事业，同鉴定机构与鉴定人的正常业务没有区别。然而，鉴于其毕竟是鉴定机构提供的减、免、缓交鉴定费的救助服务，因而有必要明确规定各方享有的权利与承担的义务。总体而言，目前各地方规范对提供鉴定救助服务的鉴定机构与鉴定人的权责规定不对称，且规定较少。

首先，对鉴定机构与鉴定人的权利规定较少。目前，较多地方规范规定了鉴定机构与鉴定人对直接到鉴定机构进行鉴定的当事人的鉴定救助有告知权以及鉴定后的补偿权，但没有规定符合条件时（如因提供鉴定救助的数量太多、自身不具备对特定事项鉴定的条件）鉴定机构对鉴定救助的拒绝权。例如，在司法鉴定援助实施的过程中，司法鉴定机构证实申请人以故意提供虚假信息或者伪造、变造证明材料等欺骗手段取得司法鉴定法律援助的，应当中止司法鉴定法律援助，且有权要求法律援助中心追偿已经发生的司法鉴定费用。[①]

此外，提供鉴定救助的各鉴定机构应该在救助量上适度平衡，否则一些鉴定机构根本无法正常运转。盖因现有社会型鉴定机构大多处于发展的初期阶段，业务不饱和，收费又偏低，在自己生存和发展还存在一定问题的情况下，尚无足够的能力进行经常性的无偿援助。[②] 即便是营

①徐思：《试论司法鉴定法律援助的紧迫性和必要性》，载《中国司法鉴定》2003 年第 2 期，第 51 页。不过，在后来一些地方出台的鉴定规则中，对司法鉴定机构的中止鉴定救助权有所规定。

②蒋奎：《论我国司法鉴定援助制度的构建》，载《中国司法鉴定》2006 年第 2 期，第 83 页。

利较好的鉴定机构，过多的鉴定救助仍会妨碍其正常运转。另外，鉴定机构与鉴定人因鉴定需要的调查权、要求相关机构或人员的配合权以及行使这些权利所需的费用，加上出庭时的差旅费等费用，各地规范都未给予规定。

其次，对鉴定机构与鉴定人义务的规定存在问题。一方面，鉴定人与鉴定机构被施加的义务较多，且规定貌似严厉，但各地规范根本就没有细化各种违规条件和具体的处罚措施，导致其如同虚设。另一方面，一些地方明确规定的每个鉴定机构需承担的救助数量也未必合理。因为完成鉴定救助的量后，一些鉴定机构就可能拒绝再次给予鉴定救助。

最后，很多地方的鉴定救助规范都没有规定鉴定机构与鉴定人的权责。现有的部分规定一般要求鉴定机构“可以酌情进行鉴定援助”。这种规定其实赋予了鉴定机构单方的决定权，并无有效的、必要的约束，鉴定机构很少会主动伸出援助之手。① 将来的立法应规定鉴定机构承担鉴定救助的义务，且应根据各鉴定机构的资质、营利状况、鉴定人数量与鉴定业务范围，合理分配各鉴定机构与鉴定人的鉴定救助量。

当然，就鉴定机构发现符合条件的申请人的鉴定救助的告知而言，我们认为应该将之作为鉴定机构与鉴定人的一种义务，而非权利，否则弱势群体的相关权益可能不会得到有效的保障。

7. 鉴定救助相关管理机构的职责方面存在的问题

部分省、市、县的鉴定救助规范明文规定了司法鉴定协会、司法行政机关（主要是法律援助部门与鉴定管理部门）的相关职责，如鉴定人协会的协助、监督与指导职责，法律援助部门的归档职责，尤其是司法行政机关对提供鉴定救助义务的鉴定机构与鉴定人的考核与奖惩职责，但大部分地区仍未作相关规定，相关职责还较为粗糙，需要在实践中进一步完善。

8. 对受援人的权责规定不明

受援人作为鉴定救助案件中的核心主体，在鉴定救助的整个程序中应享有明确的权责，否则不利于其权利的维护与义务的承担。但遗憾的是，目前对受援人的权利基本未作规定，而对其义务同样规定较少，只有四川省和咸丰县规定了受援人将判决书送交司法鉴定部门的义务。事

---

①蒋奎：《论我国司法鉴定援助制度的构建》，载《中国司法鉴定》2006 年第 2 期，第 83 页。

实上，受援人在鉴定救助的整个环节中，理应有对各种司法行政机关以及鉴定机构的决定不服的救济权，有监督鉴定过程的权利，有知悉鉴定意见的权利，有适当的选择鉴定机构与鉴定人的权利，同时有要求鉴定人出庭的权利。当然，受援人亦应承担相应的义务，如法庭审判结束后，向鉴定机构与法律援助部门送交判决书或其他材料备案的义务，有胜诉后在经济较为宽裕的情况下按条件补交鉴定费的义务，等等。而这些都在各地方粗糙而简约的救助规范中没有体现。

9. 司法鉴定救助费用补偿方面存在的问题

司法鉴定人在解决诉讼中的专门问题时，不仅需要用到技能和知识，付出脑力劳动，作为成本的鉴定设备和耗材的消耗也是很大的。在市场经济中，司法鉴定机构每天都面临着生存竞争的考验，要求鉴定机构和鉴定人完全不计成本的免费鉴定是不符合市场经济规律的。① 因此，鉴定机构提供鉴定救助的方式有减、免、缓三种，但主要是减与缓的方式。故在这种情况下，给予鉴定机构必要的鉴定补助费用是合理的，但目前针对此的制度规范尚有不少问题：

首先，很少有鉴定救助规范规定鉴定救助费用的补偿办法与经费来源，且有些地方明确要求鉴定机构提供免费的救助服务。

其次，较多地方的规范要求受援人胜诉后需补交鉴定费。部分学者也提出如此观点：建立司法鉴定法律援助费用的偿还和监管制度，对司法鉴定法律援助的案件实施全程跟踪督察。对经过司法鉴定法律援助后当事人的合法权益得到维护，有关财产得到返还或者赔偿的，当事人应当用偿还的方式，全部或者部分返还法律援助中心为其提供的司法鉴定费用，由法律援助中心补偿司法鉴定机构和司法鉴定人员。② 然而，这种“一刀切”的立法方式并不科学，实践中大部分的受援人即便胜诉，仍无力补交鉴定费，或胜诉后无法查询其踪迹而无法实施。

再次，有些地方的司法鉴定救助费用补贴标准过高（如深圳规定很多鉴定费补贴标准都达到了重庆市的正常鉴定价格），既然鉴定机构为弱势群体提供救助服务，鉴定费用的补助就不宜过高。鉴定援助的补贴

---

①刘沛奎、刘罡：《试论如何建立司法鉴定援助制度》，载《中国司法鉴定》2006 年第 3 期，第 11 页。

②徐思：《试论司法鉴定法律援助的紧迫性和必要性》，载《中国司法鉴定》2003 年第 2 期，第 51 页。

标准应当是鉴定的最低必要成本支出，但计算起来是非常困难的，需要结合各地的情况具体制订。

最后，大多数地方未明文规定鉴定救助费用的补助范围。江西省与安徽省规定鉴定人出庭的交通费、住宿费、务工补贴与异地鉴定的差旅费、检查费、文印费等费用，均不属鉴定救助的补助范围，而是在当事人双方之间进行合理分配。其他地方的鉴定救助规范则对此未置一词。其实我们可以看到，虽然大多数鉴定救助的补助经费都不高，但受援人都无法支付。若要求其支付鉴定人的出庭费、住宿费与务工补贴，其同样无法承受。解决的方式或许是对方当事人申请鉴定人出庭的，出庭补贴由申请人支付；若受援人申请出庭的，可以一并计入援助补贴，由鉴定援助基金支付。[①] 当然，这一问题仍有进一步研究的必要。

---

①刘沛奎、刘罡：《试论如何建立司法鉴定援助制度》，载《中国司法鉴定》2006 年第 3 期，第 11 页。

第五章　我国司法鉴定救助的实证研究

我国司法鉴定救助制度近年来蓬勃兴起，不仅部分地区已经或正在酝酿颁布司法鉴定救助的相关规范或暂行通知，且在实践中亦成功地运作了一批典型案例。面临司法实践中发展出的一种具有中国特色的司法制度，我们必须考察司法鉴定救助制度的实际运作状况，并对其进行理性评析。

一、司法鉴定救助制度实证研究的材料与方法

我国司法鉴定救助制度的实证研究，其目的是考察以下几个重要问题：鉴定救助的主要对象；鉴定救助发生的阶段（诉前阶段抑或诉讼中）；鉴定救助运作的主要诉讼领域；鉴定救助的实践运作程序（即鉴定救助的申请、指派与实施）等。到目前为止，尽管论者对鉴定救助制度进行研究的著述颇丰，但几乎均关切于鉴定救助的可行性以及司法鉴定救助制度的宏观构建。这未尝不可，然而鉴定救助毕竟肇始于诉讼实践，是一些实践先于理论思考的司法个案。因此，通过搜索实践中发生的相关个案，深刻剖析其内在关联，了解鉴定救助实际运作方式的优劣，不失为一种有益的学术路径。

当然，就目前的实证研究而言，我们的分析材料主要包括：

（1）通过中国知网与其他网络渠道获取的各个地区披露的鉴定救助案例。这些案例具有典型性，盖因它们大多数是相关省、市颁布司法鉴定救助规范后的首个救助实践，或其本身的成功运作就是司法鉴定救

助规范出台的原因之一。[①] 另外，鉴于社会信息产出的过度与新闻报道的内在规律，唯独这些案例被披露出来，无疑显示了其不可忽视的法学经典意义与独特的个案价值。当然还在于，任何法律制度的输入从根本上都是对其所在社会需要的反映，[②] 或是从社会发射出来的要求的冲击波。[③] 而这些鉴定救助案例恰好是对我国社会现实需求的个别回应，以至蔚为大观，成为一种规模效应。通过如此途径，我们获取的鉴定救助案例有 33 则（见表 1）。

表 1　我国部分鉴定救助案例的统计情况

案件编号	鉴定救助案例名称	地区	鉴定项目	费用的减免方式
1	关于确定陈某的鉴定案	四川成都	亲子鉴定	不祥
2	张氏姐妹因车祸致伤鉴定案	福建莆田	伤残鉴定	免费
3	张某因车祸致伤的鉴定案	山东莱芜	伤残鉴定	免费
4	刘某因交通事故致伤鉴定案	河南商丘	伤残鉴定	免费
5	郑某有关身份确认的鉴定案	天津	亲子鉴定	免费
6	郑某因车祸致伤的鉴定案	浙江义乌	伤残鉴定	免费
7	何某讨薪被人殴打致伤鉴定案	四川成都	伤残鉴定	免费
8	陈某为落户厦门的身份确认鉴定案	福建厦门	亲子鉴定	免费
9	张某因车祸致伤的鉴定案	河南洛阳	伤残鉴定	免费
10	胡某因车祸致伤的鉴定案	安徽合肥	伤残鉴定	缓缴费用
11	凌某工伤鉴定案	安徽合肥	伤残鉴定	免费
12	刘某因车祸致伤的鉴定案	安徽合肥	伤残鉴定	不详

①张晓东：《讨薪被打　伤情鉴定费政府埋单》，载《法制日报》2006 年 9 月 28 日第 5 版；符毅武：《红安县首例司法鉴定援助案件成功调解结案》，载“湖北法制网”2007 年 6 月 15 日，http：//www. 124. gov. cn/2007-06/15/cms375387article. shtml；卢天娇：《厦门首例亲子鉴定类司法鉴定援助获认可》，载《厦门日报》2007 年 6 月 16 日。

②苏力：《制度是如何形成的》，北京大学出版社 2007 年版，第 36 页。

③［美］劳伦斯 · M. 弗里德曼：《法律制度——从社会科学角度观察》，李琼英、林欣译，中国政法大学出版社 2004 年版，第 14 页。

续表

案件编号	鉴定救助案例名称	地区	鉴定项目	费用的减免方式
13	马某因交通事故致伤鉴定案	安徽怀远	伤残鉴定	不详
14	檀某法医临床伤残等级鉴定案	安徽安庆	伤残鉴定	不详
15	陈某因工致伤的鉴定案	福建厦门	伤残鉴定	免费
16	雷某因工致伤的伤残鉴定案	福建厦门	伤残鉴定	免费
17	蔡某因车祸致伤鉴定案	广东东莞	伤残鉴定	减费
18	林某为确认户口的身份鉴定案	福建福州	亲子鉴定	免费
19	程某因车祸致伤的鉴定案	山东济宁	伤残鉴定	免费
20	张某因医疗纠纷产生的鉴定案	山东济宁	医疗事故鉴定	免费
21	李某帮人致伤鉴定案	湖北红安	伤残鉴定	免费
22	王某、黄某因被人打伤鉴定案	黑龙江鹤岗	伤残鉴定	免费
23	张某因民事纠纷的鉴定案	黑龙江鹤岗	不详	免费
24	姬某因工致残鉴定案	河北枣强	伤残鉴定	不详
25	魏某因邻里纠纷致伤鉴定案	河北安平县	伤残鉴定	减费
26	强某为确定身份产生的鉴定案	福建厦门	亲子鉴定	免费
27	张某因邻里纠纷致伤鉴定案	四川剑阁县	伤残鉴定	免费
28	陈某因车祸致伤鉴定案	吉林长春	伤残鉴定	减费
29	出租车肇事后的资产评估鉴定案	吉林通化	资产评估鉴定	免费
30	崔某因车祸致伤鉴定案	重庆石柱县	伤残鉴定	免费
31	张某被伤害鉴定案	福建漳州	伤残鉴定	免费
32	汪某因车祸致伤鉴定案	安徽太湖县	伤残鉴定	不详
33	周某工伤鉴定案	湖南怀化市	伤残鉴定	免费

上述33例案件较有地域代表性，分别涉及四川、山东、福建、安徽、广东等十几个省与直辖市。如前所述，四川、安徽、厦门、深圳、东莞、莆田、红安等省、市、县从2006年7月起至今，或迟或早颁布了司法鉴定救助的相关规范。因此，这些行政区域几乎都是鉴定救助制

度在实践中规范运作的主要领地，且制度相对系统、完善。

（2）笔者在调研过程中获取的浙江温州律证司法鉴定所2009年司法鉴定救助的统计数据（见表2）。虽然它们没有关于案情、受援人的家庭背景的记录，但在鉴定项目方面的描述较为具体，可以作为本书分析的另类样本，情况统计如下：

表2　温州律证司法鉴定所2009年度司法鉴定救助案件汇总

案件编号	委托单位	鉴定领域
1	温州法律援助中心	伤残等级鉴定
2	天白律所	伤残等级鉴定
3	鹿城区人民法院	伤残等级鉴定
4	温州法律援助中心	伤残等级鉴定
5	浙江瓯江律所	伤残等级、后续治疗费用、三期费用鉴定
6	温州法律援助中心	伤残等级鉴定
7	瑞安市人民法院	伤残等级鉴定、护理依赖、护理期限、康复费、后续治疗费
8	温州法律援助中心	伤残等级鉴定
9	瓯海区人民法院	后期治疗费用、三期费用鉴定
10	个人	医疗纠纷鉴定
11	永嘉县人民法院	伤残等级、护理期限、后续治疗费用鉴定
12	温州法律援助中心	三期费用鉴定
13	温州法律援助中心	伤残等级、护理期限、后续治疗费用鉴定
14	鹿城区人民法院	伤残等级、护理期限、后续治疗费用鉴定
15	温州法律援助中心	三期费用鉴定
16	鹿城区人民法院	伤残等级、护理期限、后续治疗费用鉴定
17	浙江天经律所	伤残等级、后续治疗费用、因果关系鉴定
18	平阳县人民法院	伤残等级、后续治疗费用鉴定

（3）部分司法行政机关与鉴定机构披露的统计数据。当然，任何实证研究的方法都会面临取样的数量及其分布的地域性问题，故为弥补上述研究样本的不足，笔者还收集了部分法律援助部门或鉴定机构对司

法鉴定救助案件的相关统计数据，如河南洛阳信谊法医临床司法鉴定所2006年、2007年的司法鉴定救助情况，四川达州市司法局2007年的统计数据，哈尔滨市司法局2009年、2010年的鉴定救助统计数据，安徽池州市司法局公布的2011年1~9月的鉴定救助统计数据……经典个案与数据统计之间可以相互印证。

当然，就实证研究的样本数量而言，虽然显得过少，但我们知道，任何一种研究方法都可能存在问题，无法规避“休谟问题”（即无法保障通过不完全归纳得出的结论的可靠性），我们无须求得最好，只求在前人的基础上有所进步。何况，实证研究的方法固然存在不可避免的缺陷，但正如王亚新教授所言：无论是有选择的样本抽取还是对关键个案的深入分析，我们这样的实证研究有些类似于在广阔的地面上分散地打钻抽取地底物质的样品，以便与关于广域地质构造的既存假说进行对照的过程。这种对照可能涉及两个方面的内容：一方面是使用调查取得的第一手材料来检验或修正相关的一般认识或主流话语的表述；另一方面则把这些一般的框架看作宏观层面的“结构”，而以通过调查了解到所谓的“实践”过程，即具体情境中实际的操作情况为基点，观察和分析两者之间相互规定和相互影响的动态过程。①

因而实证研究虽非完美，但结论若不过于武断，仍能引领我们窥视司法鉴定救助制度的堂奥，从而克服既有研究的泛泛而谈。②

二、司法鉴定救助实践运作分析

毋庸置疑，现代诉讼已经逐渐演变为科技在法律领域的殖民化进程，故其远非常人智识所能理解与支配。普通民众一旦或即将卷入诉讼，为维护自己的合法权益，必然会花费代价、耗费资源购买法律、科技专家的智识帮助，而这对部分弱势群体而言则不堪重负。因此，“无论审判怎样完美地实现正义，如果付出的代价过于昂贵，则人们往往只

---

①王亚新等：《法律程序运作的实证分析》，法律出版社2005年版，第5页。

②实质上，根据汉森伯格的不确定原理，因为观察本身改变了所研究的现象，所以物理学家研究的现象不能在“自然”状态中观察到。同样，对社会科学家而言，他们既是参与者又是分析者，因而同样不能进行客观的观察（参见［美］加里·S. 贝克尔：《人类行为的经济分析》，王业宇、陈琪译，上海三联、上海人民出版社2008年版，第15页）。就此而言，实证研究与其他研究方法之间并无多大本质上的差异，即不能否定其揭露真实信息的能力，尽管带有“方法论的偏见”。

能放弃通过审判实现正义的希望”。[①] 因此，国家对弱势群体进行法律（鉴定）援助就具有不可推卸之责。下面就以笔者收集的司法鉴定救助样本对其进行实证考察。

（一）实践中司法鉴定救助成规模运作的兴起

首先，表1所列的33则案件，涉及省份众多，如果结合材料2、材料3的情况以及笔者搜集的我国各省市公布的司法鉴定援助规范的文本情况则可以发现，司法鉴定救助从2006年开始多地区呈井喷状态。如表3所示，33则案件发生的时间均从2006年开始，仅就2006年和2007年两年看，就有超过一半的案件（倘若抛弃5则行政鉴定救助案件，事实依然如故）。司法鉴定救助全国多地域实践主要肇始于2006年，存在众多原因：首先，四川、安徽、福建、河南、湖北等地在2006年、2007年自主实行鉴定救助制度，尤其是前三个省份的司法行政部门出台了相应的司法鉴定救助的制度规范，在制度改革上具有继往开来之功。其次，2005年全国人大常委会出台《关于司法鉴定管理问题的决定》后，各地必须面对社会鉴定机构的市场化、侦查部门鉴定机构不能接受社会委托、法院撤销鉴定机构与弱势群体对司法鉴定需求强烈之间的矛盾。而在这之前，如下所述，职权性鉴定机构尤其是法院鉴定机构，部分承担了司法鉴定救助的角色。

表3　表1中28则案例的司法鉴定救助发生的时间段

	鉴定救助						司法鉴定救助					
时间段（年）	2006	2007	2008	2009	2010	2011	2006	2007	2008	2009	2010	2011
数量（个）	6	11	7	3	4	2	6	9	6	2	3	2

但应注意的是，司法鉴定救助在实践部门的探索与运用，时间却相对要提前。尽管四川省司法厅于2006年7月21日颁布了《四川省司法鉴定援助暂行办法》，且开国内之先河，然而司法鉴定救助在实践中的发生却由来已久。我们再简单重复征引前面述的几个证据：（1）四川省司法厅指出，自2000年司法鉴定体制改革以来，川内各级司法行政机关一直要求鉴定机构对经济困难的当事人减免鉴定费，仅2005年四

①[日] 棚濑孝雄：《纠纷的解决与审判制度》，王亚新译，中国政法大学出版社2004年版，第88页。

川省鉴定援助案件就达490件。[1]（2）从2003年4月1日起，辽宁葫芦岛市检察院与法律援助中心就开始对弱势群体无偿提供“法医、文痕检、司法会计和视听技术”的鉴定救助服务了。[2]（3）2002年1月14日国家计委办公厅在给最高人民法院办公厅《关于最高人民法院司法鉴定服务中心司法鉴定服务收费标准有关问题的复函》中规定，当事人交纳司法鉴定费用确有困难的，可以提出书面申请及相关证明材料，经最高人民法院司法鉴定中心审查，参照最高人民法院《关于对经济确有困难的当事人予以救助的规定》给予减收或免收鉴定费用。在其执行3年后，却因法院撤销鉴定机构而作罢。（4）2004年9月6日，司法部、民政部、财政部等9个部门联合下发了《关于贯彻落实〈法律援助条例〉切实解决困难群众打官司难问题的意见》，其中第6条就作了如下规定：“加强法律援助机构与有关鉴定机构的沟通与协调，减免收取或缓收法律援助案件的相关鉴定费用。”

尽管如此，鉴定救助个案的批量产生与初次报道、多区域性的展开，却在2006年之后。原因在于：第一，2006年之前的司法鉴定救助主要集中在四川省或集中在特定部门（如法院），且并不显著；第二，2006年之前并未出现专门的地方性司法行政部门关于司法鉴定救助的规范性文件，鉴定救助只是类比法律援助，而恰恰在此之后，各地此起彼伏的立法活动说明了司法鉴定救助已经成为实践中必须面对的问题；第三，司法鉴定救助案例涉及地域广，且按照媒体的报道，这些案例大多是当地的首例救助案例；第四，为什么此前较少或基本没有相关鉴定救助案例的报道，而恰在2006年之后成为媒体的宠儿，这说明以前尽管存在鉴定救助，但并不意味着其数量非常可观，也并不普遍（四川可能除外）；第五，还有一个必须提及的事实，在司法鉴定市场化之前，无论是官方鉴定机构还是其他鉴定机构收取的鉴定费用都较少，不像当前数量之巨。就此而言，我们认为司法鉴定救助制度主要在《决定》出台后的2006年及其之后开始在各地逐渐实施。

当然，最直接的证据还是司法部司法鉴定管理局从2009年之后开

①张晓东：《四川省首创司法鉴定援助制度　费用纳入法援开支》，载《法制日报》2006年8月4日第5版。

②冯玉兴：《葫芦岛司法鉴定无偿援助弱者　开辽宁先河》，载《辽宁晚报》2003年3月31日。

始，不断更新的全国司法鉴定救助案件的数据：（1）2012 年全国司法鉴定法律援助检案数量为 29255 件，其中司法鉴定法律援助数量较多的为河南省（9738 件）、云南省（3233 件），超过千件的有 7 个省份，分别为湖南、四川、陕西、山东、辽宁、江苏、湖北。①（2）2011 年全国法律援助司法鉴定检案数量为 29145 件，比上年增长 52.3%，其中司法鉴定法律援助检案数量最多的为河南省（6417 件），司法鉴定法律援助检案数量超过千件的依次为上海、云南、四川、山东、湖南、贵州 6 个省（市）。②（3）2010 年全国法律援助司法鉴定检案数量为 19090 件，其中援助鉴定检案数量最多的为河南省（4350 件），援助鉴定检案超过千件的省份为河南、云南、湖南、四川、山东、江苏、湖北。③（4）2009 年全国法律援助司法鉴定检案数量为 17958 件，其中援助鉴定检案最多的为河南省（2789 件），援助鉴定检案超过千件的省份为河南、云南、四川、上海、山东、湖南、江苏、湖北。④

司法部的数据说明，全国近年的司法鉴定救助案件数大幅度上升，与 2006 年以前形成鲜明对比。但同时也说明，全国司法鉴定救助的发展极其不平衡，一些省份承担了大量的鉴定救助案件。⑤

（二）司法鉴定救助涉及的相关诉讼类型及诉讼阶段分析

我国鉴定救助领域主要包含司法鉴定救助、行政执法性鉴定救助以及仲裁性鉴定救助。但作为解决民事、行政纠纷的民事、行政诉讼与国家垄断的刑事纠纷解决机制，司法领域的鉴定救助更成为重中之重。本书中表 1 收集的 28 例（除去案例 1、5、8、18、26 这 5 例行政执法性鉴定救助案例外）案件与表 2 温州律证司法鉴定所 2009 年进行鉴定救助的 18 件案件均是司法鉴定救助。

---

①李禹、党凌云：《2012 年度全国司法鉴定情况统计分析》，载《中国司法鉴定》2013 年第 4 期，第 112 页。

②李禹、党凌云：《2011 年度全国法医类、物证类、声像资料类司法鉴定情况统计分析》，载《中国司法鉴定》2012 年第 3 期，第 126 页。

③李禹、陈璐：《2010 年度全国法医类、物证类、声像资料类司法鉴定情况统计分析》，载《中国司法鉴定》2011 年第 4 期，第 126 页。

④李禹、王奕森：《2009 年度全国“三大类”司法鉴定情况统计分析》，载《中国司法鉴定》2010 年第 4 期，第 10 页。

⑤特别遗憾的是，笔者并没有收集到河南、湖南、辽宁、陕西等地的司法鉴定救助规则，应该说，这些地方每年的鉴定救助案件达到 1000 件以上，特别是河南的数量历年最多，这些地方应该会出台相应规范。这只有留待将来进一步研究。

而令人惊异的是，司法鉴定救助的两类样本中的案件，无一例外地发生在民事诉讼领域。同时，哈尔滨市司法局（2009年）、池州市司法局、达州市司法局、合肥市司法局公布的统计数据共同显示，司法鉴定救助仍是以伤残鉴定为主的民事鉴定救助。至于行政与刑事诉讼领域的鉴定救助，则几乎没有发生。当然，哈尔滨2010年的司法鉴定救助案件统计情况表明，在其全年的15个案件中，有3个案件涉及被害人的损伤程度与损伤原因鉴定，根据案情与当事人情况分析，此3个案件基本是刑事自诉而非公诉案件。①

就司法鉴定救助发生的阶段而言，抛开不能确定的2例个案，表4的数据显示诉前进行的鉴定救助最多，达到了16例；诉讼中的鉴定救助达到了9例。而在表2中，诉前鉴定救助与诉讼中鉴定救助均较多，比例为2∶1，没有其他类型的鉴定救助。当然，实践中偶尔亦会发生在整个诉讼程序结束之后，当事人仍一度寻求鉴定救助的案例（即诉讼外的鉴定救助），② 其目的同诉前鉴定救助：重新或再次启动诉讼程序。但这种鉴定救助一般较少发生，除非此前诉讼程序中存在几家鉴定机构不同的鉴定意见，并直接影响案件的判决结果，且当事人对判决不服，继续申诉并长期四处上访。

---

①韩焱：《司法鉴定救助制度实务研究》，黑龙江大学2012年硕士论文，第9~10页。

②剑阁县某村的村民张某2002年因邻里纠纷被人打伤，她要求追究打人者的刑事责任并赔偿其经济损失。张某先后在省内几家鉴定机构和单位做了六次鉴定，其结论不尽相同，直接影响了案件的判决结果。此案已经两级法院审结，张某对判决不服，继续申诉并长期四处上访。广元利州司法鉴定中心接到上级部门转来张某一案，要求对张某的伤情、伤残鉴定事宜提供咨询意见。中心先后四次组织资深鉴定人员和相关医学专家对张某的伤情和伤残情况进行全面的研究分析，在办理过程中，鉴于张某几年来为治疗耗费了钱财，经济困难，加上行动不便，中心不仅未收取任何费用，还安排专人陪同张某前往医院进行相关检查，并为其先行垫付了检查费用，张某对此非常感激。参见秦正茂：《帮贫困者抓住胜诉机会　我市法律援助延伸到司法鉴定领域》，载《广元日报》2006年8月22日第5版。

表4　表1中28则司法鉴定救助案例发生的领域与阶段

	司法鉴定救助发生的诉讼领域			司法鉴定救助发生的诉讼阶段			
类型	民事诉讼	刑事诉讼	行政诉讼	诉前阶段	诉讼运作阶段	诉讼外阶段①	不能确定
数量（个）	28	0	0	16	9	1	2

（三）司法鉴定救助的案件类型与鉴定项目

表1的28则司法鉴定救助案件，绝大多数都是法医类鉴定援助，尤其是伤残鉴定达25则之多。另外，28则案件中，最多的是由于交通事故或肇事产生的鉴定援助，因工伤或斗殴导致的鉴定援助相对也较多（见表5）。而表2温州律证司法鉴定所2009年统计的18则救助案件中，15则直接涉及伤残等级鉴定（有些附带后续治疗费等其他鉴定项目），2则涉及伤残鉴定中的三期治疗费用，故伤残等级鉴定同样是司法鉴定救助中的主要类型。

表5　表1中28则司法鉴定救助案例的类型与鉴定项目

	涉案类型			鉴定项目			
	交通事故或肇事	工伤	其他	伤残鉴定	医疗事故鉴定	资产评估鉴定	不详
数量（个）	13	6	9	25	1	1	1

当然，上述结论也可以从材料三的一些实证数据得到印证。例如，2009年哈尔滨市属管理的“三大类”司法鉴定机构从事的鉴定援助，法医临床21起、占50%，交通事故安全技术及车辆鉴定19起、占45%，文字检验和痕迹检验各1起。同样，2010年哈尔滨市司法鉴定救助涉及的鉴定项目也主要是两大类：一是法医临床类，占61.5%，具体包括：伤残等级、损伤因果关系、医疗终结时间、后续治疗费用、残具费用、护理时间及人员等；二是交通类，占38.5%，具体包括车辆痕

①所谓诉讼外鉴定，是指诉讼程序已经结束，但相关当事人仍然寻求再次鉴定；而诉讼外鉴定救助，即是在此阶段发生的鉴定救助。

迹、安全技术、车辆属性、载质量及车辆速度等。[①] 这一现象直接反映出了社会弱势群体在与日常生活相关的伤害赔偿和交通肇事中对司法鉴定有较大的被救助需求。[②] 同时，四川达州市 2007 年进行的 872 件司法鉴定援助案件，也主要集中为工伤赔偿、交通事故人身损害赔偿等。[③] 当然，实践中也出现了医疗事故纠纷的鉴定和资产评估鉴定，但较少。至于单纯的物证类与文书类司法鉴定救助，比例更低，而音像类鉴定救助几乎没有，至少到目前为止笔者收集的资料中还未有反映。[④] 由此可见，司法鉴定救助主要涉及的是由交通事故、工伤或斗殴等引发的索取人身伤害赔偿、医疗费用的伤残等级及后续治疗费用的法医类鉴定。

（四）司法鉴定救助的对象及其减免费用方式

根据目前一些省、市、县公布的相关规范，实践中司法鉴定的救助的对象主要是两类：（1）刑事诉讼中的残疾、未成年或可能被判处死刑的被告人；（2）请求给付赡养费、抚养费、劳动报酬、工伤赔偿、人身伤害赔偿等的个人。同时，申请司法鉴定救助的事由一般必须是发生在本行政区域内，属于该地人民法院管辖；且申请者须有证据证明有必要进行司法鉴定援助，并证明确因经济困难而无力支付全部或部分司法鉴定费用。当然，一般而言他们都是经济困难的人群，多数是农民与农民工。[⑤]

然而，司法鉴定救助实践中大多只是对上述对象（2）进行了鉴定救助，而很少发生过对第（1）类对象的鉴定救助。因为，目前司法鉴定救助的对象主要是申请交通事故人身伤害赔偿与工伤赔偿的民事诉讼中的自然人；而且，申请人确实主要是农民或农民工或下岗职工。如表 6 所示，表 1 收集的 28 则案件中的 22 例被援人都是农民或农民工以及无经济来源且家庭经济困难的未成年人。表 2 温州律证司法鉴定所的调

---

①韩焱：《司法鉴定救助制度实务研究》，黑龙江大学 2012 年硕士论文，第 10 页。

②曲鸫旭、所双雨：《哈尔滨市司法局为弱势群体减免司法鉴定费用 34530 元》，载“东北网”2009 年 12 月 3 日，http://palj.dbw.cn/system/2009/12/01/052244860.shtml。

③参见达州市政府信息：《达州市司法鉴定援助成为社会弱势群体的爱心工程》，2008 年 1 月 28 日，http://www.sc.gov.cn/zwgk/zwdt/szdt/200801/t20080128_247848.shtml。

④但笔者所在的鉴定中心文书检验方面的鉴定救助比较多，这可能与本中心主要受理文检鉴定的数量相关。

⑤详细情况参见巢湖市司法局 2009 年 4 月公布的《巢湖市司法鉴定援助暂行办法》、2006 年 7 月四川省司法厅公布的《四川省司法厅司法鉴定援助暂行办法》。

研表明，司法鉴定救助的救助对象主要是农民工与低收入群体。

其他地方的救助实践也基本相同。例如，四川达州市自2001年至2007年，全市4个司法鉴定机构共办理943件鉴定援助案件，接受援助的对象主要是农民工，占案件总数的85%以上。① 2010年哈尔滨市司法鉴定救助的对象主要是残疾人、农民工、低保户、儿童、交通事故受害人等，具体原因包括经济状况存在实际困难、受害人死亡、犯罪嫌疑人无力赔偿、交通事故逃逸、死亡事故中死者家属无力支付等。② 吉林长春、河南洛阳（包括哈尔滨2009年的救助情况）同样表明，实践中救助对象集中在农民工、低保户、下岗职工，当然还包括残疾人、儿童、交通事故受害人、妇女、下岗职工，甚至监狱服刑人员。③

表6 表1中28则司法鉴定救助案例的救助对象及其费用减免方式

	司法鉴定的救助对象			司法鉴定救助的费用减免方式			
类型	农民	农民工	不详	免费	减费	缓交费用	不祥
数量（个）	15	7	6	20	4	1	3

由于社会型鉴定机构具有营利性，且自负盈亏，故纵然要求他们承担救助义务，但鉴定毕竟是损耗设备、占用鉴定人工作时间的事务，适当的补助是必要的。目前，司法鉴定救助主要还是国家的责任，事实上部分地区的法律援助基金中都有司法鉴定救助的专项专款，作为为鉴定机构与鉴定人提供鉴定救助的补助资金。不过，部分省市关于鉴定救助的相关规范，一般都规定若申请人胜诉，应向鉴定机构补交实际需交纳的鉴定费；受援人败诉，交纳鉴定费确有困难的，由指派该鉴定事项的

---

①参见达州市政府信息：《达州市司法鉴定援助成为社会弱势群体的爱心工程》，2008年1月28日，http：//www. sc. gov. cn/zwgk/zwdt/szdt/200801/t20080128_ 247848. shtml。

②韩焱：《司法鉴定救助制度实务研究》，黑龙江大学2012年硕士论文，第10页。

③这种分类方式并不科学，但都涉及农民与农民工。参见曲鸫旭、所双雨：《哈尔滨市司法局为弱势群体减免司法鉴定费用34530元》，载"东北网"2009年12月3日，http：//palj. dbw. cn/system/2009/12/01/052244860. shtml。参见河南司法鉴定网：《洛阳信谊法医临床司法鉴定所，积极开展司法鉴定法律援助工作》，http：//www. hnsfjd. gov. cn/newsshow. aspx? id=612；参见长春市政府：《长春市司法鉴定机构积极为势群体提供法律援助》，2007年11月22日，http：//www. jl. gov. cn/zwxx/zwhd/qsgd/200711/t20071122_ 330744. htm。

法律援助机构向鉴定机构支付相关鉴定费。[①]

表1获取的28例案件表明，除鉴定费用减免方式无法确定的外，绝大部分鉴定援助都是免费进行的；少部分是减费鉴定，且减免幅度非常大。哈尔滨市6家鉴定机构在2009年办理的42起司法鉴定救助案件中，本应收取费用总额62780元，但实际收取费用总额却为28250元，共减免34530元，减免比例达到55%。其中，减免费用比例达50%以上的案件25起，占总数的59.5%；涉及免收司法鉴定费用的案件共19起，达45.2%，免收费用16130元。[②] 同样，在2010年哈尔滨市办理的司法鉴定救助案件中，应收取费用总额达64990元，实际收取费用总额为28500元，共减免36490元，减免比例达56.1%。其中，减免一半以上费用的案件21起，占总数的65.6%；涉及免收司法鉴定费用的案件19起，占所有案件的59.4%，共免收费用25890元，占全部减免费用的71%。[③] 而河南洛阳信谊法医临床司法鉴定所的减免费用幅度更大，据统计，2006年其为困难当事人无偿鉴定89例，免26700元；2007年无偿出具鉴定书161份，免48300元；2008年上半年，无偿出具鉴定书60份，免18000元。其在仅仅两年多时间，无偿鉴定310份，出具标准鉴定书310份，共免93000元。[④] 由此可见，实践中，司法鉴定机构主要采取减免费用，尤其是免费的鉴定救助方式。[⑤] 有意思的是，许多减免鉴定费的主张几乎都是鉴定机构主动提出的，且无明确证据表明司法鉴定援助管理机构向提供救助的鉴定机构补偿费用。

（五）司法鉴定救助的启动方式

司法鉴定救助的启动方式，即鉴定救助最初是通过何种渠道导入的。其方式大概有以下几种：个体向有关部门申请（向公安司法机关、鉴定机构与法律援助机构）、公安司法机关主导（主动向法律援助机构

---

①例如，福建福州《关于司法鉴定机构减免或缓收法律援助案件相关鉴定费用的通知》、《四川省司法厅司法鉴定援助暂行办法》等相关条款的规定。然而事实上，这一规定的前半部分基本都被架空，一者受援人胜诉后缴纳鉴定费仍显捉襟见肘；二者大部分受援人是农民工或流动人口，诉讼终结后人已不知去向。

②曲鸫旭、所双雨：《哈尔滨市司法局为弱势群体减免司法鉴定费用34530元》，载“东北网”2009年12月3日，http：//palj. dbw. cn/system/2009/12/01/052244860. shtml。

③韩焱：《司法鉴定救助制度实务研究》，黑龙江大学2012年硕士论文，第10页。

④参见河南司法鉴定网：《洛阳信谊法医临床司法鉴定所积极开展司法鉴定法律援助工作》，http：//www. hnsfjd. gov. cn/newsshow. aspx？ id=612。

⑤笔者所在鉴定机构主要采用为减免部分费用的鉴定救助方式。

移交或与鉴定机构协商）、法律援助机构主动、司法鉴定机构主动。

由表 7 可见，13 例案件是弱势群体直接向法律援助部门申请，由后者处理、决定鉴定救助的事项；鉴定机构主动向有关人员给予鉴定援助的共 8 例；法律援助部门主动为当事人提供司法鉴定救助的有 2 例，比较少。公安司法机关也较少主动启动鉴定救助，申请人也没有向公安司法机关提出鉴定救助的申请，且检察院和法院分别都只启动了 1 次司法鉴定救助，而公安机关根本就没有启动过司法鉴定救助。当然，就实际情况而言，申请人主要与法律援助部门和司法鉴定机构发生鉴定救助关系，分别达到了 12 起与 11 起，这说明法律援助机构与司法鉴定机构在司法鉴定救助中作用显著。

表 7　表 1 中 28 则司法鉴定救助案例的启动方式

<table>
<tr><th></th><th colspan="3">个体申请</th><th colspan="3">公安司法机关主导</th><th>法律援助机构主动</th><th>司法鉴定机构主动</th><th>不详</th></tr>
<tr><td rowspan="3">数量（个）</td><td rowspan="3">13</td><td>向鉴定机构申请</td><td>3</td><td rowspan="3">2</td><td>法院</td><td>1</td><td rowspan="3">2</td><td rowspan="3">8</td><td rowspan="3">3</td></tr>
<tr><td>向法律援助机构申请</td><td>10</td><td>检察院</td><td>1</td></tr>
<tr><td>向公安司法机关申请</td><td>0</td><td>公安机关</td><td>0</td></tr>
</table>

但在表 8 温州律证司法鉴定所 2009 年统计的 18 例鉴定援助案件中，直接与鉴定机构发生关系的有 7 例由法律援助中心委托、7 例由法院委托、3 例由律师事务所委托、1 例由个人委托。当然，因为信息的不完整，我们无法知道鉴定援助最初的启动方式（如法院是主动介入还是受援人的申请）。

表 8　表 2 中温州律证司法鉴定所 18 则司法鉴定救助案例的委托单位

委托单位	法律援助中心	法院	律所	个人
数量（个）	7	7	3	1

尽管前面的实证研究反映出各地鉴定救助启动方式存在多样性，不

过仍然可见，法律援助机构在启动司法鉴定救助时的作用重大。[①] 至于温州法院在启动鉴定救助中的能动作用，则与该地司法鉴定救助制度尚未成型以及司法鉴定救助经费的特殊性相关。而个人或律所启动鉴定救助，一般都是向法律援助机构申请。司法鉴定机构主动为弱势群体提供鉴定救助，显示了其公益性责任。

（六）承担鉴定救助责任的鉴定机构性质

目前，国内提供司法鉴定救助的义务主体基本上是三大类（法医、物证与声像类）社会鉴定机构，这与2005年《全国人大常委会关于司法鉴定管理问题的决定》相一致。法院鉴定机构的撤销，导致其自2002年实施的减免相关当事人鉴定费的规定自动失效。而侦查机关的鉴定，不再面向社会服务，且其鉴定机构与鉴定人只需向司法行政部门备案，故后者对其管理进而要求其进行鉴定援助相对困难。例如，2010年哈尔滨市开展司法鉴定救助工作的鉴定机构全部为“三大类”司法鉴定机构，占全市“三大类”司法鉴定机构的55.6%。这表明，“三大类”司法鉴定机构仍是当前及今后一段时间内司法鉴定救助活动开展的主要载体。[②] 同时，实践中，“三大类”社会鉴定机构的主要类别是法医类鉴定机构，[③] 故进而可以推论，司法鉴定救助又表现为以法医类鉴定机构的救助为主。

不过，随着部分地方司法行政机关已经逐步吸收“三大类”之外的鉴定机构，今后承担司法鉴定救助的主体范围可能会进一步扩大。[④] 而且，实践中，确实有一些不属于司法行政机关管理的鉴定机构也在提

①笔者所在鉴定机构几乎都是当事人直接向鉴定机构提出减免鉴定费用。当事人与鉴定机构之间如同市场买卖砍价。其原因在于：一是鉴定中心不愿走烦琐的鉴定援助程序；二是案件已经受理，虽然少收部分鉴定费，总比不收或者直接退案好。

②韩焱：《司法鉴定救助制度实务研究》，黑龙江大学2012年硕士论文，第10页。

③如甘肃省截至2007年年底，共有23所司法鉴定机构，其中从事法医类鉴定的有17所，占全部鉴定机构的74.6%，从业人数282人，占全部鉴定人数的82%。参见沙万中、贾宗平、朱祯学：《甘肃省司法鉴定现状及问题研究》，载《西部法学评论》2009年第1期，第144页。在重庆市司法局官方网站公布的三大类鉴定机构中，法医类鉴定居于绝对主导地位。参见重庆司法局网站，http：//www.sfjd.gov.cn/sfjd/doc/jdmc.doc。

④而截至2012年年底，全国经省级司法行政机关审核登记的知识产权、司法会计、建设工程、产品质量、价格类、文物类、涉农类等其他鉴定机构已经达到2456家。这种势头还在增长。参见李禹、党凌云：《2012年度全国司法鉴定情况统计分析》，载《中国司法鉴定》2013年第4期，第112页。

供鉴定救助服务。例如，前述案例20、案例21显示，价格认证中心为当事人减免鉴定费。何况，一些地方的物价鉴定中心或价格认证中心甚至专门出台了该领域的司法鉴定救助规范，为贫困当事人提供鉴定救助，如山东潍坊市潍城区价格认证中心2009年出台的《潍坊市潍城区价格认证中心价格鉴定援助制度》、山东邹平物价局2010年颁布的《物价局价格鉴定援助制度》以及江苏如皋市价格认证中心制定的价格鉴定救助制度等。①

三、司法鉴定救助运作机制的初步阐释

经过前面颇为繁复的实证考察，笔者认为我国司法鉴定救助呈现出以下特征：第一，司法鉴定救助尽管在2006年以前在部分省市曾经运作，但远不如此后大多数地区此起彼伏的救助规范与实践；② 第二，司法鉴定救助几乎都发生在民事诉讼领域，较少发生于刑事自诉案件或刑事附带民事案件中，且民事诉前鉴定救助居于主导地位；第三，司法鉴定救助多以交通肇事、工伤等引起的伤残等级鉴定为主，其目的大多是获得人身伤害赔偿与医疗费用；第四，司法鉴定救助的对象目前是自然人，且主要以弱势群体中的农民或农民工为主；第五，司法鉴定救助的最初展开，法律援助机构与司法鉴定机构在很大程度上起着重要作用。面对司法鉴定救助在实践运作中表现出的这些特征，我们必须对其运作机制进行深度的阐释与理解，并评价其优劣。

（一）司法鉴定救助不断兴起的宏观背景阐释

近年司法鉴定领域具有突破性的制度变革，是全国人大常委会2005年2月28日颁布并于当年10月1日实施的《全国人大常委会关于司法鉴定管理问题的决定》（以下简称《决定》）。《决定》主旨是建立统一的司法鉴定管理体制，撤销人民法院与司法行政部门的鉴定机

---

①如皋市价格认证中心本着“以人为本，服务社会”的宗旨，针对部分社会弱势群体在民事诉讼及价格认证、车辆定损过程中无力交纳价格鉴定费用的实际情况，建立了“为百姓解难，为政府解忧”的价格鉴定援助制度。截至2011年5月，价格鉴定援助60多人次，减免和免交价格鉴定费用4万多元。通过这项制度的落实，有效地维护了经济困难当事人的合法权益。参见南通市物价局网站《如皋市价格认证中心价格鉴定援助制度收好评》，http://www.ntwj.gov.cn/zwgk.asp? Action=Details&ID=8951。

②笔者的初步考察分析发现，几乎大部分我国的省、直辖市近年都已经或着手运作司法鉴定救助制度，尽管不同地区采取的立法方式、规模效应不同。

构，禁止侦查机关的鉴定机构面向社会接受委托、从事司法鉴定业务。而如前所述，从2002年1月14日起，相关文件就规定当事人因交纳司法鉴定费用确有困难的，可以提出书面申请及相关证明材料，人民法院审查后，可以减收或免收鉴定费用。事实上，这在很大程度上缓解了部分当事人在诉讼中因无力给付鉴定费而导致的无法举证问题。但是，2005年《决定》的公布与实施，切断了弱势当事人于此的救助途径。同时，由于我国经济发展不平衡导致的贫富差距加大、人口流动性的加剧以及民众法律意识的增强，多年来通过诉讼渠道解决纠纷的人群逐年递增。[①] 而在各类诉讼中，司法鉴定的运用逐步增多，以刑事诉讼为例，90%的案件都涉及司法鉴定。[②] 而在涉讼的当事人中，农民工或其他弱势群体亦越来越多。故在既有法定司法鉴定救助途径被封闭，需要救助的人群却不减反增的情况下，有必要寻找新的替代性制度解决机制。

实际上，在《决定》实施前后，实践中实施司法鉴定救助的部分条件已具备。

首先，我国法律援助制度已实施数年，[③] 积累了较多的成功经验；同时，相关部门与人员在法律援助过程中发现，对弱势人群的救助，应不仅限于法律知识。众所周知，司法鉴定救助与狭义的法律援助具有同质性，其援助对象、程序、经费保障大致相同。故而实践中，司法鉴定救助大多归司法行政部门的法律援助机构管理。这就使该制度具有建立的便利性、运作成本的简约性，而其合法性亦无须大费周章的论证。且加之法律援助与司法鉴定救助往往需同案进行，从而使得无论申请人抑或管理机构的审查都相对快捷。这亦证明，建立一个与已有类似制度相

---

①例如，2009年最高人民法院受理案件13318件，审结11749件，同比分别上升26.2%和52.1%；地方各级人民法院受理案件1137万余件，审执结1054万余件，结案标的额16707亿元，同比分别上升6.3%、7.2%和16.4%（参见王胜俊：《最高人民法院2010年工作报告》，http://baike.baidu.com/view/3378514.htm）；2008年最高人民法院受理案件10553件，审结7725件，同比分别上升29.53%和24.20%；全国各级法院受理案件10711275件，审结、执结9839358件，同比分别上升10.91%和11.17%（参见王胜俊：《最高人民法院2009年工作报告》，http://www.court.gov.cn/qwfb/gzbg/201001/t20100131_950.htm）。

②牛同奎、赵志刚：《论司法鉴定》，载“河南法院网”2003年6月2日。

③我国法律援助制度始建于1994年，国务院于2003年7月21日颁布了《法律援助条例》，从立法上推进了法律援助工作的进程。其第8条规定：国家支持和鼓励社会团体、事业单位等社会组织利用自身资源为经济困难的公民提供法律援助。

同的，实践中又必须行之有效的法律制度，或许是当前我国司法改革的捷径。

其次，2005 年《决定》颁布之后，部分省、市、县根据过去零星司法鉴定救助的需求与实践经验，分别颁布了各种规范鉴定救助的规则，成功地推动了鉴定救助活动的有序展开。面临司法实践中许多弱势群体对鉴定救助的迫切需求，逐步建立并规范鉴定救助制度理所当然。因为作为一种制度，鉴定救助规范制约着法律援助机构与司法鉴定机构可能采取的机会主义行为（即以无法律规范而拒绝救助），从而推卸本应承担的鉴定救助责任。同时，制度的建立，能够减少受援群体与鉴定机构或法律援助机构的交流成本，① 避免弱势群体求援无门或救济通道不顺畅的情况。且鉴定救助规则的公布，便利于社会知晓，鼓励民众参与，其相对稳定性亦有利于传播与交流，并形成一种可预见性，符合条件的弱势群体可以根据规范较为便利地申请司法鉴定救助。

再次，社会鉴定机构的当前现状在一定程度上能够满足部分鉴定救助的条件。2005 年《决定》公布之后，社会型鉴定机构如雨后春笋般涌现，且发展势头较快。据司法部司法鉴定管理局统计：2005 年，除西藏自治区外，全国审核登记的法医类、物证类、声像资料类（含计算机司法鉴定、电子物证司法鉴定）司法鉴定机构共 1385 个，至 2006 年年底增至 1772 个，增长率为 27.9%；执业司法鉴定人共 17692 人，至 2006 年年底增至 22601 人，增长率为 27.7%。② 截至 2012 年年底，全国经省级司法行政机关审核登记的司法鉴定机构已经达到 4833 家，其中法医类、物证类、声像资料类、计算机鉴定、电子数据鉴定机构 2377 家，知识产权、司法会计、建设工程、产品质量、价格类、文物类、涉农类等其他鉴定机构 2456 家；经各省级司法行政机关审核登记的司法鉴定人共计 54220 人。③ 从各省市来看，除少部分地区外，都出现了社会鉴定机构的较快增长。如截至 2008 年中旬，就连鉴定机构最少的新疆地区，全区共审核登记司法鉴定机构也达到了 67 家，其中

①制度的功用，可以参见［德］柯武刚、史漫飞：《制度经济学》，韩朝华译，商务印书馆 2000 年版，第 33 页。

②杜萌：《司法部：针对司法鉴定机构和人员投诉 50%属实》，载《法制日报》2007 年 11 月 9 日。

③李禹、党凌云：《2012 年度全国司法鉴定情况统计分析》，载《中国司法鉴定》2013 年第 4 期，第 112~113 页。

“三大类”司法鉴定机构 27 家；司法鉴定机构已经覆盖全区 14 个地、州、市，覆盖率达 86%；司法鉴定人 854 人。[①] 由此可见，社会型鉴定机构的快速增长，在一定程度上能够提供大量的鉴定救助服务。

更何况，社会鉴定机构在日常的竞争中，为了获取本地区的鉴定资源，创造自己的品牌与信誉，也有动力进行鉴定救助，协调与司法行政部门的关系，为自己争取社会资本，[②] 并最终获取经济资本，尤其对于处于初创阶段的鉴定机构。而对于已经运作数年的鉴定机构，自身相对较有实力，提供鉴定救助，不仅能凸显其公益性，且可以作为自己日常宣传的资源。正是基于这些理由，我们才可以在实践中频频看到，一些鉴定机构一经当事人申请，即为其提供鉴定救助，甚至还主动上门为相关人员提供鉴定救助。[③]

因此，我们虽然不否认鉴定机构提供鉴定救助可能是其主动承担社会责任，实现其公益性义务，或者是基于司法行政部门的压力，但亦应认识到，鉴定机构减免鉴定费用，其实质或许是一种高超的广告艺术，一种自我品牌的宣传。因此，或许我们可以解释，为什么司法鉴定机构在其宣传中，往往都提到其鉴定意见的高采信率。如山东济宁司法局统计，2009 年第一季度司法鉴定机构提供的 12 例鉴定援助，其鉴定意见的采信率达 100%；[④] 吉林长春市 2007 年以来为 190 名弱势群体提供的

①周卫：《新疆司法鉴定机构覆盖 14 个地州市》，载《新疆日报》2008 年 6 月 25 日，http://www.wlmqwb.com/2852/200806/t20080625_98708.shtml。

②社会资本是法国著名社会学家布尔迪厄提出的，其意指借助于所占有的持续性社会关系而把握社会资源或财富。一个特殊的社会行动者，所掌握的社会资本的容量，决定于他实际上能动员起来的那个社会联络网的幅度。参见高宣扬：《布迪厄的社会理论》，同济大学出版社 2004 年版，第 250 页。

③如山东莱芜市人民医院 2007 年以来，其伤残司法鉴定所有针对性地开展便民利民实践活动，对伤残程度较重、行动确有困难的当事人，积极组织鉴定人上门鉴定。对个别确有经济困难的病、伤、残鉴定人，尽量减收或免收鉴定费用，实施鉴定援助。莱芜市弘正司法鉴定所为农民工提供伤残鉴定及为老人、妇女儿童提供维护合法权益的鉴定，开辟绿色通道，简化受理程序，实施司法鉴定援助，减免鉴定费用。2007 年以来，莱芜市各司法鉴定机构共上门服务 40 多次，减收或免收鉴定费 50 余人次、30000 余元。参见郭兆旭：《司法鉴定机构“爱心工程”援助弱势群体》，载《莱芜日报》2008 年 3 月 4 日。

④参见济宁市司法局：《市局积极为弱势群体提供司法鉴定援助》，2009 年 5 月 20 日，http://www.jnsfxzw.gov.cn/shiju/news/0010000000/2009/6/22/20090622052116.htm。

鉴定援助，其鉴定意见采信率达98%。[1]

（二）司法鉴定救助运作实践的微观阐释

分析了鉴定救助兴起的宏观背景，还需进一步阐释其运作特征的微观原因。

第一，如前所述，当前司法鉴定救助实践主要发生在民事领域，其原因大致如下：民事鉴定一般由申请者自己承担鉴定费，而在刑事诉讼中鉴定主要由国家公安司法机关进行。为了起诉或者维护自己的民事权益，在必要时，申请者大都需要提供司法鉴定意见作为证据，且因法院职权主义的削弱，法官较少主动启动鉴定，这必然意味着申请者须承担鉴定费用。尽管在民事诉讼中当事人没有鉴定启动权，但因鉴定费由申请人承担，故在一般情况下，其鉴定申请都会获得法官的许可。于是，若当事人因经济困难或其他原因而无法给付鉴定费，但起诉或审判又必须有鉴定证据的支持时，鉴定救助在民事领域中大量兴起就是情理之中的现象了。而刑事诉讼与此稍有不同，无论是侦查终结、起诉与审判，都必须达到事实清楚、证据充分的高证明标准，若存在需要用到专门知识的场合，侦控方具有鉴定的激励，且本部门具有鉴定机构以提供鉴定意见的便利，即便需要委托其他鉴定机构从事鉴定，亦有国家财力的支持。当然，这并不意味着刑事诉讼中的当事人不申请鉴定或重新鉴定，而是司法机关作为正义的守护者，尽管时常暴露出一些鉴定不公，但相对而言，其鉴定意见还是比较可靠的，较少受到当事人尤其是被告方的挑战。[2] 何况，即便当事人申请重新鉴定，社会鉴定机构亦很难获取鉴定资料，[3] 且在起诉前它们受侦控机关而非当事人的委托。

再者，刑事诉讼证据相对较多，鉴定意见在大多数案件中往往无法单独确定案件事实的真伪。故即便是当事人申请启动重新鉴定，其鉴定意见也未必能对法官心证产生影响，尤其是在我国刑事法官判定事实的

---

①参见长春市政府：《长春市司法鉴定机构积极为势群体提供法律援助》，2007年11月22日，http：//www.jl.gov.cn/zwxx/zwhd/qsgd/200711/t20071122_330744.htm。

②在笔者为研究法官证据调查权而收集的大量案例表明，实践中被告较少对控方鉴定意见存在争论。这是因为，一方面，鉴定人不出庭，无法有效质疑；另一方面，绝大部分案件事实清楚，被告方有意见的量刑部分，很多与鉴定无关。

③如在湖南黄静案件中，被害人方申请的重新鉴定基本上都无法获得鉴定检材。

“印证制度”① 的影响下。因为“印证制度”要求证据之间的相互支撑，而控方的鉴定证据往往与其他证据一致，但当事人尤其是被告提供的证据，却大多是孤证，孤证的审查判断不仅耗费法官更多的成本，且很难单独判断其正确，故采证率不高。② 因此，我国刑事诉讼的实践已然表明，当事人申请重新鉴定的案例不多，即使对鉴定意见确实争议较大。在这种情况下，司法鉴定救助较少发生也就可以理解了。

第二，司法鉴定救助的个案大量发生在诉前阶段的原因。诉前鉴定救助，是指申请人在诉讼开始前申请的鉴定救助，这与民事诉讼起诉（刑事自诉与刑事附带民事案件道理一样）的条件有关。民事诉讼的启动，除了要有诉讼主张外，还需要证据的支持，如果证据不足，诉讼就无法开启；而在此之前的非诉讼阶段，起诉人应该准备证据。倘若需要就特定的问题进行鉴定，而起诉人却因经济条件受限，此时可以申请司法鉴定救助。

第三，目前鉴定救助主要集中于伤残等级类鉴定，亦有其相对合理性。我国民众相对厌讼，除非没有办法，当事人较少诉诸审判，因而较多纠纷人们大多通过私下和解或其他途径解决。而诉诸审判，即便是胜诉，都未必可以获得多少经济补偿，且民事执行难的现实亦令其望而生畏。只有在私力救济无法解决且个人又急切希望通过诉讼获取伤害赔偿的这些案件中，才可能引发鉴定救助。从我们的实证研究可以看出，申请鉴定救助的当事人往往身体遭受严重伤害，甚至完全丧失劳动能力，在治疗期间几乎花费了所有的积蓄，有些还负债累累。在这种情况下，获取对方赔偿的动机非常强烈，但他们一般无法通过私力救济获得赔偿，于是把提起诉讼作为最后的抉择。然而其本身的经济状况，决定了他们不可能再支付得起哪怕并不昂贵的鉴定费。在这种情况下，申请鉴定救助，尤其是诉前鉴定援助就非常有必要了。

由此可见，司法鉴定救助主要发生在当事人已经遭受身体伤害，并在治疗的过程中投入了巨大的经济资源，而为获取伤害赔偿，只能寄希望于国家强力保障的诉讼程序时。正因为当事人极端穷困，现实中大量

---

①关于我国刑事审判的印证制度，参见龙宗智：《印证与自由心证——我国刑事诉讼证明模式》，载《法学研究》2004 年第 2 期。

②左卫民：《刑事证人出庭作证程序：实证研究与理论阐析》，载《中外法学》2005 年第 6 期。

的鉴定救助都是免费的，即便有些地方规定当事人胜诉后须补交鉴定费，实践中也较少实行。

第四，正是前面所述的情况，导致司法鉴定救助的个体主要以遭受身体伤害（无论是工伤、交通事故，还是医疗纠纷）且贫困的农民或农民工等经济弱势作为主体。当然，农民或农民工作为鉴定救助的对象，还在于其伤残补助的标准相对城市居民更低些。在身份受限定的前提下，唯有在伤残等级上获取公正。农民工作为外地打工群体，因受到户口的制约，无法享受城市的一些福利制度，并在新的环境中缺乏与伤害方讨价还价的能力，他们主张的赔偿金额一般不会受到对方的重视，甚至还会受到再次伤害。在这种情况下，他们将其要求诉诸法院，并申请鉴定救助获得有利于己的判决，其实是一种较为有效的斗争策略：借助国家权威与科技权威摆脱自己势单力薄的不利窘境。

四、司法鉴定救助制度实证研究所反映出的部分问题

司法鉴定救助制度尽管在大多数省市已经开始实施（特别是在河南、湖南、四川、陕西、山东、辽宁、江苏、湖北等地），且部分地方还进行了规范，但仍然存在不少问题。

第一，缺乏全国范围内对司法鉴定救助的统一立法规定，各地各行其是，导致有些地方司法鉴定救助的运作较为规范，而有些地方却无章可循。于是不同地方的弱势群体受到国家救助的机遇就不一样，这或许是不同地区鉴定救助案件数量差异特别明显的重要原因。

第二，司法鉴定救助在司法鉴定机构、法律援助管理机构、公安司法机关之间并未形成一种协调有序的鉴定救助运作程序机制，从而出现司法鉴定救助运作模式的多头局面。法律援助部门、司法机关、个人或律所、司法鉴定机构各自都在启动司法鉴定救助。而在诉讼中，由于司法鉴定的决定权归公安司法机关，因此，实践中鉴定救助的启动权与审批权分属不同的机构，如何进行协调就显得非常关键了，只不过目前较少出现这些争议而已。

第三，鉴定救助的资源问题。

一是鉴定救助的经费来源。社会型鉴定机构与鉴定人作为市场营利的主体，尽管承担公益性责任，但鉴定毕竟是耗费资源与时间的事业，因此需要获得适当的补助。固然目前一些鉴定机构高调宣传对部分弱势

群体进行减免费用，甚至上门服务，但这并非制度的常态，或根本无力成为一种制度化的运作模式，还是需要国家筹集专项资金，为社会弱势群体提供鉴定救助服务。但目前可以看到，各地鉴定救助资金的来源存在较大差异，特别是江浙一带，一些法院、政法委有专门资金，这与其他地区的法律援助机关的专门资金有所差异。

二是地方性的社会司法鉴定机构能否满足司法鉴定救助的强烈需求。根据目前的司法实践，司法鉴定救助案例的主要发生地大多是经济较为发达的省会或大城市，或者是人口众多但并不富裕的省份（如四川、河南）。前者具有承担司法鉴定救助责任的社会鉴定机构与专门资金，而后者则由于大量的诉讼案件中涉及的贫困人口太多，假如不提供鉴定救助，涉诉弱势群体无法维护自身权益，其不利境况可能会进一步加剧。

同时，我们看到，司法实践中为弱势群体提供救助的主要是管辖法院辖区的当地社会鉴定机构，至于超出本辖区的鉴定救助，目前仍然难以有效运作。现在部分省市社会鉴定机构较少，特别是部分较为落后的市县的社会鉴定机构，可能根本无法满足当地对司法鉴定救助的强烈需求。这是一个亟须解决而又难以解决的问题，必须在省级层面进行协调。特别是在当事人并不满意本地鉴定机构时更是如此，如申请人认为本地鉴定不公或对方当事人认为本地鉴定机构与法院或申请人存在不正当利益。

第四，司法鉴定救助的对象有限。目前，司法鉴定救助大多给予农民或农民工群体以及未成年人、老人等弱势群体，对其他经济情况较为困难的人员、单位的鉴定救助尚未跟上。实践中，司法鉴定救助对象需要满足的实际条件均较为苛刻。表5收集的样本证明，目前司法鉴定救助的对象往往一贫如洗、家徒四壁，大多是处于极端窘困的生活环境中的弱势群体，事实上真正获得司法鉴定救助的对象确实太少，① 而对于还并未实施司法鉴定救助的地区来说，不能获得国家救助的群体就更

①鉴定救助数量的多少，可以从全国每年的鉴定数量的总量与鉴定救助数量的比率看出。以2012年为例：全国当年涉及刑事诉讼和民事诉讼的鉴定分别为192154件和872457件，共1064611件，而鉴定救助数量是29255件（参见李禹、党凌云：《2012年度全国司法鉴定情况统计分析》，载《中国司法鉴定》2013年第4期，第112页），前者是后者的2.7%；假设全部鉴定救助都是民事鉴定救助，其比率也仅为3.4%，即100件民事案件中只有不到4件案件受到鉴定救助。

多了。

第五，司法鉴定救助发生的诉讼领域较为狭窄。目前，司法鉴定救助主要发生于民事诉讼领域，（有时部分刑事自诉案件与刑事附带民事案件中也存在鉴定救助，当然实际中还有一定数量的行政鉴定救助案件），刑事诉讼与行政诉讼中则很少存在司法鉴定救助的情况。而事实上，刑事诉讼中需要鉴定救助的当事人更多。实践往往证明，卷入刑事审判的被告大多是经济条件极端困难，而裁判却又决定其人身自由，乃至生命。因此，刑事诉讼司法鉴定救助制度的运作更应该成为一种常态。

第六章　建立全国统一的司法鉴定救助制度

通过前面几章的分析可以看到，国内众多省、市、区、县的司法鉴定救助蓬勃兴起，谱写了我国法律援助制度的新篇章。司法鉴定救助具有以下重要功能：有助于实现贫困当事人的诉讼意愿，弥补当事人举证能力缺陷，促使庭审中当事人双方大致平等，有利于法庭查明案件事实。然而无可否认，司法鉴定救助作为新生事物，既存在各地制度文本方面的冲突，又在实践运作中暴露出系列问题。因此，在党的十八大关于“完善中国特色社会主义法律体系，加强重点领域立法”的号召下，为促进司法公正和社会正义，国家应在司法鉴定救助已经在众多地方运作了十余年，积累了丰富、深厚的实践经验的基础上，及时建立统一性的司法鉴定救助制度。

尽管如此，在国家立法之前，我们尚需对建构统一司法鉴定救助制度的相关问题进行理论分析。虽然笔者已经就当前司法鉴定救助的规范文本冲突、实践运作缺陷以及统一立法的必要性进行了系列专题研究，[①] 但因为此前受篇幅所限，未能详述统一制度的具体建构问题。故而本章希望在此前研究的基础上，进一步分析建立司法鉴定救助制度的原则以及构建统一司法鉴定救助的具体设计。

---

①关于司法鉴定救助当前各地的规范文本状况及其存在的问题，笔者与合作者进行了系统清理与总结，参见王跃、易旻、陈如超：《中国司法鉴定救助制度存在的问题及评析》，载《中国司法鉴定》2011 年第 3 期，第 14～20 页；同时，关于司法鉴定救助的运作实践，参见陈如超：《中国司法鉴定救助制度的实证研究》，载《中国司法鉴定》2012 年第 2 期，第 30～36 页。

一、国家建立司法鉴定救助制度的原则

（一）司法鉴定救助的“国家责任原则”

在当前社会贫困、弱势群体对司法鉴定救助急剧需求，而社会捐助与社会鉴定机构的行业奉献有限的现实制约下，应该明确司法鉴定救助是国家即政府的责任。

（1）各级人民政府应将鉴定救助经费列入同级财政预算，并逐步增加投入，保障鉴定救助事业与社会需求相协调。

（2）实现资金转移支付，扶持财政贫困地区开展司法鉴定救助事业。这在一定程度上就要求国家安排中央补助地方鉴定救助的办案专款，即进一步落实与完善财政部、司法部 2005 年关于印发《中央补助地方法律援助办案专款管理暂行办法》的通知（财行〔2005〕191号），建立专门的鉴定救助办案专款经费的转移支付制度。

（3）地方各级人民政府也应该因地制宜，多渠道筹集、吸收社会捐助资金和社会公益资金，鼓励企业、事业单位以及其他社会组织和个人为鉴定救助事业进行捐助。

（二）司法鉴定救助的“就近原则”

所谓鉴定救助就近原则，包含以下两层意思：当事人应向公检法机关委托的鉴定机构所在地的法律援助机构申请鉴定救助；提供鉴定救助的社会鉴定机构应主要以上述政法机关所在地为主。第一层意思的目的是衔接公检法机关与法律援助机关的关系，避免出现级别不对称或地域差异带来的程序烦琐与协调难题。第二层意思的目的是减小司法鉴定救助的国家压力，因为异地鉴定救助很可能产生额外费用。就此而言，司法鉴定救助虽为国家责任，但也应该考虑其财政压力。

（三）司法鉴定救助的“高效原则”

由于申请司法鉴定救助的贫困群体或者已经进入诉讼或者亟须鉴定意见以供起诉，司法鉴定救助的程序与环节就应尽量简化，特别是一些当事人已经困顿窘迫，迫切期望通过诉讼解决纠纷、维护权益时。倘若鉴定救助的申请、审查、启动过程过于漫长，则将不利于当事人诉讼权益的维护，甚至导致其带着遗憾离开人世时诉讼也未终结。

在这里，或许湖北省的法律援助制度改革可供借鉴。为了方便民众申请法律援助（包括司法鉴定救助），2010 年《湖北法律援助条例》规定：（1）公民可以采取多种方式申请法律援助，并可以直接向法律援

助机构提出；确有困难的，也可采用电话申请、邮寄申请、网上申请以及由法律援助机构上门受理等方式。(2) 通过当场决定、一次性告知、限时作出决定等，简化法律援助审查程序，缩短审查时间。(3) 特殊情况可以先行提供法律援助，事后由申请人补交有关证明材料……

由于司法鉴定救助大多发生于诉讼中，涉及公安司法机关、法律援助部门等众多机构，适度简化程序可以实现鉴定救助的高效、便捷，显示出国家对贫困人群的关爱与支持，特别是在当事人的鉴定救助需求比较迫切的案件中。

(四) 司法鉴定救助的“公平科学原则”

所谓公平科学，是指鉴定机构在鉴定过程中，不能因为当事人减、免、缓交鉴定费用而降低鉴定质量，甚至失去中立、公平立场，敷衍了事，随便指派没有鉴定资质的鉴定辅助人或缺乏经验的鉴定人进行鉴定。换言之，即便是司法鉴定救助，鉴定机构与鉴定人也应该保证鉴定质量。当前司法鉴定救助实践中时常遇到这种情形：只要当事人不满意鉴定意见，哪怕鉴定机构（人）提供了免费的司法鉴定，当事人同样可能采取上访、投诉、到鉴定机构闹事等措施表达不满。因此，司法鉴定救助只是鉴定费用的减、免、缓，而非鉴定质量的降低，不能减轻鉴定机构与鉴定人的鉴定责任。

二、统一司法鉴定救助制度的实体性规定

建立全国统一性的司法鉴定救助制度，首先需要明确鉴定救助的责任主体、救助对象、鉴定类型等问题。

(一) 司法鉴定救助的具体责任主体

除了明确由中央与地方提供鉴定救助经费外，司法鉴定救助在实践运作中还需要确定具体管理主体、实施主体。

(1) 司法鉴定救助的管理主体应为司法行政机关，主要是法律援助机构。管理主体的主要责任有两个方面：一是根据当事人的申请，决定有无必要进行司法鉴定救助；二是指派鉴定机构进行鉴定救助。然而当前各地司法鉴定救助的管理主体存在差异，虽然大部分地区的法律援助机构是主要的管理主体，但部分地区却由法院审查、决定鉴定救助。由法院启动鉴定救助，固然可以简化程序，但在全国统一立法的背景下，由司法行政机关的法律援助机构受理、审查鉴定救助应该更为可行。这是因为司法鉴定救助仅仅是法律援助的一个领域，鉴定救助经费

常常包含在法律援助经费之中；同时，由法院直接指派鉴定机构承担救助义务，可能导致部分鉴定机构拒绝受理鉴定案件。

另外，当前各地指派承担鉴定救助义务的社会鉴定机构的主体也不同，有些是由法律援助机构直接指定、指派，有些是由法律援助机构转交同部门的鉴定管理机构指派。笔者认为，根据鉴定救助的及时性原则，对承担鉴定救助义务的社会鉴定机构的指派，主要应由法律援助机构进行。当鉴定机构拒绝承担鉴定救助义务时，法律援助机构可以函告鉴定管理部门协助。

（2）司法鉴定救助的实施主体应为社会鉴定机构。承担司法鉴定救助义务的不仅有国家，还应有社会鉴定机构。因为司法鉴定具有专业性与知识垄断性，这就意味着其不可替代，进而决定了社会鉴定机构的公益性责任。然而，当前绝大部分社会鉴定机构都自负盈亏，国家没有投资，其设立就是为了营利，具有明显的市场化倾向，所以社会鉴定机构承担的救助责任是有限的。因此，一方面，国家应对提供救助责任的社会鉴定机构进行适度补偿；另一方面，法律援助机构应该根据鉴定类型、案件疑难程度与鉴定机构的水平、运作状况，在其行政区域内对不同的鉴定机构分配相应的鉴定救助案件任务。

（二）司法鉴定的救助对象

我国社会经济发展不平衡、贫富差距拉大、社会纠纷持续增多以及国家财力的大幅度上升，共同决定了需要获得司法鉴定救助的对象越来越多，且国家也有能力进行一定范围内的鉴定救助。但是，司法鉴定救助制度毕竟是国家为贫困群体提供的福利事业，因而立法必须为救助对象划定恰当的范围。倘若救助对象过多，国家将不堪重负，且有鼓励民众过度利用国家资源之嫌；若救助圈划定太小，则公民获得国家人道救助的权利将被剥夺。故需要在国家救助与贫困群体的需求之间寻求平衡。

当前有人认为，司法鉴定救助的对象一般为“刑事诉讼中需司法鉴定的，请求给付赡养费、抚养费、抚育费案件中需进行司法鉴定的，盲、聋、哑和其他残疾人、未成年人、老年人追索侵权赔偿案件中需进行司法鉴定的，请求发给抚恤金、救济金法律事项中需要司法鉴定的，其他确需司法鉴定援助事项的”。[①] 也有人认为，公民获得司法鉴定救助服务应当符合以下几个条件：符合本市法律援助申请条件的诉讼案件当事人；该个体或法人因经济困难，无力支付司法鉴定费用；该事项确需进行司法鉴定；该事项符合司法鉴定机构受理条件和业务范围。[②] 还有人认为，鉴于我国目前司法鉴定救助还不能对所有的涉及鉴定的有关事宜提供救助，为了最有效地利用救助资源，就必须对司法鉴定救助的范围加以限制：（1）刑事案件：由律师或当事人申请司法鉴定，当事人又因经济困难而无力支付鉴定费用的案件。（2）民事案件：请求给付赡养费、抚养费、托育费而涉及司法鉴定的案件；除责任事故外，因公受伤害请求赔偿而涉及司法鉴定的案件；盲、聋、哑和其他残疾人、未成年人、老年人追索侵权赔偿而涉及司法鉴定的案件；经当事人所在的村、乡或街道办事处等部门证明其经济确实困难而又必须进行司法鉴定的案件。(3) 行政案件：请求国家赔偿而涉及司法鉴定的诉讼案件；请求发给抚恤金、救济金而涉及司法鉴定的诉讼案件。[③]

应该说，上述各种观点大同小异。我们认为对司法鉴定救助的对象应该进行原则性规定，不宜过细，且主要以经济困难为标准。具体类型如下：（1）符合法律援助条件的个人，若该案件有鉴定必要，且当事人已经向公检法机关申请鉴定并获得同意的，则可以直接申请鉴定救助。(2) 在没有法律援助需要的案件中，当事人确因经济困难而又需要鉴定救助的可以申请鉴定救助。当然，由于我国是一个政治经济发展不平衡的国家，地区差距较大，故经济困难的标准一般应由省、自治区、直辖市人民政府根据本行政区域经济发展状况而定。（3）尽管司法鉴定救助的对象主要是个人，但对于一些濒临绝境的企业或其他组织，由于经济能力有限而不能聘请鉴定人进行鉴定，此时国家可以根据条件给予救助。只不过对非自然人申请鉴定救助的条件应加以限制：首先，申请司法鉴定救助事务的非自然人应确属经济方面处于困境、无法交纳鉴定费用，此时援助机构可根据具体情况分别作出减、免、缓交鉴

---

①范方平：《构建统一司法鉴定管理体制的探索与实践》，中国政法大学出版社 2005 年版，第 163 页。

②柯昌林、杨忠玉、谭岚方：《我国司法鉴定援助制度探微》，载《湖北警官学院学报》2013 年第 4 期，第 164~166 页。

③李永清、柯昌林：《我国司法鉴定救助制度之研究》，载《警官文苑》2013 年第 1 期，第 75~77 页。

定费用的决定，尤其可对其作出缓交鉴定费的决定。其次，申请司法鉴定救助的非自然人组织须有充分理由表明若无司法鉴定意见支持，将在诉讼程序中处于不利地位、甚至败诉。如此方能严格限制国家对非自然人组织的鉴定救助。①

总而言之，明确与扩大鉴定救助对象应该说是当前司法鉴定救助实践的迫切需要。因为在目前实践中，鉴定救助存在以下问题：(1)大多获得鉴定救助的群体是农民或农民工群体，对其他经济较为困难的人员，尤其是单位的鉴定救助尚未跟上。(2）启动鉴定救助的条件较为苛刻。实践证明，鉴定救助的对象往往都是一贫如洗、家徒四壁之人。(3）在行政诉讼特别是刑事诉讼中，需要鉴定救助的对象众多，且涉及当事人的权益更大，然而目前这类鉴定救助却几乎很少见。尤其是在刑事案件中，一些恶性案件的当事人屡屡对侦控机关鉴定意见不服，但因无钱支付鉴定费而被迫放弃鉴定，由此引发鉴定争议、涉鉴上访、闹事乃至群体性事件等恶性后果。因此，如果国家制定统一的司法鉴定救助制度，就应该进一步扩大贫困与弱势群体的覆盖范围，从而对众多的弱势群体形成一种法律援助与鉴定救助的制度性保护网络。

（三）司法鉴定救助的鉴定类型

当前，尽管一些地方鉴定救助的鉴定类型较为宽泛，如烟台市司法局出台的相关规则规定，鉴定救助的项目主要包括法医临床、法医病理、法医精神病、法医物证、文书鉴定和其他经过批准的司法鉴定项目，然而部分地区的鉴定救助类型相对较少。例如，马鞍山市司法局出台的鉴定规则规定，司法鉴定援助的类别包括法医临床、法医病理、文书、痕迹鉴定，将常见的司法精神病、DNA 鉴定排除在外；而山东菏泽市司法局出台的规则规定，司法鉴定救助项目包括损伤程度及相关事项鉴定、伤残程度及相关事项鉴定、听觉功能鉴定、视觉功能鉴定、致伤物和致伤方式鉴定、医疗损害鉴定、DNA 鉴定等，明显缺少较为常见的文书鉴定救助类别；甚至在一些地方司法局制定的制度文本中，明确规定“司法鉴定救助只能提供特定鉴定类型”的条款。

然而，过度限定司法鉴定救助类型，有可能无法帮助需要鉴定救助的弱势群体。因此，目前最好不要设定“司法鉴定救助只能提供特定鉴

①拜荣静：《司法鉴定法律援助制度的模式选择及建构》，载《江南大学学报（人文社会科学版）》2008 年第 2 期，第 44~48 页。

定类型”的条款。因为实践中，司法鉴定救助的类型虽然主要是法医类与文书类鉴定，但其他鉴定救助需求同样不少。一些地方的鉴定救助实践说明，司法鉴定救助涉及的范围较为宽泛，不仅包括价格鉴定救助，还包括其他大量的未被司法行政机关管理的鉴定领域的鉴定救助，如资产评估鉴定救助、房屋安全与产品质量鉴定救助。① 这意味着司法鉴定救助的鉴定类型应该是一个有待拓宽的领域。

（四）司法鉴定救助的方式

对在《法律援助条例》中规定了司法鉴定救助的省市而言，司法鉴定救助基本上是免费的（如湖北、江西、云南等地的《法律援助条例》）；而其他各省、市、县单独出台鉴定规范并进行鉴定救助的，则主要采取减费、免费、缓交费用三种模式；个别地方，相关规定要求司法鉴定救助只能采取减费与免费形式。

尽管文本规定多样，但其实在实践运作中，当前司法鉴定救助主要采取的是减费与免费两种形式。而在笔者兼职的鉴定机构，大量的鉴定救助表现为减费鉴定，且减费幅度较大，免费鉴定救助比较少。

司法鉴定救助既需要扩大援助主体范围，同时也应根据救助对象的情况，分别实行减、免费用与缓交费用三种形式。其原因在于：（1）对于部分经济困难的个体，即便免费鉴定，其通过诉讼获得的经济补偿或利益也少得可怜，减费或胜诉后补交鉴定费几乎难以实行。（2）对于部分鉴定收费比较高的案件，当事人确实处于诉讼困境中，且胜诉后也不可能获得很大的经济效益的，适度减费鉴定是比较可行的。（3）对于部分个人以及非自然人的企事业单位，虽然鉴定时经济捉襟见肘，但一旦胜诉后则可能获得巨大经济利益或补偿，此时要求其胜诉后补交鉴定费，是比较合理的。采取多种鉴定救助方式，不仅可以帮助真正需要的人群，而且能够避免部分人滥用鉴定救助。②

（五）司法鉴定救助的监督、管理

目前，司法行政机关对鉴定机构与鉴定人提供的鉴定救助服务缺少有效的监督与管理。实践中，鉴定救助的归档、考评、反馈等后续程序

---

①赵玉洪：《论司法鉴定援助制度的构建及服务对象》，载《中国司法鉴定》2008 年第 2 期，第 23~25 页。

②笔者在司法鉴定实践中，时常遇到部分当事人故意滥用鉴定救助的情况。明明不需要鉴定或鉴定意见明显对其不利，或者有能力交纳全部或部分鉴定费用，但当事人总是纠缠，要求免费鉴定。

不到位，鉴定主管部门未能建立起鉴定救助专项档案，在年度考核中也没有将鉴定救助作为硬指标加以审查，对于受援对象的信息跟踪反馈工作也处于探索阶段。① 因此，司法鉴定救助的有效开展，需要相应的部门、人员对司法鉴定机构的鉴定救助活动进行指导、监督与管理，从而避免鉴定机构因为外部监督的缺乏而导致拖延、不负责任的鉴定。具体措施为：（1）为保障司法鉴定机构、司法鉴定人进行高质量的鉴定救助活动，司法鉴定管理机关应该对司法鉴定机构进行考评，并对作出较大成绩的鉴定机构与鉴定人进行表彰与奖励，鼓励其积极性，激励其为弱势群体进行救助；同时，对司法鉴定机构与鉴定人不负责任、草率鉴定的情况，管理部门可依其严重情况进行通报批评、降低诚信、撤销职业登记的惩罚措施。（2）司法鉴定人协会应对司法鉴定救助工作负协助、督促和指导之责。对司法鉴定机构与鉴定人除进行行政管理外，司法鉴定机构的行业自律亦非常重要，故作为行业自律组织的司法鉴定人协会应该给予承担司法鉴定救助义务的司法鉴定机构进行指导、协助、督促，从而更好地促使其履行司法鉴定救助义务。

三、统一司法鉴定救助制度的程序性规定

司法鉴定救助程序，主要是指被救助对象获得救助的过程，即司法鉴定救助的启动、审查、鉴定机构的指派以及鉴定费用的补贴。对司法鉴定救助程序的厘定，目的有以下三类：

（1）使贫困群体在申请司法鉴定救助时有法可依、有章可循，避免滥用鉴定救助。因为在当前鉴定实践中，鉴定救助的开展往往是法院委托鉴定机构后，当事人通过各种形式直接要求鉴定机构减免鉴定费，甚至不惜采取一些不合法手段，令鉴定机构非常头痛。而鉴定机构为了避免当事人纠缠，同时也为了减少麻烦（如不愿花时间与精力审查当事人的经济状况），在是否减免、减免多少的问题上与当事人来回砍价，显得非常随意，严重影响了司法鉴定的严肃性。

（2）在鉴定机构之间合理分配鉴定救助责任。应该说，当前司法鉴定救助的案件固然不多，但也存在一定的数量，这让任何一家鉴定机构承担本地区的全部或大部分救助责任，都是不合理的。绝大部分的社

①韩炜、董鑫伟：《司法鉴定援助制度的问题和建议》，载《中国司法鉴定》2009 年第 2 期，第 75~76 页。

会鉴定机构，国家根本就没有或几乎没有对其投资，它们成立的目的就是为了营利。而一旦没有合理的鉴定救助操作程序，当事人动辄向鉴定机构申请鉴定救助，必令其不堪重负。

（3）协调公检法机关、法律援助机关与司法鉴定管理部门、对方当事人之间在鉴定救助上的责任与关系，不让社会鉴定机构直接面对当事人。即便是通过鉴定救助程序作出的鉴定意见，如果缺少相应主体之间的沟通，也可能导致救助后的鉴定意见没有证据能力，失去国家救助的意义。

（一）司法鉴定救助的启动

启动司法鉴定救助时主要需要协调两个问题：一是衔接公检法机关与法律援助机构的关系；二是改革当前鉴定救助实践中的行政化困境，即如何令对方当事人参与鉴定救助程序，避免其因不认同鉴定程序而拒不接受通过鉴定救助获得的鉴定意见。特别是在诉前鉴定救助中，因为申请方直接向法律援助机构申请鉴定救助并进行鉴定，此时其单方提交的鉴定材料的真实性很成问题，很可能成为对方当事人在庭审时不认可该鉴定意见的重要理由。

1. 启动诉前鉴定救助

当事人若欲提起刑事自诉、民事诉讼与行政诉讼，在一些案件中需向法院提供鉴定证据，否则后者就不会立案。然而，当事人诉前自行聘请鉴定人进行鉴定则没有法律依据，其鉴定意见也没有证据能力。这当然也就意味着若当事人诉前存在经济困难，转而向法律援助机构申请鉴定救助取得的鉴定意见同样没有证据能力。

根据《最高人民法院关于民事诉讼证据的若干规定》第 28 条规定：一方当事人自行委托有关部门作出的鉴定结论，另一方当事人有证据足以反驳并申请重新鉴定的，人民法院应予准许。这意味着，假如对方当事人没有异议，或者虽然反驳但无证据，或者未申请重新鉴定，此时该鉴定意见具有证据能力。尽管存在这种妥协规定，但是诉前鉴定救助制度仍然存在以下问题：在刑事自诉与行政诉讼案件中，因鉴定救助而获得的鉴定意见是否具有证据能力，仍然没有通过相关立法解释以予明确；同时，诉前鉴定救助获得的鉴定意见，如果对方当事人不认可或者法院拒绝采纳，此时应怎么办？

因此，诉前鉴定救助的启动程序必须改革。当然，根据《中共中央关于全面推进依法治国若干重大问题的决定》（2014 年 10 月 23 日中国共产党第十八届中央委员会第四次全体会议通过），法院今后将变革案件受理制度，将立案审查制改为立案登记制，对人民法院依法应该受理的案件，做到有案必立、有诉必理，保障当事人诉权。但在当前，变通的解决办法是：对于必须提交鉴定意见才能立案的案件，法院可以与申请人协商，然后依职权委托鉴定机构进行鉴定，并核实鉴定材料的真实性，再由申请方向法律援助机构申请鉴定救助。由于案件并未进入诉讼，对方当事人不可能参与鉴定机构的选择，因此其可能对鉴定救助获得的鉴定意见不服，但只要其无法提出合理的反驳意见，法院就应该依据该鉴定意见断案。

2. 启动诉讼中的鉴定救助

应该说，诉讼中的鉴定救助比较好操作。当事人首先向公安司法机关申请鉴定，由后者审查是否有鉴定必要，并决定是否给予鉴定，然后在双方参与的情况下，合意选择鉴定机构并进行鉴定委托。此后，当事人再向法律援助机关申请鉴定救助。

当然，当事人如果需要司法鉴定救助，一般应该告知公检法等办案机关，这样才有助于其引导当事人对社会鉴定机构的选择。否则，过多委托外地鉴定机构并要求其进行鉴定救助，在实践中肯定具有操作的难度。

然而，鉴定救助的启动存在两个主要问题需要解决：第一，社会鉴定机构的选择。尽管鉴定救助实行就近原则，然而对于区县来说，本地社会鉴定机构比较少，非法医类鉴定机构更少，此时很可能需要其他地方的鉴定机构承担救助责任。同时，一些当事人可能并不信任本地鉴定机构，合意选择本地鉴定机构可能难以操作。笔者的解决办法是，公检法机关应尽量引导当事人选择本地区的鉴定机构，其次是选择上级（市级与省级）行政辖区内的鉴定机构，最后才能选择其他地方的著名鉴定机构。选择省级单位以外的鉴定机构，必须满足两个条件：一是当事人必须提出合理的理由；二是当事人只能选择资质较好的鉴定机构，如果选择的外地鉴定机构水平低于本地鉴定机构，则完全没有必要。第二，部分名声、资质较好的鉴定机构可能会成为鉴定救助的首选，而其他鉴定机构则不会被选择，此时就会导致鉴定机构承担鉴定救助义务的不平衡。这是一个难以解决的问题，或许缓解的办法，一是公检法机关应根据鉴定的性质、种类、疑难程度以及各个鉴定机构承担鉴定救助的数量等情况，引导当事人选择合理的鉴定机构，而不能将鉴定救助局限在某一或某些鉴定机构；二是法律援助机构应加大对承担鉴定救助的司法鉴定机构的补偿力度。

（二）申请人申请司法鉴定救助的方式与提供的材料

当事人应向公检法机关委托的鉴定机构所在地的法律援助机构申请鉴定救助。应该说，由于当前的鉴定救助主要是诉前鉴定救助，且由当事人直接向法律援助机构申请，因此各地的制度文本几乎都规定，由案件发生地或可能具有案件管辖权的公检法所在地的法律援助机构受理、审查鉴定救助。应该说，大部分提供鉴定救助的鉴定机构都是当地的鉴定机构，由申请人直接向当地法律援助机构提出申请无可厚非。然而，诉讼中公检法机关委托的鉴定机构很可能超出本地区域范围，如果再向案件管辖地的法律援助机构申请鉴定救助，实际意义不大。因此，司法鉴定救助应该主要由提供救助的社会鉴定机构所在地的法律援助机构进行受理与审查。

其原因还在于：（1）避免公检法机关委托权与法律援助机构指派权之间的矛盾。公检法机关的委托在前，鉴定救助的申请在后，如果像当前实践中的操作一样，先由法律援助机构确定社会鉴定机构提供救助，再由公检法机关委托或追认，则完全违背了当前的法律原则。（2）有助于简化鉴定救助的审查程序。如果由案件管辖地的法律援助机构审查并指派外地鉴定机构承担鉴定救助，操作起来有难度；而如果由本地法律援助机构发函给鉴定机构所在地的法律援助机构协助，操作起来则更麻烦。

鉴定救助申请可以书面或口头提出。口头申请的，法律援助机构应当问清情况，做好记录，填写申请表。当情况特别紧急时，可以由近亲属、代理人协助申请，或者也可以电话等简便方式申请，然后再补充申请材料；申请人为未成年人或无行为能力的人的，应当由监护人代为申请。总之，当事人申请鉴定救助可以采取较为灵活的方式，但一定要证明其存在鉴定救助的必要，法律援助机构也一定要认真审查当事人是否符合鉴定救助条件。

申请人申请鉴定救助时应当提供以下证明材料：申请人的身份证明，有关单位出具的申请人及家庭成员的经济状况证明，鉴定机构的委托证明，司法鉴定救助需要提供的其他材料。由于申请人是向鉴定机构所在地的法律援助机构进行鉴定救助申请，因此就必须打破当前各地进行的地域限制，如要求申请人必须是鉴定机构所在地常住人口或暂住人口。这只有依靠国家进行司法鉴定救助的统一立法以及建立专项财政资金才能解决。

（三）司法鉴定救助申请的受理、审查与处理

司法鉴定救助申请应由法律援助机构统一受理、统一审批。法律援助机构受理当事人的鉴定救助申请后，主要核实申请材料的真伪，申请人是否符合相关的鉴定救助条件，并对司法鉴定救助申请作出批准或不批准的决定。审查合格的，法律援助机构应在规定时限内作出司法鉴定救助的决定；审查不合格的，则应作出不予救助的决定，并书面告知申请人理由。中请人可以申请行政复议。

法律援助机构必须进行严格审核以确定当事人的救助理由是否成立。毕竟司法鉴定资源有限，若要将有限的国家资源帮助那些最需要救助的群体，就要从源头上把关，使资源得到合理配置。法律援助机构还可以通过询问、走访、向相应机构调取证明材料等方式进行实质性审查。当然，也应该赋予当事人对法律援助机构行政处理行为不服的救济权，而这是当前各地制度文本的重大缺陷。司法鉴定救助是当事人的一种权利，不应该看作政府给予贫困群体的恩赐。

（四）司法鉴定机构的指派

目前实践表明，对承担法律援助责任的社会鉴定机构的指派存在两种方式：由法律援助机构指派，或者由同级司法鉴定管理部门指派。虽然很多人认为，司法鉴定管理部门负责指派社会鉴定机构提供鉴定救助的方式较好，因为前者是后者的管理部门，可以对其实施考核、奖惩等措施，指派的可操作性较强，但这样一来，便与司法鉴定救助的便利性原则相冲突。因此，我们认为，法律援助机构审查申请合格后，就应告知被公检法机关委托的社会鉴定机构提供鉴定援助义务，并由当事人持相应证明文件直接申请鉴定机构对其实行减免费用或缓交费用的鉴定。如果鉴定机构不愿意承担鉴定救助，则法律援助机构可以函告同级司法鉴定管理部门，由后者通知其提供鉴定救助。对于拒绝合作者，司法鉴定管理部门可以对其进行惩戒。

（五）司法鉴定救助的实施

首先，社会鉴定机构接受司法鉴定救助案件后，无正当理由不得拒绝、拖延或中止办理司法鉴定救助事项。其次，社会鉴定机构在承办司法鉴定救助事项过程中，发现申请人经济条件发生变化不再符合鉴定救助条件的、另行委托进行司法鉴定的、要求终止司法鉴定救助的、以欺

骗方式获得司法鉴定救助的、利用提供的司法鉴定救助从事违法活动的，应当及时向法律援助机构报告，经审查核实后，应当终止该项救助。最后，社会鉴定机构完成司法鉴定救助任务后，应当将司法鉴定意见书送达鉴定委托机关，并向法律援助中心提交以下司法鉴定救助卷宗材料：结案报告、法律援助指派函的复印件、司法鉴定协议及其他委托手续、司法鉴定书副本，以便获得鉴定救助补偿。

（六）司法鉴定救助费用补贴

法律援助机构应当在审核完毕后，按规定拨付援助补贴给承担鉴定救助任务的社会鉴定机构。当然，如一些学者提出的，对提供鉴定救助服务的司法鉴定机构，国家还可以实行财税上的优惠措施，如对实施了鉴定救助的司法鉴定机构给予减税、免税等优惠政策。① 同时，对于部分鉴定救助案件，特别是缓交鉴定费的案件，法院判决当事人胜诉时应同时判决对方当事人适当支付或全额缴纳鉴定费；如果其缴纳存在困难，则可以要求胜诉的当事人补偿必要的鉴定费用。

最后，还有一个问题需要探讨。有些地方规定，鉴定救助只是减免鉴定费用，而对于人身检查费，仍然需要申请人支付；同时，鉴定机构在出具鉴定意见后，若需要参加庭审质证，则应将所产生的费用列出明细并附上相关证明，送交法律援助机构，由法律援助机构根据最低标准补足。应该说，后者是比较合理的；而对于前者，笔者认为鉴定机构完全可以免去这一费用，没必要再要求申请人支付。

四、认真对待司法鉴定救助

毋庸置疑，我国司法实践中运作的司法鉴定救助制度存在正当性根基，且受到国家的支持与资助，甚至在一定程度上被社会鉴定机构所认可与接受。然而，正义性制度的辉煌外表无法掩饰其内在危机，事实上司法鉴定救助制度的成功运作，必须花费庞大的人力与财力资源。

故国家若要制定全国统一性的司法鉴定救助制度，应把握以下原则：平衡社会贫困群体对司法鉴定救助的需求与国家司法鉴定救助的能力，尤其兼顾到社会鉴定机构的现状与提供鉴定救助责任的承受力；同时，司法鉴定救助制度应该程序透明、具有可操作性；另外，司法鉴定

①李永清、柯昌林：《我国司法鉴定救助制度之研究》，载《警官文苑》2013 年第 1 期，第 75~77 页。

救助的统一性规范还应协调好法律援助部门与公安司法机关的关系以及改变当前各地司法鉴定救助的行政化倾向。

当然，在将来条件许可时，我国还可以建立公益性质的司法鉴定救助机构，[①] 其主要责任就是为社会贫困群体提供鉴定救助服务，不以营利为存在目的。建立公益性司法鉴定机构是参考香港的立法：香港特别行政区在律政司设立鉴定局，由政府出资为诉讼提供鉴定。[②] 不过，公益性的司法鉴定机构提供的鉴定救助，并非是取代社会鉴定机构的鉴定救助服务，而是形成一种互补的司法鉴定救助格局，其目的是更好地实现国家对社会贫困群体的鉴定救济。

①唐磊、张晓艳：《论司法鉴定的法律援助制度》，载《前沿》2009 年第 12 期，第 61～63 页。

②贾治辉、柯昌林：《论我国司法鉴定援助制度》，载《江西公安专科学校学报》2006 年第 3 期，第 54～56 页。

附录 1：

关注困难群体：国家应建立统一的司法鉴定援助制度[①]

据《南方日报》2012 年 4 月 12 日报道：2011 年 11 月 4 日凌晨 3 点，湖南籍外来务工人员李某在广东省中山市紫马岭公园附近遭到抢劫，并被对方拿砖头殴打，致 4 根肋骨被打断。李某今年 43 岁，无固定职业，其妻在深圳打工，夫妻俩有一个 7 岁的女儿；自受伤后，其生活陷入困顿，无钱打官司，也没能力进行伤残鉴定。最后，李某求助于中山市法律援助处，他不仅获得法律援助，还免费获得司法鉴定援助（省去 700 元鉴定费）。这是中山市自 2011 年 4 月 1 日起《中山市司法鉴定援助办法》实施后被救助的首个案例。

1. 司法鉴定援助实践在各地蓬勃兴起

上述个案仅仅是近几年发生的无以计数的案例之一。早在 2000 年司法鉴定体制改革以来，四川省各级司法行政机关就一直要求鉴定机构对经济困难的当事人减免鉴定费，据说，2005 年四川省司法鉴定援助案件就达到 490 件；而在国家层面，2002 年 1 月 14 日，国家计委办公厅在给最高人民法院办公厅《关于最高人民法院司法鉴定服务中心司法鉴定服务收费标准有关问题的复函》中指出："当事人交纳司法鉴定费用确有困难的，可以提出书面申请及相关证明材料，经最高人民法院司法鉴定中心审查，参照最高人民法院《关于对经济确有困难的当事人予以救助的规定》给予减收或免收鉴定费用。" 2004 年 9 月 6 日，司法部、民政部、财政部等 9 个部门联合下发了《关于贯彻落实〈法律援助条例〉切实解决困难群众打官司难问题的意见》，其中第 6 条规定：加强法律援助机构与有关鉴定机构的沟通与协调，减免收取或缓收法律援助案件的相关鉴定费用。

尽管如此，我国司法鉴定援助实践的蓬勃兴起却是在 2005 年之后。

---

①本文发表在《人民政协报》2012 年 6 月 11 日，第 B04 版。

不仅各地司法鉴定援助的首个案例频频见诸报端，而且众多地区的司法行政部门如雨后春笋般出台了系列司法鉴定援助暂行办法或规则，并以四川省与厦门市开启先河，且二者都称自己“在全国首创司法鉴定援助制度”。紧随其后，重庆、安徽、湖北、云南等省市境内，福建、湖南、新疆、江苏、黑龙江、辽宁、吉林、广东、浙江、山东、江西、陕西等省、区的部分地方城市，也掀起了司法鉴定援助立法或实践的浪潮。

在司法鉴定援助规则的制定中，涌现出三种模式：一是如重庆、四川，由市司法局或省司法厅直接统一规制；二是在安徽、湖北两省，由“先点后面”的规则制定格局；三是部分省仍然由地方二级城市的司法局主导司法鉴定援助的规则制定活动，如广东省的深圳、东莞、中山。

2. 困难群体无力承担较为昂贵的鉴定费

我国司法鉴定援助在 2005 年以后大量涌现，是各种因素交错的结果。首先，现代诉讼正在或已经成为科学的“殖民地”。随着科技向政治和社会领域的不断渗透，法律程序中越来越多关于重要事实的问题，都需要利用科技设备，并由科学专家作为“沉默证言”的翻译者。科技大面积地介入，以至于人们不禁感叹：在铁面无私的法庭上，起决定作用的往往是专家们的“一纸鉴定”。其后果是，越来越多的案件，法律要求个人提起诉讼或者在诉讼中维护自身的合法权益，均需提供必要的科学的鉴定意见，否则其诉求必将拒于法之门外，或其正当权益定当不会受到法院的保护。

其次，个人在起诉时或在诉讼中欲提供司法鉴定意见，一般需先支付必要的费用聘请鉴定人进行鉴定。自 2005 年全国人大常委会颁布的《关于司法鉴定管理问题的决定》实施以来，司法鉴定费用的增长已是不争的事实。原因在于：法院鉴定机构被撤销、侦查机关内设鉴定机构不再接受社会委托，而二者以前不仅收费低廉，且还（尤其是法院）经常为弱势群体提供减、免、缓交鉴定费的援助；但 2005 年司法鉴定管理体制的变革，催生出大量的社会鉴定机构，采取市场化的经营模式，逐利成为其主要目的。在这种情况下，虽然国家相应部门在 2008 年制定了鉴定收费的各种标准，但社会鉴定机构仍通过巧立名目、肢解收费项目、收费标准趋高避低等手段，增加了当事人的鉴定成本；更何况，即便是低廉的鉴定费，但对于陷入困境的弱势群体而言，仍高不可攀。

最后，相当数量的弱势群体无力支付鉴定费，从而不能提供鉴定意见维护自身的合法权益。通过梳理媒体报道的相关案例、一些司法行政部门披露鉴定援助的统计数据以及我们的实证调研共同发现：当前司法鉴定救助的困难群体，主要集中诸如请求给付赡养费、抚养费、劳动报酬、工伤赔偿、人身伤害赔偿等案件中，且救助的对象集中于农民或农民工（如四川达州市2001—2007年的救助对象，85%是农民工），这与现实相符。社会流动性的增强，外出务工者趋多，但他们因众多原因更容易受到伤害。他们原本收入微薄，在工作或生活中又遭受职业病、工伤或其他伤害，为治病而倾家荡产或负债累累，很多人最终落得终身残疾，他们原希望通过诉讼获得赔偿，但根本无力承担对他们而言较为昂贵的鉴定费。他们迫切需要国家提供减免费用的鉴定援助。

3. 应将司法鉴定援助规范纳入法援制度之中

尽管我国部分省份或地区陆续建立起相应的地方性的司法鉴定援助制度，为部分困难群众提供了快捷、便利而人道的援助。然而，由于各地经济发展水平、社会鉴定机构的数量与分布，政府对鉴定救助的支持力度、援助资金的筹备等深层次的问题，导致我国司法鉴定援助还存在一些不容忽视的问题：一是受援助的困难群体非常有限。大多集中于走投无路、求助无门、家徒四壁的个人，如农民工、城市中的低收入群体。二是救助的条件有所罗列，但覆盖面小，还需要进一步扩展。目前司法鉴定援助实践主要局限于民事诉讼、部分行政鉴定，在大量刑事案件中，则根本没有针对贫困当事人的刑事鉴定援助，这与刑事法律援助形成明显的反差。而事实上，在刑事自诉案件中，当事人起诉有时也需要提交鉴定意见，公诉中当事人申请办案部门鉴定或重新鉴定时，有些地方也规定由申请人预交鉴定费，若无鉴定援助，则贫困的当事人无法维护自身合法权益。三是目前各地的救助程序各行其是。有些是由当事人向法律援助机构申请，有些是向诉讼中的法院申请。四是各地的援助资金五花八门，且经费有限。如四川、安徽等地，鉴定援助资金来自法律援助经费；浙江温州，经费来自政法委的专款；而江苏吴江，经费则是由法院从执行等救助基金中垫付。

面对这些问题，我们希望国家从全国统一的层面上承担起司法鉴定援助的责任。这已经有法律援助的先例可资仿效。国家应在各地司法鉴定援助实践的经验基础上，通过调研、反馈、修正，制定如同《法律援助条例》一样的统一性的《司法鉴定援助条例》。当然，我们认为更优的选择，还是重新修订《法律援助条例》，将司法鉴定援助规范吸收进法律援助制度中，建立“大法援”的格局。其理由是，当前的鉴定援助实践证明，法律援助与鉴定援助的援助主体、救助程序、资金来源都具有较大的相似性，合并可以减少国家运作制度的成本。

附录 2：

司法鉴定救助　应建立统一制度[①]

成都郫县一村民朱某无钱做司法鉴定，不能拿出足够的证据来索赔，一条残腿法院判决只赔偿 4410.65 元，扣除 4000 元钱的案件受理费，实际上一条残腿只获得了 410.65 元赔偿。

随着我国 2005 年及其之后的一系列司法鉴定制度改革，以及伴随而来的社会鉴定机构的市场化与逐利化，弱势群体因为贫困或其他原因导致无力支付鉴定费，从而不能利用鉴定意见来维护自身合法权益的现象却愈演愈烈。

表面看来，国家发改委与司法部 2009 年联合印发的《司法鉴定收费管理办法》规定的各类单项鉴定的费用并不算高，然而其对于弱势群体而言，却仍然显得过于昂贵，尤其是需要进行多项鉴定的时候。但弱势群体又必须依赖鉴定意见，方能或者进入“法的门槛”，或者能够在诉讼中保护自己的合法权益。

对于前者，是因为在部分诉讼中，原告起诉时需要提供必要的鉴定意见，法庭才受理，否则他们将“徘徊在法的门前”；而至于后者，如同案例所示，当事人需要提供必要的鉴定意见，才能证明其合理主张，不然的话，其正当权益亦无法获得法院的保护。因此，为实现社会和谐、保护弱势群体的权益、避免当事人的上访、实现弱势群体借助司法实现正义的诉求，国家应当提供司法鉴定救助，而不仅仅是法律援助。

虽然近几年一些省、市、县的司法行政部门颁布了一系列司法鉴定援助暂行办法或规定，并在实践中成功运作了大量的鉴定救助案例。但司法鉴定救助的实践仍然存在不少问题，如各地各行其是，并无全国性的统一救助条例；当前鉴定救助的范围较小；救助程序混乱；救助并未全面展开。

---

①本文发表在《法制晚报》2012 年 3 月 13 日第 A45 版。

面对这些问题，国家有必要建立统一性的司法鉴定救助制度，并将之纳入法律援助范围之内，形成“大法援”的格局，形成司法鉴定救助的国家责任。

建立国家主导的司法鉴定援助制度非常必要，如设立司法鉴定救助基金，单列或者与法律援助合并；确立司法鉴定救助的合理对象、程序；确立司法救助的管理部门等。

附录 3：

我国部分省、市、县的司法鉴定救助办法或规则

【1】四川省司法鉴定援助（暂行）办法

第一条 为了保障经济困难的公民获得必要的司法鉴定服务，促进和规范司法鉴定援助工作，根据有关法律、法规的规定和川司法发［2005］36 号、川司法发［2005］112 号文件精神，制定本暂行办法。

第二条 司法鉴定机构和司法鉴定人应当按照本办法的规定履行司法鉴定援助义务，对法律援助案件所涉及事项的司法鉴定给予减免优惠，维护受援人的合法权益。

第三条 办理司法鉴定援助案件的必要支出费用是法律援助经费的组成部分，列入法律援助经费开支范围。

第四条 有下列情形之一并由本省行政区域内的法律援助机构受理的案件的当事人，确因经济困难无力支付鉴定服务费用的，可以申请法律援助：

（一）被告人是盲、聋、哑人或者未成年人而没有委托辩护人的，或者被告人可能被判处死刑而没有委托辩护人的；

（二）请求刑事辩护和刑事法律帮助的；

（三）请求给付赡养费、扶养费、抚育费的；

（四）请求给付抚恤金、救济金、社会保险金、劳动报酬的；

（五）请求国家赔偿的；

（六）主张见义勇为行为产生的民事权益的；

（七）农民工请求支付劳动报酬、工伤赔偿款的；

（八）请求公证与公民人身、财产密切相关的事项的；

（九）其他符合法律、行政法规规定确需法律援助的。

第五条 司法鉴定援助案件的资格条件由各级法律援助机构进行审查，在收到申请后 3 个工作日内作出是否提供司法鉴定援助的决定。

第六条 对于决定给予司法鉴定援助的，法律援助机构将其移交同级司法行政机关司法鉴定管理部门，由司法鉴定管理部门从《国家司法鉴定机构和司法鉴定人名册》（四川省）上指派提供援助的司法鉴定机构。

司法鉴定管理部门指派司法鉴定援助机构应采取书面形式，遵循就近、便利、公平的原则。

第七条 司法鉴定机构应当在接受司法鉴定援助指派后，与司法鉴定委托人签署司法鉴定委托受理合同，合同中注明是司法鉴定援助案件。

第八条 承担司法鉴定援助案件的机构，应当在受理司法鉴定案件后 24 小时内，根据案件的具体情况和需要，安排司法鉴定人承办。

司法鉴定机构和司法鉴定人承办司法鉴定援助案件，应当接受司法行政机关、司法鉴定人协会和法律援助机构的业务指导和监督，接受受援人和社会的监督。

第九条 司法鉴定机构和司法鉴定人在日常业务工作中发现当事人符合法律援助条件时，可以告知当事人将有关案件材料转交其所在地的法律援助机构，申请司法鉴定援助。

第十条 承办司法鉴定援助案件的司法鉴定机构和司法鉴定人，应当依照相关规定，尽职尽责地履行职责，遵守职业道德和执业纪律。

第十一条 对重大、复杂、疑难的司法鉴定援助案件，司法鉴定机构应当组织司法鉴定人集体研究，确定承办方案，确保办案的质量和效果。

司法鉴定机构应当对本所司法鉴定人办理司法鉴定援助案件的质量进行监督，发现问题的，应当及时纠正。

第十二条 司法鉴定机构自司法鉴定援助案件办结后 15 日内，应当向指派案件的司法鉴定管理部门提交下列承办案件的材料，接受审查；对于不符合要求的，司法鉴定管理部门应当要求其改正：

（一）结案报告；

（二）司法鉴定援助指派函；

（三）司法鉴定委托合同及其他委托手续；

（四）司法鉴定书副本；

（五）《司法鉴定援助办案补贴审批表》；

（六）其他与承办案件有关的材料。

司法鉴定管理部门应当自收到结案材料之日起 3 日内审查完毕，签署意见后转同级法律援助机构。

第十三条 受援人应当及时将判决书复印件送提供法律援助的机构。

受援人胜诉的，应向鉴定机构补交鉴定费用。法律援助机构应当督促胜诉的受援人向鉴定机构交纳鉴定费用。受援人败诉的，由法律援助机构核定和承担鉴定费用。

司法鉴定援助案件的鉴定费用一般按照物价部门核定的司法鉴定收费标准的 50%左右收取。

第十四条 司法鉴定机构和司法鉴定人在承办司法鉴定援助案件过程中，发现受援人有《法律援助条例》第二十三条规定列举的应当终止法律援助情形的，应当及时向法律援助机构报告，由法律援助机构审查核实，决定是否终止该项援助。

第十五条 司法鉴定人协会应当对实施司法鉴定援助工作予以协助，督促司法鉴定机构和司法鉴定人尽职尽责地开展法律援助工作，指导司法鉴定机构和司法鉴定人不断提高办理司法鉴定援助案件的质量。

第十六条 司法行政机关应当定期对司法鉴定机构开展司法鉴定援助的情况进行考评，对作出突出贡献的司法鉴定机构和司法鉴定人，应当给予表彰、奖励。

第十七条 司法鉴定机构和司法鉴定人违反《法律援助条例》等有关法律、法规以及本办法规定，拒不履行司法鉴定援助义务，或办案草率的，视其情节轻重，由司法行政机关依照有关规定给予通报批评、降低诚信等级，直至撤销登记的处理。

第十八条 本暂行办法自发布之日起施行。

第十九条 本暂行办法由省司法厅负责解释。

【2】深圳市司法鉴定援助办法

第一条 为进一步完善法律援助制度，依法保障公民享有平等的诉讼权利，切实维护公民的合法权益，促进司法公正和社会和谐，根据司法部、财政部等国家九部（局）《关于贯彻落实〈法律援助条例〉切实解决困难群众打官司难问题的意见》和《深圳市法律援助条例》等有关规定，制定本办法。

第二条 本市行政区域内的司法鉴定援助活动适用本办法。

第三条 本办法所称司法鉴定援助，是指符合本办法规定条件的当事人经市法律援助机构批准，可以免交或者缓交诉讼中的相关司法鉴定费用的援助活动。

本办法所称司法鉴定机构包括经司法行政部门核准登记并准许执业的从事司法鉴定业务的社会鉴定机构和市司法鉴定专家委员会（以下简称专家委员会）。

本办法所称鉴定人包括社会鉴定机构的鉴定人和专家委员会的专家鉴定人。

第四条 下列人员确因经济困难无力承担诉讼需要的司法鉴定费用的，可以申请司法鉴定援助：

（一）符合本市法律援助申请条件的诉讼案件当事人；

（二）本市市、区两级法院批准减免缓诉讼费用的当事人。

第五条 当事人可以申请下列类别的司法鉴定援助：

（一）法医临床；

（二）法医病理；

（三）法医精神病；

（四）法医物证；

（五）文书鉴定；

（六）其他经过批准的司法鉴定项目。

第六条 当事人向市法律援助机构提出司法鉴定援助申请，应当填写《司法鉴定援助申请审批表》，并提交以下材料：

（一）身份证或其他有效身份证件复印件（验原件），代理申请的应当提交有代理权的证明；

（二）《深圳市法律援助条例》规定的经济状况证明（已获得法律援助的提供法律援助机构出具的相关证明）或本市市、区两级人民法院出具的批准减免缓其案件诉讼费用的证明。

第七条 市法律援助机构收到司法鉴定援助申请，材料齐全的，应当当场受理；材料不齐全的，应当当场告知申请人应当补交的材料。

第八条 市法律援助机构受理申请后，应当按照司法鉴定援助的条件进行审查，并在受理申请之日起5个工作日内作出是否提供司法鉴定援助的书面决定。决定不予援助的，应当书面说明理由；决定给予援助的，应当向申请人出具司法鉴定援助决定书。

申请人对市法律援助机构不予司法鉴定援助的决定有异议的，应当在5个工作日内向市司法行政部门提出异议申请，市司法行政部门应当在收到申请之日起5个工作日内进行审查，经审查认为申请人符合本办法规定援助条件的，应当以书面形式责令市法律援助机构及时对该申请人予以司法鉴定援助。

第九条 同一案件的同一鉴定事项不能重复申请司法鉴定援助，确有必要再次申请援助的，应当经市法律援助机构批准。

第十条 申请人胜诉后应当向市法律援助机构退还司法鉴定援助费用。市法律援助机构在出具司法鉴定援助决定书时应当要求申请人签订同意胜诉后返还司法鉴定费用的协议书。

第十一条 经市法律援助机构批准同意司法鉴定援助后，司法鉴定援助受援人应当按照规定时限凭司法鉴定援助决定书到人民法院委托的相应司法鉴定机构进行援助范围内的司法鉴定。

第十二条 司法鉴定机构接受司法鉴定援助委托后，应当按照规定的时限及时组织鉴定人完成司法鉴定援助任务。司法鉴定机构无正当理由不得拒绝接受、拖延或者擅自终止司法鉴定援助，不得收取司法鉴定援助受援人任何费用。

第十三条 司法鉴定机构完成司法鉴定援助任务后，应当在3个工作日内将鉴定意见书送达司法鉴定援助受援人、人民法院和市法律援助机构。

第十四条 完成司法鉴定援助任务的司法鉴定机构，可以获得相应鉴定补贴，鉴定补贴从财政拨付的司法鉴定援助专项经费中支付。

司法鉴定援助补贴标准按照《深圳市司法鉴定援助补贴暂行标准》执行。

第十五条 司法鉴定援助补贴按季度发放，市法律援助机构按照援助数量、补贴标准给予统计发放。司法鉴定机构领取补贴时，需向市法律援助机构提供司法鉴定援助决定书和收费票据。

第十六条 司法鉴定援助案件审理完毕后，市法律援助机构应当向人民法院申领相关法律文书。

市法律援助机构应当依照档案管理规定做好司法鉴定援助案件的档

案归档工作。

第十七条 本办法自2009年11月1日开始实施。

附件：深圳市司法鉴定援助补贴暂行标准

项目	单位	补贴标准
一、法医临床类鉴定		
人身损伤程度鉴定	例	400元
交通事故、伤害案件、职业病等致残程度鉴定	例	400元
职工工伤鉴定	例	400元
损伤与疾病关系评定	例	400元
劳动能力评定	例	400元
医疗费和续医费审查	例	500元
致伤物和致伤方式推断	例	800元
二、法医病理类鉴定		
死亡原因鉴定	具	1600元
死亡方式鉴定	具	1600元
死亡时间推断	具	1600元
尸体解剖	具	2500元
开棺验尸	具	4500元
病理组织切片检验	片	60元
三、法医物证类鉴定		
亲子鉴定、个体识别	每一样本	1000元
四、文书鉴定		
笔迹、印章	每一检材	2000元
五、法医精神病鉴定		
法定能力鉴定	例	1500元
精神损伤程度鉴定	例	1000元
智力障碍鉴定	例	1200元
六、司法鉴定人出庭费	每人	400元

备注：

一、国家或广东省的正式收费标准出台后另行制定新的补贴标准；

二、补贴标准未包含医疗机构收取的特殊项目检查费用。如需其他检查，需当事人自行支付相关费用。

【3】咸丰县司法鉴定援助暂行规定

第一条 为了保障经济困难的公民获得必要的司法鉴定服务，促进和规范司法鉴定援助工作，根据《法律援助条例》、《湖北省司法鉴定管理条例》、《湖北省法律援助办法》、《湖北省司法鉴定援助暂行办法》以及省司法厅《关于对法律援助对象司法鉴定减免缓收费的意见》，特制定本暂行规定。

第二条 本县范围内司法鉴定机构和司法鉴定人应当按照本规定履行司法鉴定援助义务，对法律援助案件所涉事项的司法鉴定给予免收鉴定费的服务，维护受援人的合法权益。

第三条 刑事案件的被告人是盲、聋、哑或者未成年人需要司法鉴定的，或者被告人可能被判处死刑需要司法鉴定的，应当获得司法鉴定援助。

第四条 符合法律援助条件并由本县法律援助机构受理的案件的当事人，确因经济困难无力支付鉴定服务费用且有下列情形之一的，可以申请司法鉴定援助：

（一）请求给付赡养费、扶养费、抚育费需要司法鉴定的；

（二）请求给付抚恤金、救济金、社会保险金、劳动报酬需要司法鉴定的；

（三）请求国家赔偿需要司法鉴定的；

（四）农民工请求支付劳动报酬、工伤赔偿款需要司法鉴定的；

（五）其他符合法律、行政法规规定确需司法鉴定援助的。

第五条 需要进行司法鉴定的法律援助受援人应持法律援助案件受理决定通知书，向局司法鉴定管理科申请司法鉴定援助。司法鉴定管理科遵循就近、便利、公平原则，从《国家司法鉴定人和司法鉴定机构名册》（咸丰县）中指派提供援助的司法鉴定机构并下达《司法鉴定援助指派函》，同时通知申请人。

第六条 司法鉴定机构和司法鉴定人在日常业务工作中发现当事人符合法律援助条件的，可以告知当事人向当地法律援助机构申请法律援助。

第七条 司法鉴定机构应当在接受司法鉴定援助指派后，与司法鉴定委托人签署司法鉴定援助委托受理合同。

第八条 承办司法鉴定援助案件的机构，应当在受理司法鉴定案件后 24 小时内，根据案件的具体情况和需要，安排司法鉴定人承办。

第九条 司法鉴定机构和司法鉴定人接受司法鉴定援助案件指派后，无正当理由不得拒绝、拖延或中止办理司法鉴定援助事项。

第十条 对重大、复杂、疑难的司法鉴定援助案件，司法鉴定机构应当组织司法鉴定人员集体研究，确定承办方案，确保鉴定的质量。

第十一条 司法鉴定机构应当对本机构司法鉴定人员办理司法鉴定援助案件的质量进行监督。

第十二条 法律援助案件结案后，受援人应当及时将判决或调解书复印件送达提供司法鉴定援助的鉴定机构。

第十三条 司法鉴定机构将《司法鉴定援助指派函》、相关鉴定文书复印件以及生效的判决书或调解书复印件装订成册，经指派案件的司法鉴定管理科签署意见后，向受理案件的法律援助机构领取办案补贴。

第十四条 法律援助机构应当督促胜诉的受援人向鉴定机构补交鉴定费用。受援人败诉的，由法律援助机构核定鉴定费用并予以补贴。

司法鉴定援助案件的办案补贴参照鄂司发通［2004］87 号文件规定的标准执行。

第十五条 司法鉴定机构和司法鉴定人在承办司法鉴定援助案件过程中，发现受援人有《法律援助条例》第二十三条规定列举的应当终止法律援助情形的，应当及时向法律援助机构报告，由法律援助机构审查核实，决定是否终止该项援助。

第十六条 本暂行规定由县法律援助中心负责解释。

第十七条 本暂行规定自发布之日起施行。

【4】铜陵市司法鉴定援助实施办法

一、总则

第一条 为了保障经济困难的公民获得必要的司法鉴定服务，促进和规范司法鉴定援助工作，根据国务院《法律援助条例》、《安徽省法律援助条例》、《铜陵市低收入群体法律援助试行办法》精神，制定本办法。

第二条 司法鉴定机构和司法鉴定人应当按照本办法的规定履行司法鉴定援助义务，对符合受援条件的受援人进行司法鉴定给予免费，维护受援人的合法权益。

第三条 办理司法鉴定援助案件的支出费用是法律援助经费的组成部分，列入法律援助经费开支范围。

第四条 本办法中司法鉴定机构是指《国家司法鉴定机构和司法鉴定人名册》中在本市辖区内的司法鉴定机构。

二、范围与对象

第五条 司法鉴定援助范围包括法律援助案件中需要进行的司法鉴定和司法鉴定机构在办案过程中发现符合法律援助条件的鉴定案件。

第六条 本市行政区域内有下列情形之一的当事人，需要进行司法鉴定，可以申请司法鉴定援助：

（一）正在享受最低生活保障待遇的人员；

（二）社会福利机构中由政府供养的人员；

（三）无固定生活来源的重度残疾人；

（四）特困职工；

（五）农村“五保”对象；

（六）依靠抚恤金生活的人员；

（七）家庭人均经济月收入不足600元的人员；

（八）因家庭暴力、虐待、遗弃、人身损害、重大疾病、重大事故导致经济拮据、无力支付法律服务费用的人员；

（九）因自然灾害或其他不可抗力造成经济困难，正在接受国家救济的人员；

（十）法律法规规定的其他人员。

三、申请与审批

第七条 司法鉴定机构在日常业务工作中发现当事人符合法律援助条件时，应当告知当事人享有申请司法鉴定援助的权利。

第八条 当事人符合司法鉴定援助条件的，司法鉴定机构填写《司法鉴定法律援助申请审批表》并附下列证明材料报市法律援助中心审批。

（一）正在享受最低生活保障待遇的人员、社会福利机构供养的人员、农村“五保”对象、依靠抚恤金生活的人员应当持有户籍所在地、暂住地或者经常居住地的县级以上民政部门出具的有效证件；

（二）无固定生活来源的残疾人应当持有县级以上残联出具的有效证件；

（三）特困职工应当持有县级以上总工会出具的有效证件；

（四）军人和军属经济困难的应当持有所在部队团级以上政治部或者住所地县级以上人武部出具的有效证件；

（五）因家庭人均经济月收入低于 600 元或者因家庭暴力、虐待、遗弃、人身损害、重大疾病、重大事故等导致经济拮据的应持有当地乡镇、街道出具的经济困难证明或者持有当地居委会出具的经所在地司法局下属司法所签署核实意见的经济困难证明；

（六）低收入公民主张因见义勇为行为产生的民事权益而要求法律援助的，应当持有县级以上人民政府主管部门出具的有效证件。

第九条 市法律援助中心同意提供司法鉴定法律援助的，于接到审批表后 3 日内向承办司法鉴定机构发出法律援助指派函。决定不提供法律援助的，向申请鉴定机构书面告知理由。

四、组织与实施

第十条 接到市法律援助中心发出的法律援助指派函后，承办司法鉴定援助案件的司法鉴定机构和司法鉴定人，应尽职尽责地履行职责，遵守职业道德和执业纪律，认真依照标准进行司法鉴定。

第十一条 对重大、复杂、疑难的司法鉴定援助案件，司法鉴定机构应当组织司法鉴定人集体研究，确定承办方案，保证办案的质量和效果。

第十二条 司法鉴定机构和司法鉴定人在承办司法鉴定援助案件过程中，发现受援人下列情形的应当及时向市法律援助中心报告，由市法律援助中心审查核实，决定是否终止该项援助。

（一）受援人的经济状况发生变化，不再符合法律援助条件的；

（二）受援人另行委托司法鉴定机构鉴定的；

（三）受援人要求终止司法鉴定法律援助的；

（四）受援人以欺骗方式获得司法鉴定法律援助的；

（五）受援人利用提供的鉴定服务从事违法活动的。

市法律援助中心决定撤销法律援助的，应当于 3 个工作日内告知接受指派的司法鉴定机构。

五、补贴标准与申领

第十三条 司法鉴定援助办案补贴标准为省司法厅、省物价局《司法鉴定收费项目与标准》中规定数额低限的 50%。

第十四条 司法鉴定机构应于作出鉴定后十五日内向市法律援助中

心申领办案补贴，司法鉴定机构申领办案补贴的，填写《司法鉴定法律援助办案补贴申领表》并向市法律援助中心提供下述材料：

（一）结案报告；

（二）司法鉴定书和判决书副本；

（三）《司法鉴定援助办案补贴申领审批表》；

（四）其他与承办案件有关的材料。

第十五条 市法律援助中心自收到材料之日起一个月内审查完毕，按标准支付司法鉴定援助办案补贴。

六、管理与监督

第十六条 省司法鉴定人协会铜陵分部应当对实施司法鉴定援助工作予以协助，督促司法鉴定机构和司法鉴定人尽职尽责地开展法律援助工作，指导司法鉴定机构和司法鉴定人不断提高办理司法鉴定援助案件的质量。

第十七条 司法鉴定机构和司法鉴定人违反《法律援助条例》等有关法律、法规以及本办法规定，拒不履行司法鉴定援助义务，或办案草率的，视其情节轻重，由司法行政机关依照有关规定追究其责任，直至撤销登记的处理。司法鉴定案件当事人弄虚作假，骗取司法鉴定法律援助的，市法律援助中心依法追究其责任。

第十八条 本办法由市司法局负责解释，自印发之日起施行。

【5】潍城区价格认证中心价格鉴定援助制度

一、为更好地贯彻《山东省涉案物品价格鉴证条例》，充分发挥价格鉴定对社会困难群体的援助作用，使当事人不因经济特别困难而无法提请价格鉴定，根据《中华人民共和国价格法》等法律法规及省市的相关文件精神，制定本制度。

二、价格鉴定援助是本中心对经济特别困难的人（不含法人）提请的无偿鉴定，或适当减免鉴定费用的一种经济援助。

三、以下鉴定事项可申请价格鉴定援助

1. 涉及追偿赡养费、抚养费、抚恤金的价格鉴定；
2. 涉及妇女、儿童权益中经济纠纷的价格鉴定；
3. 涉及人身伤害提请的价格鉴定；
4. 涉及低保贫困家庭和残疾人群提请的价格鉴定；

5. 涉及劳动报酬提请的价格鉴定；

6. 涉及外来农民工提请的价格鉴定；

7. 其他经济困难群体的价格鉴定。

四、价格鉴定援助程序

1. 符合价格鉴定援助事项的当事人提出书面申请，提交本人身份证明及提供相关证据，并如实填写申请理由；

2. 本中心接到申请后，审查核实相关证据，在 1 个工作日内决定是否受理援助，不提供援助的说明理由；

3. 受理援助后，本中心的鉴定小组提出援助标准，由中心主任确定援助标准并签发援助通知书；

4. 本中心的财务部门接到援助通知书后，按规定减收或免收价格鉴定费，并加盖援助专用章；

5. 受援助当事人持加盖援助专用章的通知书领取鉴定报告，通知书存档备查。

五、价格鉴定援助的相关职责

1. 本中心价格鉴定人员审查价格鉴定援助申请前，不得以任何理由拒绝申请，审查时应客观、公正、认真。价格鉴定人员弄虚作假的，除由鉴定人员负担减免的费用外，还要给予必要的纪律处分。

2. 援助申请人弄虚作假的，除追缴已减免的费用外，我中心将记录其不良行为，一年内拒绝其再申请援助。

六、本制度自 2009 年 8 月 1 日起执行。

【6】蚌埠市司法鉴定法律援助工作规范

第一条　为保障申请司法鉴定中当事人的合法权益得到及时、公正、公平维护，根据全国人大常委会《关于司法鉴定管理问题的决定》和国务院《法律援助条例》、《安徽省法律援助条例》有关精神，制定本规范。

第二条　依法获取司法鉴定执业资格的司法鉴定机构，在受理司法鉴定申请时，对申请要求司法鉴定法律援助的应予以接待，依据本《规范》受理或解释。

第三条　执业司法鉴定人，在接受司法鉴定业务中，对符合本《规范》规定的司法鉴定申请人应予实施司法鉴定法律援助。

第四条 司法鉴定法律援助实行指派制。申请司法鉴定法律援助的当事人不得自选鉴定人，应由所在鉴定机构指派鉴定人实施。

第五条 申请司法鉴定法律援助的范围：

（一）伤害案件、伤残案件中的受害人；

（二）交通事故中的被加害方当事人；

（三）经济案件中的被侵害当事人；

（四）民事案件中符合法律援助条件的申请人；

（五）残疾人、未成年人、老年人追索侵权赔偿的事项。

第六条 司法鉴定法律援助的申请条件：

（一）申请事项属于本《规范》规定的法律援助范围（需经诉讼或仲裁程序解决的案件并已经立案）；

（二）有充分材料证明为保障自己合法权益确需法律援助；

（三）能证明因经济困难，无能力或无完全能力支付鉴定费用；

（四）能提供有效的户籍和身份证明。

第七条 不能申请司法鉴定法律援助的事项：

（一）因申请人的过错责任侵犯他人的合法权益而引起的民事诉讼或刑事自诉案件；

（二）因申请人过错而引起的行政诉讼案件；

（三）申请人提供不出涉讼案件的有关证据而无法调查取证的案件；

（四）可由行政机关处理而不需通过诉讼程序的事务；

（五）申请人出具虚假证明骗取法律援助的；

（六）诉讼标的不足3000元的债权债务纠纷的；

（七）其他经主管机关批准不得受理的有关事项。

第八条 申请司法鉴定法律援助的申报程序：

（一）申请司法鉴定的相关材料；

（二）申请司法鉴定法律援助的相关证明材料；

（三）申请司法鉴定法律援助的《申请审批表》。

第九条 申请司法鉴定法律援助的审批：

（一）司法行政机关和法律援助机构推荐介绍的司法鉴定法律援助案件，一般应由鉴定机构负责人审批登记，鉴定机构负责人也可授权委托所在机构分管业务的负责同志审批登记；

（二）对重大、疑难司法鉴定案件当事人申请法律援助的，由鉴定机构初审后报主管部门审批登记。

第十条 司法鉴定法律援助案件实行与法律援助机构链接备案制：

（一）司法鉴定机构开展的法律援助案件不得违反国家《法律援助条例》的规定；

（二）司法鉴定机构开展的法律援助案件每月上报管理部门登记，由管理部门与法律援助中心链接备案。

本《规范》自10月1日起试行。

【7】马鞍山市司法鉴定援助办法

第一条 为了充分发挥司法鉴定机构、司法鉴定人在法律援助工作中的作用，保障经济困难的公民获得必要的司法鉴定服务，促进和规范司法鉴定援助工作，根据国务院《法律援助条例》、《安徽省法律援助条例》的有关规定，结合我市司法鉴定工作实际，制定本办法。

第二条 凡在我市区域内经省司法行政机关核准登记的司法鉴定机构、司法鉴定人应当按照本办法的规定，履行司法鉴定援助义务，维护受援人的合法权益。

第三条 市法律援助中心负责审查本市区域内司法鉴定援助案件的资格条件，司法鉴定管理部门负责安排本市区域内的司法鉴定机构提供援助。

司法鉴定管理部门对于法律援助机构决定给予司法鉴定援助并移交的司法鉴定援助案件，应采取书面形式及时安排本市区域内司法鉴定机构办理。

司法鉴定机构、司法鉴定人在日常业务工作中发现当事人符合法律援助条件时，可以将当事人的有关案件材料转交市法律援助中心进行审查并作出是否提供法律援助的决定。

第四条 司法鉴定援助的对象是：

（一）领取最低生活保障金或失业保险金的人员；

（二）享受农村五保供养待遇人员；

（三）社会福利机构中由政府供养的收养人员；

（四）无固定收入的残疾人；

（五）依靠抚恤金、救济金生活的人员；

（六）因不可抗力、意外事件、重大疾病致经济困难的人员；

（七）家庭人均收入在当地最低生活保障标准2倍以下的人员；

（八）因见义勇为而申请民事权益的人员；

（九）申请工伤赔偿的农村进城务工人员；

（十）现役义务兵。

第五条 司法鉴定援助的范围是：

（一）请求工伤事故、交通事故、医疗事故、食品安全事故或者其他事故人身损害赔偿的；

（二）因遭受家庭暴力主张民事权益的。

第六条 当事人申请司法鉴定援助，可以向市法律援助中心申请，也可以直接向本地司法鉴定机构申请。

申请司法鉴定援助，除应当填写《法律援助申请审批表》，同时提交下列材料：

1. 身份证或户籍证明；

2. 有关单位发放的各类证件或出具的证明；

3. 法律援助中心认为需要提供的其他材料。

第七条 司法鉴定援助是法律援助的组成部分，其费用列入法律援助经费开支范围。

鉴定机构对法律援助案件受援人申请鉴定的事项，应当减收或者免收鉴定费用。其中减收的鉴定费用一般按照物价部门核定的司法鉴定收费标准的50%左右收取。免收鉴定费用的，由市法律援助中心给予司法鉴定机构适当的补贴。

第八条 司法鉴定机构在接受司法鉴定援助安排后，根据司法部《司法鉴定程序通则》的有关规定，与司法鉴定委托人签署《司法鉴定协议书》，明确双方的权利和义务，并在备注栏中注明司法鉴定援助案件。

承办司法鉴定援助案件的司法鉴定人，应当严格遵守司法鉴定的法律、法规，遵守职业道德和执业纪律，尽职尽责地履行鉴定援助职责。

第九条 承担司法鉴定援助案件的机构，应当在受理司法鉴定案件后24小时内，根据案件的具体情况和需要，安排司法鉴定人承办。

第十条 对重大、复杂、疑难的鉴定援助案件，司法鉴定机构要组织鉴定人集体研究，确定承办方案，确保鉴定质量。

司法鉴定机构应当对本机构司法鉴定人办理鉴定援助的案件进行全程质量监督，发现问题的，应当及时纠正。

第十一条 司法鉴定机构应当自司法鉴定援助案件办结后15日内，向指派案件的司法鉴定管理部门提交下列承办案件的材料，接受审查；

对于不符合要求的，司法鉴定管理部门应当要求其改正：

（一）司法鉴定援助结案登记表；

（二）司法鉴定援助指派函；

（三）司法鉴定委托合同（复印件）；

（四）司法鉴定书副本；

（五）法律援助征询意见表。

司法鉴定管理部门应当自收到结案材料之日起5日内审查完毕，签署意见后转市法律援助中心。市法律援助中心应当在15日内审核完毕并按规定拨付援助补贴。

第十二条 司法鉴定机构和司法鉴定人在承办司法鉴定援助案件过程中，发现受援人有国务院《法律援助条例》第二十三条规定列举的应当终止法律援助情形的，应当及时向法律援助机构报告。

第十三条 司法鉴定机构和司法鉴定人承办司法鉴定援助事项，应当接受市司法局、省司法鉴定人协会和市法律援助中心的业务指导和监督，接受受援人和社会的监督。

第十四条 市司法局将定期对司法鉴定机构开展司法鉴定援助的情况进行考评，对作出突出贡献的司法鉴定机构和司法鉴定人，应当给予表彰、奖励。

第十五条 司法鉴定机构和司法鉴定人违反本办法规定，拒不履行司法鉴定援助义务的，视其情节轻重，由市司法局依照有关规定给予通报批评、降低诚信等级评价处理。

第十六条 本办法自发布之日起实施。

【8】湖北省司法厅出台《关于对法律援助对象司法鉴定减免缓收费的意见》

根据《湖北省司法鉴定管理条例》第二十一条“司法鉴定机构对符合法律援助、司法救助条件的司法鉴定的收费，应当按照规定给予减免”的规定，近几年来，湖北省司法鉴定机构和鉴定人员对法律援助案件所涉及事项的鉴定给予了减免缓收费的优惠，受到了当事人和人民群众的欢迎。为进一步贯彻落实《湖北省司法鉴定管理条例》和《湖北省法律援助办法》，切实保障困难群众的合法权益，进一步促进和规范对法律援助对象司法鉴定减免缓收费工作，现提出如下意见：

一、法律援助对象司法鉴定减免缓收费的条件按照《湖北省法律援助办法》第六条的规定执行。

二、法律援助对象司法鉴定减免缓收费的范围按照《湖北省法律援助办法》第十三条的规定执行。

三、法律援助对象申请司法鉴定减免缓收费的，应当提交以下书面材料并确保所提交材料客观、真实、全面：

（一）申请书；

（二）确定为法律援助对象的证明材料；

（三）完整的鉴定材料；

（四）鉴定机构要求提供的其他材料。

四、对法律援助案件受援人申请司法鉴定的，司法鉴定机构应自受理申请之日起十五日内根据受援人提交的材料研究决定是否减免缓收费。

五、财政拨款的鉴定机构缓收鉴定费的，受援人胜诉后，应向鉴定机构补交实际需交纳的费用。受援人败诉，交纳鉴定费用确有困难的，鉴定机构应给予减免。

非财政拨款的鉴定机构对受援人的人身伤残鉴定、亲子鉴定、笔迹鉴定以及财产评估司法鉴定实行缓收相关费用的，受援人胜诉后，应向鉴定机构补交实际需交纳的费用。受援人败诉，交纳鉴定费用确有困难的，由法律援助机构承担相关费用。

【9】重庆市司法局关于开展司法鉴定援助工作有关事项的通知

（渝司办〔2007〕80号）

各区县（自治县）司法局，市属司法鉴定机构：

为进一步完善法律援助制度，依法保障公民享有平等的司法鉴定权，切实维护公民的合法权益，促进司法公正和社会和谐，现就开展司法鉴定援助工作有关事项通知如下：

一、司法鉴定援助对象

在本市范围内符合法律援助条件的受援人。

二、司法鉴定援助受理

司法鉴定援助由司法行政部门法律援助机构（以下简称法律援助机构）统一受理。

（一）当事人向法律援助机构申请司法鉴定援助的，法律援助机构应当进行审查；符合法律援助条件决定受理的，应当要求当事人填写《司法鉴定援助登记表》。

当事人向司法鉴定机构提出司法鉴定援助要求的，司法鉴定机构应当告知当事人到所辖的法律援助机构申请。

（二）司法机关根据有关规定决定的法律援助案件涉及司法鉴定援助的，由法律援助机构根据提交的相关材料，负责填写《司法鉴定援助登记表》。

三、司法鉴定援助程序

（一）法律援助机构受理司法鉴定援助后，应当在《司法鉴定援助登记表》中签署意见，并在3个工作日内将《司法鉴定援助登记表》及相关材料移送司法鉴定管理部门。

（二）司法鉴定管理部门收到法律援助机构移送的司法鉴定援助后，应当在3个工作日内指派具有相应执业资格和鉴定能力的司法鉴定机构进行鉴定。

区县司法鉴定管理部门收到法律援助机构移送的案件涉及的鉴定事项，如本区县司法鉴定机构不具有相应执业资格和鉴定能力，应当在3个工作日内将《司法鉴定援助登记表》及相关材料报送市局司法鉴定管理部门，由市局司法鉴定管理部门指派具有相应执业资格和鉴定能力的司法鉴定机构进行鉴定。

（三）司法鉴定机构接到司法鉴定管理部门指派的司法鉴定援助任务后，应当按照司法鉴定的有关规定确定本机构鉴定人，并在规定的时限内完成司法鉴定援助任务。

司法鉴定机构完成司法鉴定援助任务后，应当按照《司法鉴定业务档案管理办法》的规定，将有关材料并连同《司法鉴定援助登记表》及时归档。归档后应在3个工作日内将《司法鉴定援助登记表》复印2份，报送指派本例鉴定的司法鉴定管理部门。

四、鉴定援助工作要求

（一）各区县司法局和司法鉴定机构要认真组织学习，提高思想认识，明确鉴定援助工作程序和要求，切实加强监督、指导和管理，确保司法鉴定援助工作顺利实施。

（二）各司法鉴定机构要按照司法鉴定管理工作的有关规定，认真履行司法鉴定援助义务。司法鉴定机构对司法鉴定管理部门指派的鉴定援助不得推诿，不得收取司法鉴定费，要做到优质高效地完成本机构承担的司法鉴定援助任务。

（三）各区县司法局要切实履行职责，加强沟通与协调，及时总结和上报司法鉴定援助工作情况，切实把党和政府关心的、人民群众期望的、关系社会和谐和稳定的司法鉴定援助工作做好、做实。

二〇〇七年六月十二日

【10】巢湖市司法鉴定法律援助暂行办法

第一条 为了促进和规范司法鉴定法律援助工作，保障经济困难的公民能够及时获得司法鉴定法律援助，维护社会公平正义，根据国务院颁布的《法律援助条例》、安徽省《法律援助条例》的有关规定，结合巢湖市法律援助工作和司法鉴定工作实际，制定本暂行办法。

第二条 本暂行办法所称司法鉴定法律援助是指司法鉴定机构根据国家有关法律援助工作的规定，组织司法鉴定人员为需要司法鉴定法律援助的公民提供无偿司法鉴定服务的一项法律保障制度。

第三条 司法鉴定人员都有每年办理司法鉴定法律援助案件的义务。

第四条 司法鉴定法律援助遵循统一审查、统一受理、统一指派、统一监督检查的工作原则。

第五条 具有下列情形之一并需要司法鉴定服务的，可以申请司法鉴定法律援助：

（一）刑事案件被告人是残疾人、未成年人，或者被告人可能被判处死刑的；

（二）请求给付赡养费、抚养费、抚育费的；

（三）请求给付抚恤金、救济金、社会保障金、劳动报酬的；

（四）请求国家赔偿的；

（五）因见义勇为行为主张民事权益的；

（六）请求给付人身损（伤）害赔偿的；

（七）其他符合法律法规规定条件确需司法鉴定法律援助的。

第六条 申请司法鉴定法律援助必须符合下列条件：

（一）申请司法鉴定法律援助的事由发生在本市，且诉讼属于本市各级法院管辖的；

（二）有证据证明为维护自身合法权益确需司法鉴定法律援助；

（三）有证据证明自己确实经济困难，无能力或无完全能力支付司法鉴定费用。

第七条 司法鉴定法律援助申请由市法律援助中心依照本暂行办法第五条、第六条的规定进行统一审查，并按法律援助审批程序在 2 个工作日内作出是否给予司法鉴定法律援助的书面决定。

对于决定给予司法鉴定法律援助的，市法律援助中心应从本市编入《国家司法鉴定机构和司法鉴定人名册》（安徽省版）上的司法鉴定机构中指派司法鉴定机构承办司法鉴定法律援助案件。

对于决定不给予司法鉴定法律援助的，市法律援助中心应书面说明理由。

第八条 市法律援助中心指派司法鉴定机构承办司法鉴定法律援助案件，应采用书面通知书的形式，不得采取口头通知或电话通知。司法鉴定机构在执业过程中发现当事人符合法律援助条件的，应当给予司法鉴定法律援助，但要报告市法律援助中心，市法律援助中心应对其申请的条件进行审查，审查结果及时通知司法鉴定机构，符合条件的补办相关手续。

市法律援助中心应将指派司法鉴定机构承办司法鉴定法律援助案件的通知及相关材料副本同时移送市局机关司法鉴定管理部门备查。

司法鉴定机构不得无故拒绝司法鉴定法律援助的指派。

第九条 司法鉴定机构对司法鉴定法律援助案件，应当无偿办理。

第十条 司法鉴定机构应在接受司法鉴定法律援助指派任务后 2 日内，确定负责办理司法鉴定法律援助案件的司法鉴定人，并报市法律援助中心备案。

司法鉴定机构和司法鉴定人在日常业务工作中发现当事人符合司法鉴定法律援助条件时，可以告知当事人向市法律援助中心申请司法鉴定法律援助。

第十一条 司法鉴定机构和司法鉴定人在承办司法鉴定法律援助案件过程中，发现受援人有弄虚作假，提出不正当要求，或有国务院《法律援助条例》第二十三条，应当及时地向市法律援助中心反馈情况。市法律援助中心应认真调查核实，并及时作出是否终止该项法律援助的决定。决定终止法律援助的，市法律援助中心应书面通知受援人、承办司法鉴定法律援助案件的司法鉴定机构和市局机关司法鉴定管理部门。

第十二条 司法鉴定机构应当在法律法规和有关规定的期限内办结司法鉴定法律援助案件，并在办结后 15 日内向市法律援助中心提交办理援助案件的下列材料，所提交材料不符合要求的，市法律援助中心应要求其改正：

（一）结案报告；

（二）司法鉴定法律援助指派通知书的复印件；

（三）司法鉴定法律援助（委托）合同及其他委托手续的复印件；

（四）司法鉴定书副本；

（五）其他与承办司法鉴定法律援助案件有关材料的复印件。

第十三条 市法律援助中心应当自收到司法鉴定机构提交的结案材料之日起 2 日内审查完毕，签署司法鉴定法律援助结案审查意见。

第十四条 市法律援助中心对市中心指派的法律援助案件实行适当补贴办法。补贴标准另行制定。

第十五条 市法律援助中心应对司法鉴定机构开展司法鉴定法律援助的情况进行定期或不定期考评。对开展司法鉴定法律援助作出较大成绩的司法鉴定机构和司法鉴定人应当给予表彰、奖励。

第十六条 司法鉴定机构和司法鉴定人违反法律援助和司法鉴定管理有关法律法规规章以及本暂行办法的规定，拒不履行司法鉴定法律援助义务或办鉴草率，视其情节轻重，由市局机关依照有关规定给予通报批评、降低诚信等级，直至提请省司法厅撤销执业登记。

第十七条 本暂行办法自印发之日起施行。以后若有上级机关制定出新的司法鉴定法律援助办法或规定，遵其办法或规定。

第十八条 本暂行办法由巢湖市市司法局负责解释。

【11】鄂州市司法鉴定法律援助暂行办法

鄂州司发〔2007〕10 号　2007 年 8 月 2 日印发

第一条 为了促进和规范司法鉴定法律援助工作，保障经济困难的公民能够及时获得司法鉴定法律援助，维护社会公平正义，根据国务院颁布的《法律援助条例》、省人大颁布的《湖北省法律援助办法》、《湖北省司法鉴定管理条例》的有关规定和省司法厅制定的《湖北省司法厅关于法律援助对象司法鉴定减免缓收费的意见》（鄂司发［2005］32号）、湖北省物价局、湖北省司法厅联合制定的《湖北省司法鉴定收费管理办法》（鄂价房服［2007］29号）文件精神，结合鄂州市法律援助工作和司法鉴定工作实际，制定本暂行办法。

第二条 本暂行办法所称司法鉴定法律援助是指司法鉴定机构根据国家有关法律援助工作的规定，组织司法鉴定人员为需要司法鉴定法律援助的公民提供减免司法鉴定服务费的一项法律保障制度。

第三条 司法鉴定法律援助遵循统一审查、统一受理、统一指派、统一监督检查的工作原则。

第四条 司法鉴定法律援助经费是法律援助经费的组成部分，列入法律援助经费开支范围。

第五条 具有下列情形之一并需要司法鉴定服务的，可以申请司法鉴定法律援助：

（一）刑事案件被告人是残疾人、未成年人，或者被告人可能被判处死刑的；

（二）请求给付赡养费、抚养费、抚育费的；

（三）请求给付抚恤金、救济金、社会保障金、劳动报酬的；

（四）请求国家赔偿的；

（五）因见义勇为行为主张民事权益的；

（六）请求给付人身损（伤）害赔偿的；

（七）其他符合法律法规规定条件确需司法鉴定法律援助的。

第六条 申请司法鉴定法律援助必须符合下列条件：

（一）受援人的户籍在本市或申请司法鉴定法律援助的事由发生在本市；

（二）有证据证明为维护自身合法权益确需司法鉴定法律援助；

（三）有证据证明自己确实经济困难，无能力或无完全能力支付司法鉴定费用。

第七条 司法鉴定法律援助申请由市法律援助中心依照本暂行办法第五条、第六条的规定进行统一审查，并按法律援助审批程序在2个工作日内作出是否给予司法鉴定法律援助的书面决定。

对于决定给予司法鉴定法律援助的，市法律援助中心应从本市编入《国家司法鉴定机构和司法鉴定人名册》（湖北省版）上的司法鉴定机构中指派司法鉴定机构承办司法鉴定法律援助案件。

对于决定不给予司法鉴定法律援助的，市法律援助中心应作出书面说明理由。

第八条 市法律援助中心指派司法鉴定机构承办司法鉴定法律援助案件，应采用书面通知书的形式，不得采取口头通知或电话通知。

市法律援助中心应将指派司法鉴定机构承办司法鉴定法律援助案件的通知及相关材料副本同时移送市局机关司法鉴定管理部门备查。

司法鉴定机构不得无故拒绝司法鉴定法律援助的指派。

第九条 司法鉴定机构在接受司法鉴定法律援助指派后，应当与司法鉴定法律援助申请人或委托人签订司法鉴定法律援助（委托）合同。

司法鉴定机构办理司法鉴定法律援助案件，一般情况下应当是无偿援助鉴定。对符合《湖北省司法厅关于对法律援助对象司法鉴定减免缓收费的意见》规定的可实行减缓收费，但应在司法鉴定法律援助（委托）合同中注明减缓收费的具体情况。

第十条 司法鉴定机构应在接受司法鉴定法律援助指派任务后2日内，确定负责办理司法鉴定法律援助案件的司法鉴定人，并报市法律援助中心备案。

司法鉴定机构和司法鉴定人在日常业务工作中发现当事人符合司法鉴定法律援助条件时，可以告知当事人向市法律援助中心申请司法鉴定法律援助。

第十一条 司法鉴定机构和司法鉴定人在承办司法鉴定法律援助案件过程中，发现受援人有弄虚作假，提出不正当要求，或有《法律援助条例》第二十三条、《湖北省法律援助办法》第二十六条所规定的情形的，应当及时地向市法律援助中心反馈情况。市法律援助中心应认真调查核实，并及时作出是否终止该项法律援助的决定。决定终止法律援助的，市法律援助中心应书面通知受援人、承办司法鉴定法律援助案件的司法鉴定机构和市局机关司法鉴定管理部门。

第十二条 司法鉴定机构应当在法律法规和有关规定的期限内办结司法鉴定法律援助案件，并在办结后15日内向市法律援助中心提交办理援助案件的下列材料，所提交材料不符合要求的，市法律援助中心应要求其改正：

（一）结案报告；

（二）司法鉴定法律援助指派通知书的复印件；

（三）司法鉴定法律援助（委托）合同及其他委托手续的复印件；

（四）司法鉴定书副本；

（五）《司法鉴定法律援助补贴审批表》；

（六）其他与承办司法鉴定法律援助案件有关材料的复印件。

第十三条 市法律援助中心应当自收到司法鉴定机构提交的结案材料之日起 2 日内审查完毕，签署司法鉴定法律援助结案审查意见。

第十四条 市法律援助中心对办理司法鉴定法律援助案件实行适当补贴办法。补贴标准原则上每件鉴定暂定补贴 150 元。

第十五条 市法律援助中心应对司法鉴定机构开展司法鉴定法律援助的情况进行定期或不定期考评。对开展司法鉴定法律援助作出较大成绩的司法鉴定机构和司法鉴定人应当给予表彰、奖励。

第十六条 司法鉴定机构和司法鉴定人违反法律援助和司法鉴定管理有关法律法规规章以及本暂行办法的规定，拒不履行司法鉴定法律援助义务或办鉴草率，视其情节轻重，由市局机关依照有关规定给予通报批评、降低诚信等级，直至提请省司法厅撤销执业登记。

第十七条 本暂行办法自印发之日起施行。以后若有上级机关制定出新的司法鉴定法律援助办法或规定，遵其办法或规定。

第十八条 本暂行办法由市司法局负责解释。

【12】厦门市人民政府办公厅转发市司法局《关于开展司法鉴定援助工作的意见》的通知

（厦府办〔2006〕150 号）

各区人民政府，市直各委、办、局：

市司法局制定的《关于开展司法鉴定援助工作的意见》已经市政府同意，现转发给你们，请认真贯彻执行。

厦门市人民政府办公厅

二〇〇六年六月二十九日

关于开展司法鉴定援助工作的意见

市司法局：

遵循国家、省、市《法律援助条例》的精神，根据司法部、财政部等国家九部（局）《关于贯彻落实〈法律援助条例〉切实解决困难群众打官司难问题的意见》的有关规定，为进一步完善法律援助制度，全面开展法律援助工作，维护社会稳定，促进司法公正，经研究决定从今年8月份起将司法鉴定援助纳入我市法律援助范围。为做好司法鉴定援助工作，现提出如下意见。

一、司法鉴定援助的对象和事项

凡由本市两级人民法院审理的法律援助案件（包括人民法院给予免收诉讼费的案件）的受援人，需委托厦门市司法鉴定机构进行司法鉴定而又无力缴纳鉴定费用的，可以申请司法鉴定援助。

结合我市司法鉴定机构的业务能力和法律援助案件的实际情况，目前受援人可以对下列事项的鉴定提出援助申请：法医临床鉴定、法医病理鉴定、法医毒物鉴定、法医精神病鉴定、亲子鉴定和文书鉴定等。市司法行政机关根据我市司法鉴定机构及社会经济发展情况适时调整司法鉴定援助事项范围。

二、司法鉴定援助的申请、审批和指定

司法鉴定援助由法律援助中心统一受理，统一审批。市法律援助中心受理的法律援助案件，受援人向市法律援助中心申请；区法律援助中心受理的法律援助案件，受援人向区法律援助中心申请；市中级人民法院给予免收诉讼费的案件，受援人可持人民法院出具的有关证明向市法律援助中心申请；区人民法院给予免收诉讼费的案件，受援人可持人民法院出具的有关证明向法院所在地的区法律援助中心申请。受援人申请司法鉴定援助的，必须提供相关的证明材料。

市、区法律援助中心根据《厦门市法律援助条例》规定的法律援助条件和程序，对司法鉴定援助申请在3日内进行审核。符合条件、决定给予援助的，向申请人出具《给予司法鉴定援助决定书》，并报告市司法局司法鉴定仲裁管理处，由市司法局司法鉴定仲裁管理处统一根据鉴定援助类型，及时指派我市相关司法鉴定机构办理司法鉴定援助事务；不符合条件、不能给予援助的，应及时书面通知申请人。如有个别案件不符合援助条件，但事关社会稳定大局且情况紧急，法律援助中心报经同级司法行政机关核准后，可予援助。

三、司法鉴定援助的补贴

司法鉴定机构办理司法鉴定援助事项后，持司法鉴定援助登记表和司法鉴定书等相关材料到审批司法鉴定援助的法律援助中心结案。法律援助中心应从司法鉴定援助专项经费中对司法鉴定机构给予适当补贴。

补贴标准由市司法行政机关商市财政部门研究制定，并随着社会经济的发展，适时调整。

市区两级财政部门应将司法鉴定援助资金纳入法律援助专项经费预算。

四、提高思想认识，认真组织实施，切实做好司法鉴定援助

法律援助工作为保障弱势群体的合法权益、维护司法公正和社会和谐稳定，为我市民主法制建设和社会文明进步发挥了积极的作用。而司法鉴定结论作为法定诉讼证据之一，对当事人维护自身合法权益和司法机关作出正确裁判具有相当重要的作用。把司法鉴定援助纳入法律援助的范畴，有利于进一步健全社会主义法律保障机制，更加切实保障公民享有平等的法律保护，意义十分重大。

各区人民政府、市直各有关部门，各级司法行政机关、法律援助中心、司法鉴定机构、法律服务组织，要从讲政治、讲大局的高度，深刻认识这项工作所具有为党和政府分忧，为社会弱势群体解难，维护社会稳定的重大意义，切实履行好职责，加强沟通协调，通力合作，把好事做好、做实。

【13】浙江省司法鉴定法律援助工作规定

第一条　为切实保障困难群众司法鉴定需求，进一步完善我省法律援助制度，根据全国人大常委会《关于司法鉴定管理问题的决定》、《法律援助条例》和《浙江省法律援助条例》等法律法规的规定，制定本规定。

第二条　本办法所称司法鉴定法律援助，是指司法鉴定机构和司法鉴定人，对符合法律援助条件的当事人，先行提供司法鉴定的法律服务活动。

第三条　法律援助机构及其工作人员、司法鉴定机构及司法鉴定人办理司法鉴定法律援助案件，适用本规定。

第四条 司法鉴定机构应建立健全工作机制，为公民获得司法鉴定法律援助提供便利。

第五条 司法鉴定机构及其司法鉴定人应依照法律、法规及本规定，遵守有关法律服务业务规程，为受援人提供优质高效的司法鉴定服务。

第六条 当事人需根据鉴定意见决定是否通过诉讼主张权益，且该事项属于法律援助范围的，可以向有管辖权的人民法院所在地、住所地或者工作单位所在地的法律援助机构申请司法鉴定法律援助。

第七条 法律援助受援人在主张权益过程中，确需通过司法鉴定取得相关证据的，可以向同一法律援助机构另行申请司法鉴定法律援助。

申请司法鉴定法律援助应填写《司法鉴定法律援助申请审批表》。

第八条 法律援助机构对司法鉴定法律援助申请，经审核符合条件决定给予法律援助的，应向申请人出具给予法律援助决定书，及时指派司法鉴定机构办理；决定不予援助的，书面告知申请人。

当地无相应司法鉴定机构的，受理申请的法律援助机构，可以书面联系有关司法鉴定机构所在地设区市的法律援助机构予以指派，或报省法律援助中心指派。

诉讼中确需司法鉴定法律援助的，受援人应当依照本规定第六条提出申请。诉讼程序中选定的司法鉴定机构不在当地的，由受理申请的法律援助机构依照前款办理。

受理申请的法律援助机构、作出指派的法律援助机构与司法鉴定机构之间应加强联系，及时沟通和反馈信息。

第九条 司法鉴定机构接受指派后，对委托的鉴定事项和鉴定材料进行审查，应与受援人签订司法鉴定协议书，协议书中应注明司法鉴定法律援助案件。因客观原因无法予以鉴定的，司法鉴定机构应在 3 日内告知受援人和受理申请、作出指派的法律援助机构无法鉴定的原因。

司法鉴定机构受理法律援助案件，应先行按照《司法鉴定收费管理办法》计算的金额开具发票交付作出指派的法律援助机构。

第十条 司法鉴定机构一般应在受理司法鉴定援助案件后 30 个工作日内完成委托事项的鉴定，因客观原因确需延长的，按照《司法鉴定程序通则》的规定处理，并及时向受理申请和作出指派的法律援助机构说明原因。

第十一条 司法鉴定机构应在向受援人出具司法鉴定意见书之日起 30 日内，凭《司法鉴定法律援助结案报告表》到受理申请的法律援助机构办理结案手续。跨市、县可通过寄送相关材料办理结案手续。

第十二条 司法鉴定法律援助案件符合《浙江省法律援助案件质量标准化管理规定》和《浙江省法律援助案卷管理办法》规定要求的，法律援助机构应于司法鉴定机构办理结案手续后30日内将鉴定补贴汇入司法鉴定机构银行账号。司法鉴定法律援助案件补贴标准，由受理申请的法律援助机构依据《浙江省法律援助经费使用管理办法》确定。

第十三条 案件办理机关决定司法鉴定费用由非受援人承担的，受援人应当将获得赔偿的鉴定服务费用交付受理申请的法律援助机构，由受理申请的法律援助机构按照鉴定费发票金额补足司法鉴定机构。

第十四条 法律援助机构发现受援人通过故意提供虚假信息或者伪造、变造证明材料等欺骗手段取得司法鉴定法律援助的，应当终止司法鉴定法律援助。

第十五条 承办司法鉴定法律援助案件的司法鉴定机构和司法鉴定人，应严格遵守职业道德和执业纪律，不得泄露在办案过程中知悉的个人隐私，不得收取受援人财物。

第十六条 司法鉴定机构和司法鉴定人承办司法鉴定法律援助案件，接受司法行政机关及其法律援助机构的指导和监督。

第十七条 司法行政机关应将司法鉴定机构办理司法鉴定法律援助情况列入年度评价内容。对质量优秀、服务热情、工作突出的司法鉴定机构和司法鉴定人，给予通报表扬；对不认真办理法律援助案件和违反职业道德、执业纪律及本规定的司法鉴定机构和司法鉴定人，视其情节给予相应处理。

第十八条 本规定自2014年9月1日起实施。

【14】南京市《关于开展司法鉴定援助工作的意见》

宁司鉴〔2007〕57号

各区县司法局、各司法鉴定机构：

为了进一步完善法律援助制度，切实保障困难群众的合法权益，维护社会稳定，促进司法公正，按照全国人大常委会《关于司法鉴定管理问题的决定》（以下简称《决定》）、国务院和江苏省《法律援助条例》精神、南京市人民政府《关于加强法律援助工作的意见》、司法部和财政部等国家九部（局）《关于贯彻落实〈法律援助条例〉切实解决困难群众打官司难问题的意见》的有关规定，决定将司法鉴定援助纳入我市法律援助范围。为做好司法鉴定援助工作，现提出如下意见。

一、司法鉴定援助的对象和事项

本市、区（县）两级法律援助中心批准的法律援助案件受援人，确因经济困难无力支付鉴定服务费用的，可以申请司法鉴定援助。

按照《决定》第二条的规定，结合我市司法鉴定机构的业务能力和法律援助案件的实际情况，目前受援人可以对下列事项的鉴定提出援助申请：法医临床鉴定、法医病理鉴定、法医精神病鉴定、法医毒物鉴定、亲子鉴定、文书鉴定和痕迹鉴定等。市司法行政机关应当根据我市司法鉴定机构业务发展情况和服务能力统筹制定司法鉴定援助的范围，并结合社会经济发展情况和社会需求不断调整援助工作范围和服务内容。

二、司法鉴定援助的申请、审批和指定

司法鉴定援助由市法律援助中心统一受理、统一审批，市局司法鉴定管理处统一指派。

法律援助受援人要求司法鉴定援助的，直接向批准法律援助申请的市或区（县）法律援助中心申请，填写《司法鉴定援助申请表》。市或区（县）法律援助中心对司法鉴定援助申请应在3个工作日内进行审核，不予援助的，书面通知申请人；决定予以援助的，区（县）法律援助中心报市法律援助中心，由市法律援助中心统一出具《司法鉴定援助指派通知书》送市局司法鉴定管理处；市局司法鉴定管理处接到通知书后，在3个工作日内指派提供司法鉴定援助的司法鉴定机构，并在《司法鉴定援助指派通知书》上签署意见，送回市法律援助中心。市法律援助中心根据指派向申请人出具《给予司法鉴定援助决定书》，审核相关鉴定材料，并向承办司法鉴定机构出具《司法鉴定援助确认函》。司法鉴定机构完成鉴定后，向市法律援助中心送交司法鉴定书。

三、司法鉴定援助的办理

1. 司法鉴定机构在接受司法鉴定援助指派后，与受援人签署司法鉴定委托受理合同，合同中注明是司法鉴定援助案件。

2. 承担司法鉴定援助案件的机构，应当在受理司法鉴定案件3个工作日内，根据案件的具体情况和需要，安排司法鉴定人承办。司法鉴定机构一般应在受理司法鉴定援助案件后15个工作日内完成鉴定，如特殊原因确需延长，应向市局司法鉴定管理处说明。

3. 对重大、复杂、疑难的司法鉴定援助案件，司法鉴定机构应当组织司法鉴定人集体研究，确定承办方案，确保办案的质量和效果。司法鉴定机构应当对本所司法鉴定人办理司法鉴定援助案件的质量进行监督，发现问题的，应当及时纠正。

四、司法鉴定援助案件的费用规定

司法鉴定机构办理司法鉴定援助事项后，受援人胜诉的，在结案后应向司法鉴定机构补交实际需交纳的费用，受援人败诉的，司法鉴定机构持《司法鉴定援助结案登记表》到审批司法鉴定援助的法律援助中心办理结案手续，领取鉴定补贴。法律援助中心应从法律援助专项经费中对司法鉴定机构给予适当补贴。

五、司法鉴定援助的监督管理

1. 承办司法鉴定援助案件的司法鉴定机构和司法鉴定人，应当依照相关规定，尽职尽责地履行职责，遵守职业道德和执业纪律。

2. 司法鉴定机构在办理司法鉴定援助案件时，要严格按照本规定的要求执行，不得私自收取或减免鉴定费用。

3. 司法鉴定机构和司法鉴定人承办司法鉴定援助案件，应当接受司法行政机关、司法鉴定人协会和法律援助机构的业务指导和监督，接受受援人和社会的监督。

4. 司法行政机关应当定期对司法鉴定机构开展司法鉴定援助的情况进行考评，对做出突出贡献的司法鉴定机构和司法鉴定人，应当给予表彰、奖励。

5. 司法鉴定机构和司法鉴定人违反《决定》和省、市《法律援助条例》等有关法律、法规以及本意见规定，拒不履行司法鉴定援助义务，或办案草率的，视其情节轻重，由司法行政机关依照有关规定给予相应的处理。

【15】大庆市司法鉴定法律援助管理办法

第一条 为促进和规范司法鉴定法律援助工作，保障经济困难的公民依法获得司法鉴定法律援助服务，根据《法律援助条例》的有关规定，结合我市司法鉴定工作实际，制定本办法。

第二条 本办法所称司法鉴定法律援助，是指司法鉴定机构和司法鉴定人对符合法律援助条件的当事人提供免费司法鉴定服务的活动。

第三条 市司法行政部门对司法鉴定机构和司法鉴定人开展司法鉴定法律援助服务进行监督管理。

第四条 司法鉴定法律援助的对象是：

（一）领取最低生活保障金或失业保险金的人员；

（二）享受农村五保供养待遇人员；

（三）社会福利机构中由政府供养的人员；

（四）无固定收入的残疾人；

（五）依靠抚恤金、救济金生活的人员；

（六）因不可抗力、意外事件、重大疾病致经济困难的人员；

（七）因见义勇为而产生民事权益的人员；

（八）申请工伤赔偿的农村进城务工人员；

（九）其他符合司法鉴定法律援助条件的人员。

第五条 司法鉴定法律援助案件的范围

（一）因见义勇为行为产生的民事权益，需要司法鉴定的；

（二）因工伤、交通、医疗事故或者其他人身损害事故受到人身损害，要求赔偿或者补偿，需要司法鉴定的；

（三）因遭受家庭暴力、虐待、遗弃使权益受到损害要求赔偿或者补偿，需要司法鉴定的；

（四）因征地、拆迁使权益受到损害要求赔偿或者补偿，需要司法鉴定的；

（五）因假劣种子、农药、化肥、农用设施以及环境污染等使权益受到损害要求赔偿或者补偿，需要司法鉴定的；

（六）其他符合法律援助的司法鉴定事项。

第六条 公民可以申请下列类别的司法鉴定援助：

（一）法医类鉴定；

（二）物证类鉴定；

（三）声像资料类鉴定；

（四）其他司法鉴定项目。

第七条 公民可以向市法律援助中心或司法鉴定管理部门申请司法鉴定法律援助。

司法鉴定机构在办理鉴定过程中，发现当事人符合司法鉴定法律援助条件的，应当告知当事人到市法律援助中心或司法鉴定管理部门申请司法鉴定法律援助，并为其提供帮助和指导。

对符合司法鉴定法律援助条件且遇有紧急特殊情况的，经司法鉴定管理部门同意后，司法鉴定机构可以先行提供司法鉴定法律援助，后补办相关手续。

第八条 申请司法鉴定法律援助，申请人应提交下列材料：

（一）身份证或其他有效身份证件复印件，代理申请的应当提交有代理权的证明；

（二）经济状况证明或本市区域内人民法院出具的批准减免缓其案件诉讼费用的证明；

（三）与申请司法鉴定法律援助事项相关的证据材料；

（四）需要提交的其他材料。

第九条 当事人提出申请后，市法律援助中心会同司法鉴定管理部门共同对当事人的申请进行审查，并在受理申请之日起3个工作日内作出是否提供司法鉴定法律援助的决定。决定给予援助的，由申请人填写《司法鉴定法律援助申请审批表》；决定不予援助的，出具《不予司法鉴定法律援助决定书》。

申请人对不予司法鉴定法律援助决定有异议的，应当在5个工作日内向市司法行政部门提出异议申请，市司法行政部门应当在收到申请之日起5个工作日内进行复审，复审结果应以书面形式告知申请人。

第十条 同一案件的同一鉴定事项不能重复申请司法鉴定法律援助。

第十一条 决定给予司法鉴定法律援助的，司法鉴定管理部门应当在3个工作日内为当事人指派司法鉴定机构。

司法鉴定管理部门指派司法鉴定机构应当采取书面形式，并遵循就近、便利、公平的原则。

第十二条 受指派的司法鉴定机构和受援人，应当依照《司法鉴定程序通则》有关规定，签订《司法鉴定委托书》和《司法鉴定协议书》。

第十三条 司法鉴定机构收到《司法鉴定法律援助申请审批表》后，应当按照《司法鉴定程序通则》在规定时限内办理鉴定事项，出具鉴定文书。

第十四条 司法鉴定机构和司法鉴定人在承办司法鉴定法律援助案件过程中，发现受援人有下列情形之一的，应当及时向作出指派的相关部门报告，经审查核实的，应当终止该项援助：

（一）受援人经济条件发生变化不再符合法律援助条件的；

（二）受援人不履行《司法鉴定委托书》或《司法鉴定协议书》规定的义务或者不予配合，致使鉴定无法继续进行的；

（三）因不可抗力致使鉴定无法继续进行的；

（四）受援人以欺骗方式获得司法鉴定法律援助的；

（五）受援人撤销鉴定委托或者主动要求终止鉴定的；

（六）其他应当终止的司法鉴定事项。

第十五条 司法鉴定机构应当自司法鉴定法律援助案件办结后15日内，向指派案件的司法鉴定管理部门提交下列材料，并装订成卷。

（一）《司法鉴定法律援助申请审批表》；

（二）申请人身份证复印件；

（三）申请人经济困难证明；

（四）司法鉴定结论性材料复印件；

（五）《司法鉴定法律援助结案报告》；

（六）《司法鉴定法律援助办案补贴审批表》。

对于符合要求的，卷宗由司法鉴定管理部门留存。

第十六条 案件办结后，司法鉴定机构凭《司法鉴定法律援助办案补贴审批表》到市法律援助中心领取补贴。

司法鉴定法律援助案件补贴标准根据有关规定执行。应收鉴定费高于补贴标准的，按补贴标准支付办案补贴；低于补贴标准的，按实收鉴定费标准支付办案补贴。

第十七条 市司法行政部门对在司法鉴定法律援助工作中取得突出成绩的司法鉴定机构和鉴定人员给予表彰。

第十八条 本办法自印发之日起施行。

参考文献

一、专著

［1］［美］埃里克·A. 波斯纳：《法律与社会规范》，沈明译，中国政法大学出版社 2004 年版。

［2］陈如超：《刑事法官的证据调查权研究》，中国人民公安大学出版社 2011 年版。

［3］冯象：《政法笔记》，江苏人民出版社 2004 年版。

［4］范方平：《构建统一司法鉴定管理体制的探索与实践》，中国政法大学出版社 2005 年版。

［5］高宣扬：《布迪厄的社会理论》，同济大学出版社 2004 年版。

［6］刘北成：《福柯思想肖像》，上海人民出版社 2001 年版。

［7］［德］柯武刚、史漫飞：《制度经济学》，韩朝华译，商务印书馆 2000 年版。

［8］［美］加里·S. 贝克尔：《人类行为的经济分析》，王业宇、陈琪译，上海三联、上海人民出版社 2008 年版。

［9］《马克思恩格斯选集》（第 1 卷），人民出版社 1995 年版。

［10］［美］马丁·夏皮罗：《法院：比较法上和政治学上的分析》，张生、李彤译，中国政法大学出版社 2005 年版。

［11］宫晓冰：《中国法律援助制度培训教程》，中国检察出版社 2002 年版。

［12］［美］劳伦斯·M. 弗里德曼：《法律制度——从社会科学角度观察》，李琼英、林欣译，中国政法大学出版社 2004 年版。

［13］龙宗智：《理论反对实践》，法律出版社 2003 年版。

［14］［美］罗伯特·C. 埃里克森：《无需法律的秩序》，苏力译，中国政法大学出版社 2003 年版。

［15］［美］理查德·A. 波斯纳：《正义/司法的经济学》，苏力译，

中国政法大学出版社 2002 年版。
［16］［美］道格拉斯·C. 诺斯：《制度、制度变迁与经济绩效》，刘守英译，上海三联书店 1994 年版。
［17］［美］科林·埃文斯：《证据：历史上最具争议的法医学案例》，毕小青译，生活·读书·新知三联书店 2007 年版。
［18］［美］米尔建·R. 达马斯卡：《漂移的证据法》，李学军、刘晓丹、姚永吉、刘为军译，中国政法大学出版社 2003 年版。
［19］苏力：《送法下乡》，中国政法大学出版社 2000 年版。
［20］苏力：《制度是如何形成的》，北京大学出版社 2007 年版。
［21］西南政法大学司法鉴定中心主编：《首届全国司法鉴定机构物证技术鉴定学术研讨会论文集》，中国检察出版社 2011 年版。
［22］王国良、黄瑞、肖萍：《中外律师制度比较研究》，江西人民出版社 2003 年版。
［23］张维迎：《信息、信任与法律》，生活·读书·新知三联书店 2006 年版。
［24］王亚新等：《法律程序运作的实证分析》，法律出版社 2005 年版。
［25］［日］棚濑孝雄：《纠纷的解决与审判制度》，王亚新译，中国政法大学出版社 2004 年版。

二、论文

［26］《安庆公证机构和司法鉴定机构全部设立法律援助工作站》，http：//aqxxgk. anqing. gov. cn/show. php？ id=124191。
［27］储皖中：《经费列入政府财政预算》，载《法制日报》2010 年 7 月 1 日。
［28］司法部法律援助工作司：《2009 年上半年全国法律援助工作统计分析》，http://www.legalinfo.gov.cn/moj/flyzs/content/2009-08/27/content_1144496.htm？ node=7674。
［29］陈岚：《浙江：〈浙江省司法鉴定法律援助工作规定〉9 月 1 日起实施》，载《浙江法制报》2014 年 8 月 27 日，http://www.zifxh.com/detail.asp？ id=2816。
［30］拜荣静：《司法鉴定法律援助制度的模式选择与建构》，载《江南大学学报（人文社会科学版）》2008 年第 2 期。

［31］程世嵘：《厦门将司法鉴定纳入法律援助范畴》，载《工人日报》2006年8月18日第1版。

［32］郭桂花：《公正鉴定还原案件真相　司法鉴定机构揭“神秘面纱”》，载“厦门网”，http://news.xmnn.cn/xmxw/200811/t20081107_783767_1.htm。

［33］廖桂金：《司法鉴定费首次援助　两名伤残外来工受惠》，载《厦门晚报》2006年8月10日。

［34］长春市政府：《长春市司法鉴定机构积极为势群体提供法律援助》，2007年11月22日，http://www.jl.gov.cn/zwxx/zwhd/qsgd/200711/t20071122_330744.htm。

［35］崔志平、郭孟福：《发挥职能作用　衡水市积极开展司法鉴定援助工作》，http://www.heb.chinanews.com/news/fzzx/2007-09-10/17976.shtml。

［36］从卉：《2006年法律援助工作统计分析》，载《中国司法》2007年第5期。

［37］达州市政府信息：《达州市司法鉴定援助成为社会弱势群体的爱心工程》，2008年1月28日，http://www.sc.gov.cn/zwgk/zwdt/szdt/200801/t20080128_247848.shtml。

［38］《法律援助不该是政府的独角戏》，载《成都日报》2006年2月23日。

［39］方偲：《合肥首批司法鉴定法律援助站成立　免费服务困难群众》，载《合肥日报》2014年7月25日。

［40］冯玉兴：《葫芦岛司法鉴定无偿援助弱者　开辽宁先河》，载《辽宁晚报》2003年3月31日。

［41］关伟：《全区2008年法律援助工作统计分析》，载“宁夏普法网”，http://www.nxsft.gov.cn/Law/108/20090209/108@2015@1.html。

［42］关英彦：《完善我国法律援助制度的若干思考》，载《中国律师》2003年第3期。

［43］郭华：《治理我国实践中司法鉴定失序的正途》，载《中国司法鉴定》2014年第4期。

［44］郭兆旭：《司法鉴定机构“爱心工程”援助弱势群体》，载《莱芜日报》2008年3月4日。

［45］哈尔滨市司法局：《哈尔滨市弱势群体今年起可获法医、物证类司法鉴定救助》，http://app.hljsf.gov.cn/News/2009/6/25/2177.html。

［46］刘东升、储聪：《岳西法院司法鉴定环节救助困难当事人》，http：//xianzhi. ahyx. gov. cn/xianzhi/fayuan/201408/11252. html。

［47］刘浩、周莉：《让司法鉴定走近服务对象》，载《西部法制报》2012 年 6 月 28 日第 2 版。

［48］刘华：《一村民两年前遇车祸瘫痪　民生检察帮其维权》，载《鲁中晨刊》2010 年 5 月 27 日，http：//www. laiwunews. cn/html/2010/0527/7804. html。

［49］林泳雨：《中山受理首例司法鉴定援助案》，载《羊城晚报》2012 年 4 月 13 日第 ZXA21 版。

［50］龙宗智：《印证与自由心证——我国刑事诉讼证明模式》，载《法学研究》2004 年第 2 期。

［51］安徽省司法厅：《怀远法援为交通事故受害人提供司法鉴定援助》，http：//www. ahsft. gov. cn/chn200908251752363/article. jsp？ articleId＝31917。

［52］韩炜、董鑫伟：《司法鉴定援助制度的问题和建议》，载《中国司法鉴定》2009 年第 2 期。

［53］鹤岗中小企业局：《鹤岗市司法局在鹤岗市司法鉴定行业中开展了司法鉴定援助活动》，2007 年 12 月 4 日，http://www.smehlj.gov.cn/web/assembly/action/browsePage. do？ channelID = 1089013892513&contentID＝1196642379715。

［54］郭宏鹏、江俊涛：《三类司法鉴定纳入法律援助》，载《法制日报》2006 年 7 月 13 日第 2 版。

［55］郭敬波：《鉴定机构亟须法律规范》，载《中国劳动保障报》2008 年 3 月 8 日第 2 版。

［56］河南省司法鉴定网：《洛阳信谊法医临床司法鉴定所积极开展司法鉴定法律援助工作》，http://www.hnsfjd.gov.cn/newsshow.aspx？ id＝612。

［57］湖北省司法厅：《〈湖北省法律援助条例〉凸显八大亮点》，http：//www. hbsf. gov. cn/wzlm/hbsf/info/7888. htm。

［58］黑龙江省牡丹江残联：《黑龙江省牡丹江市残疾人司法鉴定援助工作迈上新台阶》，http：//www. cdpf. org. cn/dfdt/content/2008－06/19/content_ 30020086. htm。

［59］韩焱：《司法鉴定救助制度实务研究》，黑龙江大学 2012 年硕士论文。
［60］江涛：《鉴定机构社会化中的问题及对策》，载《福建警察学院学报》2009 年第 2 期。
［61］蒋奎：《论我国司法鉴定援助制度的构建》，载《中国司法鉴定》2006 年第 2 期。
［62］姜蕾、蒋芬：《浅析我国司法鉴定救助制度的完善》，载“中国法院网”，2013 年 4 月 25 日，http：//www. chinacourt. org/article/detail/2013/04/id/951537. shtml。
［63］济宁市司法局：《市局积极为弱势群体提供司法鉴定援助》，2009 年 5 月 20 日，http：//www. jnsfxzw. gov. cn/shiju/news/0010000000/2009/6/22/20090622052116. htm。
［64］焦红艳：《司法鉴定怪现状调查》，载《法治周末》2010 年 1 月 21 日，http：//www. criminallawbnu. cn/criminal/Info/showpage. asp?pkID=25862。
［65］贾治辉、柯昌林：《论我国司法鉴定援助制度》，载《江西公安专科学校学报》2006 年第 3 期。
［66］刘根菊：《法律援助制度的几个问题》，载《政法论坛》2001 年第 1 期。
［67］刘金桥：《应尽快建立司法鉴定援助制度》，载《人民法院报》2006 年 5 月 14 日第 4 版。
［68］刘沛奎、刘罡：《试论如何建立司法鉴定援助制度》，载《中国司法鉴定》2006 年第 3 期。
［69］卢天娇：《法律援助将让弱势群体也打得起官司》，载《厦门日报》2007 年 6 月 16 日第 6 版。
［70］李鸣、邱通宇：《吴江法院首创司法鉴定费用救助》，载《东方卫报》2012 年 6 月 15 日第 A42 版。
［71］李永清、柯昌林：《我国司法鉴定救助制度之研究》，载《警官文苑》2013 年第 1 期。
［72］李长喜：《英国法律援助制度概述》，载《中外法学》1998 年第 5 期。
［73］李舒瑜：《经济困难群众可获免费司法鉴定》，载《深圳特区报》2009 年 10 月 22 日第 A06 版。

[74] 李群、喻捷：《民事司法鉴定工作应加强对弱势群体关怀》，载《中国司法鉴定》2005 年第 6 期。
[75] 李涛、昌鹏、玉峰：《扬州将强化对特困法律援助　困难家庭可免费司法鉴定》，载《扬州日报》2014 年 8 月 26 日，http://www.yznews.com.cn/news/2014-08/26/content_5353645.htm。
[76] 李禹、党凌云：《2012 年度全国司法鉴定情况统计分析》，载《中国司法鉴定》2013 年第 4 期。
[77] 李禹、党凌云：《2011 年度全国法医类、物证类、声像资料类司法鉴定情况统计分析》，载《中国司法鉴定》2012 年第 3 期。
[78] 李禹、陈璐：《2010 年度全国法医类、物证类、声像资料类司法鉴定情况统计分析》，载《中国司法鉴定》2011 年第 4 期。
[79] 李禹、王奕森：《2009 年度全国“三大类”司法鉴定情况统计分析》，载《中国司法鉴定》2010 年第 4 期。
[80] 李静：《推行价格鉴定援助制度》，载《中国经济导报》2006 年 6 月 27 日第 C04 版。
[81] 李凤仪：《菏泽已将司法鉴定纳入法律援助范围　月余无人申请》，载《齐鲁晚报》2012 年 9 月 6 日。
[82] 廖中洪：《我国法律援助制度的基本构想》，载《现代法学》1997 年第 4 期。
[83] 廖桂金：《受援人司法鉴定费政府买单》，载《厦门晚报》2006 年 7 月 27 日，http://news.sohu.com/20060727/n244488909.shtml。
[84] 参见法制网：《昆山办理首件司法鉴定法援案件》，http://www.legaldaily.com.cn/locality/content/2014-06/12/content_5591527.htm。
[85] 柯昌林、杨忠玉、谭岚方：《我国司法鉴定救助制度探微》，载《湖北警官学院学报》2013 年第 4 期。
[86] 柯兵：《去年全市受理法援案增 6 成总数达 6187 宗，其中刑事法律援助案 2363 宗，民事法律援助案 3824 宗》，载《东莞日报》2014 年 1 月 19 日第 A03 版。
[87] 马鞍山市司法局：《马鞍山公正司法鉴定所积极为打工老汉提供司法鉴定法律援助》，2010 年 3 月 4 日，http://www.mas.gov.cn/html/20100226cb743e0d-13db-414d-9c58-e7fd7ae03374.html。
[88] 宁松：《应当建立司法鉴定的法律援助制度》，载《中国司法鉴定》2004 年第 2 期。

[89] 倪晓：《河北上海宁夏司法鉴定机构积极开展法律援助》，载《法制日报》2007 年 8 月 21 日。

[90] 牛同奎、赵志刚：《论司法鉴定》，载“河南法院网”2003 年 6 月 2 日。

[91] 符毅武：《红安县首例司法鉴定援助案件成功调解结案》，载“湖北法治网”2007 年 6 月 15 日，http：//www. 124. gov. cn/2007-06/15/cms375387article. shtml。

[92] 潘从武、吴亚东：《新疆司法行政构建“大法援”格局 公证司法鉴定也参与》，载《法制日报》2009 年 1 月 5 日。

[93] 徐文君：《在东莞见义勇为可获司法鉴定援助》，载《东莞日报》2010 年 6 月 30 日。

[94] 秦正茂：《帮贫困者抓住胜诉机会 我市法律援助延伸到司法鉴定领域》，载《广元日报》2006 年 8 月 22 日。

[95] 曲鸫旭、所双雨：《哈尔滨市司法局为弱势群体减免司法鉴定费用 34530 元》，载“东北网”2009 年 12 月 3 日，http://palj.dbw.cn/system/2009/12/01/052244860.shtml。

[96] 邱红杰、田雨：《聚集法律援助：国家鼓励社会对法律援助活动提供捐助》，载《法制日报》2003 年 8 月 1 日。

[97] 吴学安：《统一司法鉴定救助 维护贫困人口诉讼权利》，载《中国审计报》2012 年 6 月 20 日第 7 版。

[98] 苏力：《思想的组织形式》，载［美］理查德·A. 波斯纳《正义/司法的经济学》，苏力译，中国政法大学出版社 2002 年版。

[99] 史崇胤：《烟台将司法鉴定纳入法律援助 困难人员免费做鉴定》，http://www.yantai.gw.cn/cn/html/text/zwdt/2013-07-01/611235.html。

[100] 沙万中、贾宗平、朱祯学：《甘肃司法鉴定现状及问题研究》，载《西部法学评论》2009 年第 1 期。

[101] 施琛耀：《民营司法鉴定机构生存状态调查》，载《江苏法制报》2007 年 5 月 25 日。

[102] 唐磊、张晓艳：《论司法鉴定的法律援助制度》，载《前沿》2009 年第 12 期。

[103] 王胜俊：《最高人民法院 2010 年工作报告》，http://baike.baidu.com/view/3378514.htm。

[104] 王胜俊：《最高人民法院 2009 年工作报告》，http://www.

court.gov.cn/qwfb/gzbg/201001/t20100131_950.htm。

［105］王道：《甘肃省司法鉴定现状调查》，载《甘肃经济日报》2008年5月25日。

［106］万昌文：《法律援助立法亟待解决的几个问题》，载《中国司法》2014年第8期。

［107］徐思：《试论司法鉴定法律援助的紧迫性和必要性》，载《中国司法鉴定》2003年第2期。

［108］辛涌：《尽快建立司法鉴定援助制度》，载《人民政协报》2006年7月10日第B04版。

［109］杨晔：《法律援助为弱势群体撑腰》，载《黑龙江日报》2014年2月24日第5版。

［110］严军兴：《健全法律援助制度与推进司法改革》，载《法学家》1998年第2期。

［111］杨吉祥、李阳：《将司法鉴定工作落到实处》，载《江苏法制日报》2009年9月25日第3版。

［112］汪赛霞：《马鞍山市建立司法鉴定法律援助制度》，http://ah.anhuinews.com/system/2009/07/09/002291574.shtml。

［113］朱光泽：《援助官司败诉，鉴定费援助机构买单》，载《成都日报》2006年1月8日，http://news.sina.com.cn/o/2006-01-08/08087923681s.shtml。

［114］曾燕：《我省经济困难者申请法律援助可以减免公证费》，载“四川在线”，http://sichuan.scol.com.cn/dwzw/20070525/200752560233.htm。

［115］中国路桥新闻网：《无私援助　免费鉴定》，http://luqiao.zjol.com.cn/newscenter/lqnews/120080901/1163445.shtml。

［116］邹明理：《社会司法鉴定机构建设应坚持“公益性为主”原则》，载《山东警察学院学报》2007年第2期。

［117］赵玉洪：《论司法鉴定援助制度的构建及服务对象》，载《中国司法鉴定》2008年第2期。

［118］张光荣：《认真贯彻〈青海省司法鉴定条例〉努力推进法治青海建设进程》，载《青海日报》2014年7月12日第3版。

［119］舟山市司法局：《市司法局指导司法鉴定机构开展法律援助工作》，2008年9月2日，http://www.zhoushan.gov.cn/html/86262.html。

［120］张成明：《西藏成立专门司法鉴定机构向社会开展鉴定》，载

“新华网”，2008 年 10 月 9 日，http://news. qq. com/a/20081009/002104.htm。

［121］张晓东：《四川省首创司法鉴定援助制度　费用纳入法援开支》，载《法制日报》2006 年 8 月 4 日。

［122］赵蕾、连欣：《河南省打出一系列组合拳　监管司法鉴定执业》，载《河南法制报》2010 年 4 月 20 日。

［123］张晓东：《讨薪被打，伤情鉴定费政府埋单》，载《法制日报》2006 年 9 月 28 日第 5 版。

［124］张房耿等：《我市开展法援条例颁布十周年纪念活动法律援助案件半年同比增四成》，载《中山日报》2013 年 9 月 10 日第 A02 版。

［125］张建新：《河南省：农民工司法鉴定　一律减收费用》，载《河南日报》2009 年 8 月 4 日。

［126］周卫：《新疆司法鉴定机构覆盖 14 个地州市》，载《新疆日报》2008 年 6 月 25 日，http://www.wlmqwb.com/2852/200806/t20080625_98708.shtml。

［127］左卫民：《刑事证人出庭作证程序：实证研究与理论阐析》，载《中外法学》2005 年第 6 期。

［128］周艳红：《论我国法律援助制度中亟待解决的问题》，载《河南省政法管理干部学院学报》2006 年第 4 期。